ISBN 978-0-259-27751-4
PIBN 10674427

English
Français
Deutsche
Italiano
Español
Português

www.forgottenbooks.com

Mythology Photography **Fiction**
Fishing Christianity **Art** Cooking
Essays Buddhism Freemasonry
Medicine **Biology** Music **Ancient**
Egypt Evolution Carpentry Physics
Dance Geology **Mathematics** Fitness
Shakespeare **Folklore** Yoga Marketing
Confidence Immortality Biographies
Poetry **Psychology** Witchcraft
Electronics Chemistry History **Law**
Accounting **Philosophy** Anthropology
Alchemy Drama Quantum Mechanics
Atheism Sexual Health **Ancient History**
Entrepreneurship Languages Sport
Paleontology Needlework Islam
Metaphysics Investment Archaeology
Parenting Statistics Criminology
Motivational

ANALECTA HYMNICA

MEDII AEVI.

XV.

PIA DICTAMINA.

Reimgebete und Leselieder.

Erste Folge.

Herausgegeben

von

Guido Maria Dreves,

S. J.

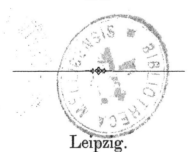

Leipzig.

O. R. Reisland.

1893.

PIA DICTAMINA.

Reimgebete und Leselieder

des

Mittelalters.

Erste Folge.

Aus

Handschriften und Wiegendrucken

herausgegeben

von

Guido Maria Dreves,
S. J.

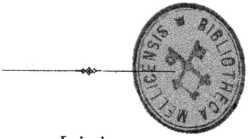

Leipzig.

O. R. Reisland.

1893.

VORWORT.

Vorliegendes Heft der Analecta beginnt in einer ersten Folge die Veröffentlichung s. g. Reimgebete oder Leselieder, d. h. von Liedern, welche nicht für den liturgischen Gebrauch, sondern für Privatandacht und häusliche Erbauung gemeint waren. Ich sage Privatandacht, um diese Erzeugnisse nicht nur von der streng liturgischen Dichtung, sondern auch von den s. g. Cantiones und Cantilenae zu scheiden, die, oft außer-, immer praeterliturgisch, doch bestimmt waren, durch den Gesang zu Gehör gebracht zu werden und die öffentliche Andacht zu verschönern. Weisen die Cantiones, eng verwandt mit der Tropendichtung, auf Kleriker- und Schüler-Kreise, so die Reimgebete in erster Linie auf die beschauliche Ruhe klösterlicher Genossenschaften, nicht am wenigsten der Karthause, die als eine Hauptpflegerin dieser Dichtungsart zu gelten hat.

Die Reimgebete sind von den bezeichneten Dichtungsarten im allgemeinen nicht schwer zu unterscheiden. Ein äußeres Merkmal ist schon der verschiedene Fundort. Die Reimgebete finden sich in der Regel nicht in liturgischen Handschriften; nur ausnahmsweise trifft man sie in diesen und alsdann nicht im Körper der Liturgie, sondern irgendwo nachgetragen oder eingeschaltet, etwa auf Vorsatzblättern oder leergelassenen Seiten. Ihr eigentlicher Fundort ist das Gebetbuch, Orationale oder Devotionale, für welches der beliebte und daher vielfach aufgelegte Hortulus animae als Typus gelten kann. Seltener und vereinzelter finden sie sich in den s. g. Horarien, Livres d'heures, deren Inhalt in den meisten Fällen sich auf die marianischen Tagzeiten und das Officium defunctorum beschränkt. Doch schließen sich diesen obligaten Teilen zuweilen Gebete, Antiphonen und vermischt mit diesen Reimgebete zu verschiedenen Heiligen an. Endlich sind unsere Lieder in den häufigen asketischen

Sammelbänden, sowie da und dort zerstreut in Handschriften fremdartigen Inhaltes zu treffen. Natürlich sind dieselben an solchen Stellen nur dann aufzufinden, wenn ein detailliertes Handschriftenverzeichnis dieselben namhaft macht. Sonst werden sie sich in den meisten Fällen dem Auge des Forschers entziehen.

Das andere Kennzeichen zur Unterscheidung des Reimgebetes von anderen Arten religiöser Lyrik ist ein inneres. Bestimmt für die persönliche Erbauung des einzelnen, prägen sie diesen Charakter des Privaten, des Subjektiven im Gegensatze zu der liturgischen, auf das Allgemeine berechneten Poesie meist deutlich und kenntlich genug aus. Ganz abgesehen von den mancherlei Vorwürfen, welche in der liturgischen Poesie ausgeschlossen wären, von dem nicht seltenen Vorwiegen des Lehrhaften, sowie dem vielfach gröfseren Umfange als der bei liturgischen Dichtungen hergebrachte, ist das prägnante Hervortreten des Ich's des Dichters beziehungsweise Beters meist ein sicherer Leitstern. Man könnte diese Poesie füglich die Ich-Dichtung im Gegensatze zur liturgischen Wir-Dichtung nennen.

Von den metrischen Eigentümlichkeiten bietet nur das Fehlen strophischer Gliederung, deren die liturgische Poesie nicht entraten kann, für einzelne Lieder ein verlässiges Unterscheidungszeichen. Im übrigen sind alle Dichtungsformen in den Reimgebeten zulässig und vertreten. Gleichwohl läfst sich behaupten, dafs Einheit des Metrums in ihnen die Regel bilde; seltener ist Wechsel des Metrums innerhalb desselben Stückes, selten schlechthin streng eingehaltener Sequenzenbau.

Die Schwierigkeit, in vereinzelten Fällen zu unterscheiden, ob ein Lied zu den Leseliedern zu rechnen oder nicht, kann hauptsächlich von zwei Seiten kommen. Einmal daher, dafs in die Gebetbücher auch liturgische Gebete aufgenommen werden, auch solche, deren liturgischer Gebrauch vielleicht diplomatisch nicht mehr nachweisbar ist; dann aber auch deswegen, weil einzelne, ursprünglich für die Privatandacht geschriebene Lieder später gleichwohl in liturgischen Gebrauch genommen wurden. Ein Beispiel bietet in diesem Bande das Lied: Dispensator scripturarum; ein auffallendes Beispiel bieten die beiden herrlichen Sequenzen Dies irae und Stabat mater, von denen es kaum einem Zweifel unterliegen kann, dafs sie ursprünglich als Leselieder für die Privatandacht niedergeschrieben worden.

Ähnlich geraten auch wohl einzelne Cantiones in Sammlungen von Reimgebeten und umgekehrt, oder es geschieht, daſs Leselieder eine Singweise bei sich haben, ein Zeichen, daſs einige derselben ähnlich wie die Psalterien auch als christliche Hausmusik verwendet wurden.

Was nun den dichterischen Charakter dieser Poesie betrifft, so finden sich auf der einen Seite gerade hier endlos sich fortspinnende Lieder, die nicht müde werden, die bekannten symbolischen Beiwörter des Herrn und seiner Mutter litaneiartig zu wiederholen. Im allgemeinen aber veranlaſst der gröſsere Spielraum, dessen sich der private Dichter vor dem liturgischen sowohl in Wahl als bei Behandlung seines Stoffes erfreut, daſs in der uns beschäftigenden Poesie eine gröſsere Abwechslung und Originalität herrscht, als wir in der Hymnen- oder Sequenzendichtung zu finden gewohnt sind. Der liturgische Dichter bewegt sich mehr in ausgetretenen Geleisen, einem Bittgange vergleichbar, der auf offener Heerstraſse feierlich ernst dahinzieht; der asketische Dichter darf es sich als einsamer Lustwandler schon eher erlauben, verlassene Wald- und Gebirgspfade einzuschlagen. Nicht an jenes juste milieu gebunden, das der für die Gesamtheit Denkende und Dichtende nicht aus dem Auge verlieren darf, kann er beliebig die ganze Leiter der Gefühle auf- und niedersteigen, ja in den Spott- und Zürn-Liedern gegen Welt und Laster sogar den satyrischen Launen seiner Muse sich hingeben, ein Gebiet betretend, dessen Grenzen sich nicht selten mit denen der s. g. Vagantenpoesie berühren.

Mit Rücksicht auf die vielfach (auch in hymnologischen Sammlungen) zu Tage tretende Vermischung liturgischer und nicht liturgischer Dichtung war es vielleicht nicht unangezeigt, diese wenigen Worte voraufzuschicken.

Paris, Esto mihi 1893.

Guido Maria Dreves.

I.

DE DEO.

1. De Essentia Dei.

1. Esse, quod est ex se, Deus est, per quem datur esse,
   Quod non est ex se, deitatis non habet esse.
   Esse, quod est, Deus est, cui verum competit esse,
   Convenit huic soli, quod nulli convenit, esse.
5. Ante Deum nihil est, quod possit eo prius esse,
   Post illum nihil est, quod posterius queat esse.
   Supra quem nihil est, quod dicam celsius esse,
   Extra quem nihil est, quod dicam latius esse.
   Omne quod est, opus illius est, dedit omnibus esse,
10. Et sine quo nihil est, nihil aut fuit aut valet esse.
   Cujus majestas disponens cuncta penes se,
   Ut nunquam coepit, sic nunquam desinit esse.
   Omne, quod est, quod erat, quod erit, par huic nequit esse,
   Praeter quem solum Deus alter non valet esse.
15. Namque Deum verum verax ratio negat esse,
   Quem labor aut manus hominis perduxit ad esse.
   At Deus omnipotens, cui nullus homo dedit esse,
   Immo qui faciens hominem reparavit ad esse,
   Hic vere Deus est, et non Deus hic nequit esse,
20. Et Deus ipse deos super omnes creditur esse.
   Totum totus habens, toti vult jure praeesse,
   Cuncta creando sibi, vult cuncta creata subesse.
   Totus ubique suum non alternat Deus esse,
   Qui modo non alius quam pridem creditur esse.
25. Omnia transmutans nequit hic mutabilis esse;
   Aeternusque Deus habet aeternaliter esse.
   Qui cum sit magnus, minor aut major nequit esse.
   In quo semper erat, in eodem permanet esse.
   Quem decet esse, quod est, sed non decet esse necesse,
30. Immo nec esse, per hunc bonus omnis homo valet esse.
   Non aliena bonum bonitas illum facit esse,
   Ex propria bonitate sua scitur bonus esse.
   Ergo factorem factura Deum sciat esse,
   Cui mirabiliter mirabile competit esse.
35. Orthodoxa fides personas tres probat esse
   In deitate, deos sed tres negat in tribus esse.
   Ingenitus genito genitura dat Deus esse,
   Nec tamen hic genitor habuit genito prius esse.
   Spiritus almus ab his procedens par habet esse,

40. Una sed in tribus substantia creditur esse.
Utque coaeternum personis convenit esse,
Sic par majestas, par virtus fertur inesse.
Quod pater est, hoc filius est, hoc spiritus esse
Dicitur, unus enim Deus unum continet esse.
45. Qui tamen est genitor, non et genitus valet esse,
Qui vero genitus est, et spiritus nequit esse.
Sicut in uno tres personas dicimus esse,
Sic in personis tribus unum credimus esse.
Garriat ergo licet Sabellius, hunc nihil esse,
50. Sic orthodoxus tenet et sic adstruit esse.
Arrius infelix quod non sic credidit esse,
Tartareis flammis meruit sine fine subesse.
Taliter alma fides de vero disputat esse,
Taliter ut credant, reor, omnibus esse necesse.
55. Hoc nisi credamus, nisi confiteamur, id esse,
Firmiter et sane, salvi non possumus esse.

Clm. Monacen. (ol. Raitenhaslacen.) 12513 anni 1240. A. — Cod. S.
Floriani XI 436. saec. 15. B. — Cod. Palat. Vindobonen. 5352 anni 1402. C. —
Cod. Vatican. Palat. 719 anni 1529. D. — Cod. Parisin. 16699. saec. [12/13]. E. —
Cod. Parisin. 8865. saec. 13. F. — 7. Super quem B; quod credam latius esse A. —
8 fehlt A; quod credam C. — 9 und 10 umgestellt A. — 10. Omne fehlt C. —
14. non habet esse BEF. — 15. ratio verax A; Deum ratio verax alium negat
B. — 16 Quem lapis aut B; produxit B. — 17 und 18 fehlen B. — 20 fehlt
B. — 27. major nequit aut minor E. — 28 steht vor 26 CF. — 33 und 34
stehen in BEF hinter 48. — 37. Ingenitus genitor genitum genuit Deus ex se
EF. — 38. Non tamen BEF. — 44. creditur esse C. — 49. ergo fehlt C. —
50. Hoc orthodoxus B; orthodoxa A; fehlt C. — 54 fehlt B. — 55. Et nisi
credamus nec B.

C giebt als Verfasser Henricus de Hassia (Heinrich von Langenstein) an:
„Incipiunt versus leonini de essentia deitatis M. Henrici de Hassia felicis
memoriae"; B Bruno von Holstein (1245—1281): „Bruno episcopus Olomu-
censis fecit metrum"; E nennt in Pierre le Peintre („Versus Petri Johannis filii")
den wirklichen Autor.

2. De divinis Nominibus.

(Margarita Exorcistarum.)

1. Deus pater piissime,
Christe Jesu dulcissime,
Spiritus clementissime,
Non est, Deus, rex praeter te.
5. Tu habitas, o Domine,
Incircumscripto lumine,
Aeternus sine tempore
In trinitatis nomine.
Sanctus ave, sanctus salve,
10. Sanctus trinus unus vale.

Tu sedes super Cherubim,
Gloriosus in Seraphim,
Abba pater, Ben filius,
Ruha amborum spiritus,
15. Deus deorum dominus,
Exaudi nos propitius.
El, fortis rex, summe Deus,
Tu es primus, novissimus,
Praeter te non est alius.
20. Pax, ostium, vita, Jesus,

Aeterni patris filius,
Magni consilii angelus,
Sanctus procedens spiritus
Ab utroque paraclitus,
25. Patris natique spiritus,
Trinus unus altissimus,
Emunda me a sordibus
Et a cunctis criminibus
Et ab iniquitatibus.
30. Libera me propitius
A tribulationibus
Et a cunctis doloribus
Et ab infirmitatibus
Et de necessitatibus
35. Erue me propitius.
Clemens creator Eloi,
Te tremunt omnes angeli,
Adorant et archangeli.
Verbum patris ingeniti,
40. Tu theu ho monogeni,
Panis et vita sacculi.
Tu digitus dextrae Dei,
Donum Dei altissimi,
Ruha patris et filii,
45. Trinus unus, memor mei
Sis et Deus auxilii
Atque domus refugii,
Inter procellas saeculi,
Fluctus hujus exsilii,
50. Mihi labanti subveni.
O Eloe, theos fobos,
Deus timoris ischyros,
Anastasis, athanatos.
Verbum patris, veritas, os,
55. Tu destruxisti angelos
De coelis apostaticos.
Spiritus sanctus o theos,
Spiramen, sacrum, lumen, fos,
Super aquas Domini vox.
60. Trinus unus piissimos
Tuos super me oculos,
Rex, aperi dulcissimos.
Tu mitte sanctos angelos,
Ministros tuos inclitos,
65. Hodie mihi socios,
Adjutores fortissimos
Et custodes fidissimos

Ductores atque praevios,
Hostes repellant impios,
70. Superbos, reos, noxios.
Qui creasti, rex Sabaoth,
Cuncta simul ex nihilo,
Tu es Deus alpha et o.
Jesu, nostra redemptio,
75. Vita et resurrectio,
Salus, amor, defensio,
Tu criminum remissio,
A patre et a filio
Es spiritalis unctio.
80. Trinus unus, te obsecro,
Sis mihi tu protectio
Atque firma defensio,
Sis pia consolatio,
Sis criminum ablutio.
85. Peccatorum remissio
Meorum, Deus, obsecro.
Deus excelsus Elion,
Deus deorum pantheon,
Rerum creator hypsiston;
90. Emmanuel pantocraton
Pastorque homousion,
Salvator mundi tu theon;
Patris, nati synhagion
Amborum sacrum pneumaton
95. Caritas, ignis, vivus fons;
Trinus unus, tu de Sion
Succurre mihi, pater on,
Per nomen tuum arrheton
Gloriosum strathymaton.
100. Ascher eje, rex, tibi est
Nomen, quod sempiternum est,
Et nomen, quod aeternum est;
Moysi nomen, quod est Est,
Per angelum delatum cst.
105. Per nomen tuum, quod est Est,
Quidquid mihi necesse est,
Concede mihi, Deus Est,
Aufer a me, quod malum est,
Et peccatum, quod abs te est;
110. Dona mihi, quod bonum est,
Illud, pater, quod per te est.
Adonai mirabilis,
Magnus ct admirabilis,
Creator ineffabilis;

115. Fili Dei amabilis,
Via infatigabilis,
Vitis immarcessibilis;
Spiritus invisibilis,
Patri, nato visibilis,
120. Splendor inexstinguibilis;
Trinus inseparabilis,
Unus indivisibilis,
Deus inenarrabilis,
Sis custos invincibilis,
125. Murus inviolabilis
Mihi, Deus laudabilis;
Ne sis mihi terribilis,
Esto mihi placabilis;
Super me deprecabilis,
130. Libera me ab aemulis,
Ab impiorum laqueis
Et a cunctis periculis,
Ab omnibus insidiis.
    Verus Deus, verus I a,
135. Exaudi me et adjuva,
Ab omni malo libera,
Audi mea precamina
Et dimitte peccamina,
Solve nexorum vincula
140. Et da quieta tempora
Per haec sacrata nomina
Tua Deus sanctissima.
Per hoc nomen sanctissimum,
Magnum atque fortissimum,
145. Gloriosum et inclitum,
Per quod Adam in tartarum,
Dum esset in supplicium
In inferni miserrimum,
Te reclamavit Dominum,
150. Suum factorem proprium,
Et habuit propitium.
Hoc nomen sacratissimum,
Rex, explicare nequeunt
Omnes linguae viventium
155. Nec mens nec sensus hominum.
Nomenque anecfoneton,
Quod fronte tulit Aaron
Sculptum per tetragrammaton
Quatuor gemmis in petalon:
160. Joth, He, Vau, Heth Hebrai-
            cum.

He iste sonat proprium,
Vau vita, Joth principium,
Heth passionis obitum.
Latine sic expositum
165. Est Christus vita omnium.
Iste vitae principium
Per mortem, per patibulum,
Per passionis obitum.
Per hoc nomen piissimum,
170. Terribile, mitissimum,
Diem concede prosperum,
Aeternae vitae praemium,
Praesentis vitae gaudium
Et, quod est necessarium,
175. Da mihi, factor omnium.
Deus communis omnium,
Per hoc nomen sanctissimum
Esto salus, refugium
Mihi et adjutorium
180. Et ubique praesidium.
Exsurge contra odium
Inimicorum omnium
Me quoque persequentium
Et in me insurgentium.
185. Tu destrue consilium
Illorum et eloqium
Invidiam et odium
Quo contra me insiliunt.
Per hoc nomen sanctissimum
190. Quod per crucis mysterium
Complevisti rex inclitum,
Per procedentem spiritum
Ab utroque paraclitum,
Quae hic te deprecatus sum,
195. Da mihi, factor omnium.
    Rex Sadai omnipotens,
Rex angelorum praepotens,
Ad omnia sufficiens,
Justitiae sol oriens,
200. Lumen, lux indeficiens,
Sophia patris sapiens;
Spiritus sanctus procedens
Ab utroque, cuncta tenens,
Sciens, videns, intelligens;
205. Trinus unus cunctipotens,
Sis mihi pius et clemens,
Misericors et patiens,

Dator nunquam deficiens
Qui es pius largifluens.
210. Tu patris sapientia
Via, vita et veritas,
Virtus patris et pietas,
Regressus, unde veneras,
In sinu patris habitas,
215. Ubi omnis divinitas
Est et perfecta deitas,
Immortalis aeternitas,
Deo patri in gloria
Coaequalis per omnia.
220. Ibi te, Jesu, alloquor,
Ibi te, Jesu, deprecor,
Te Deum verum fateor
Et hominem confiteor
Et judicem profiteor.
225. Jesu benigne, respice
Sursum te quaero, Domine,
In sinu patris, hagie,
Ubi sedes, rex gloriae,
Ad dextram patris, Domine,
230. Tu in patre, pater in te.
Ibi, Jesu, obsecro te,
Interveni, quaeso, pro me
Apud patrem, piissime.
Non voce dico, Domine,
235. Sed communi essentia
Et aequali potentia
Et pietate unica.
Tu, creator, creasti me,

Et tuo sancto sanguine,
240. Redemptor, redemisti me.
Et ideo invoco te
Et nomen tuum super me.
Verbum patris, visita me
In pace tua, Domine.
245. Qui omnium pro salute
Ex illibata virgine
Humanam carmen sumere
Et sanguinem suscipere
Es dignatus, o Domine,
250. Jesu Christe, rex gloriae.
Rex regum, rex pacificus,
Rex dominator dominus,
Rex aeternus, rex immensus,
Rex supernus, rex benignus,
255. Rex coelestis, gloriosus,
Rex in regno tuo clarus,
Moderator rerum unus,
Qui gubernas cuncta solus,
Exaudi me propitius,
260. Mihi clemens sis et pius.
Cui servit ordo coelicus
Et coelestis exercitus.
Tibi patri ingenito
Natoque unigenito,
265. Spiritui paraclito
Laus, honor atque gloria,
Sit virtus et potentia
Per saeculorum saecula.

Cod. Vallicellan. B 63 saec. 11. A. — Clm. Monacen. (ol. S. Crucis ap. Offemont) 11325 saec. 12. B. — Cod. Palat. Vindobonen. 4096 saec. 15. C. — Cod. Vatican. 3769 saec. 15. D. — Cod. Monasterien. 209 (560) saec. 15. E. — Nach 1. Deus deorum unice E. — 2. Christus Jesus E; Christe fili sanctissime C. — 4. o rex C. — 8. Cum filio cum flamine B. — 9. ave sanctus vale B; sanctusque vale E. — 10. Sanctus quoque vale A; Sanctus quoque salve BE. — 13. On filius C; Ben fili B. — 17. Hel fortis summe C. — 18. Tu primus, tu novissimus C; Tu primus et novissimus E. — 27. Tu lava me a B; Tu lava nos E. — 29. Et fehlt C. — Zwischen 29 und 30 stehen in B:

Et de necessitatibus
Et a tribulationibus
Et a cunctis doloribus
Et ab infirmitatibus.

30. Libera nos E; Erue me B. — 31. Ab omnibus tribulationibus E. — 32. Et fehlt C. — 33. Et fehlt C. — 34. Ac necessitatibus C. — 35. nos E; me fehlt C. — 40. Tute ut homonogeni A; Tu theu homogeni E; Tu theos o monogeni C. — 45. Trinus et unus sis memor nostri E. — 46. Sis in Deum B; Et in Deum E. — 47. Atque domum B; Et in domum E. — 49. Et fluctus

E. — 50. Tu laboranti subveni C; Mihi mergendo subveni B; Nobis submergentibus subveni E. — 51. Heloe AE; ΘΗΗωϹ ΦωϹ A; theos sebos C; theos phonos E. — 52. Deus timoris Kyrios B. — 54. veritas ωϹ A; 54—59 fehlen C. — 56. Superbos rex apostatas B; Apostatas rex superbos E. — 58. lumen fax BE, fox A. — 60. piissimus E. — 61. super nos E. — 63. sanctos fehlt E. — 64. tuos coelitus C; coelicos B. — 65. nobis socios E. — 66. Adjutores sanctissimos BC; vorher geht noch Custodes praeclarissimos E. — 67 fehlt BCE. — 69. Ut hostes E. — 71 bis 87 stehen in BE hinter 111. — 71. Tu creasti E; Qui creasti ex nihilo C. — 72. Rex Sabaoth cuncta saeculi C. — 76. amor et defensio C; amor et vera defensio E. — 74 bis 83 fehlen C. — 78. A patre procedens et filio E. — 80. Qui trinus et unus es E. — 81. Sis et nostra protectio E. — 82 und 83 umgestellt E. — 82. Nec non et defensio E; Salus amor et defensio C. — 83. Sis nostra consolatio E. — 84. absolutio E. — 86. Deus deorum obsecro E. — 87. Ylion B. — 89. Rex creator E; ysiton AE, hysiton C, ipsiston B. — 90. pantacraton E, panthagaton C. — 96. Trine une A; Trinus et unus E. — 97. nobis pater E; hon A. — 98. Pro nobis tuum C; arethon C, areton E, arehton A. — 99. strammaton E, strathimathon C, ϹΘΡΑΘΥϽ-ϹΑΘωΝ A. — 100 bis 111 stehen in BE hinter 133. — 100. Eserie C (אשר אהיה Exod. 3, 14), Eseritiae A, Eiei B; Adonai rex tibi nomen est E. — 101. Yeye quod sempiternum est E. — 102. Et fehlt C, das ganze fehlt E. — 103. est Est fehlt E. — 104 fehlt C. — 105. Est fehlt CE. — 106. mihi fehlt CE. — 107. Concede Deus Est A; Concede nobis Deus E; Concede cito Deus Est C. — 108. Et aufer a nobis quod E. — 109. Et peccatum hoc quod abs te est E. — 110. Et da nobis quod bonum est E. — 111. Id praesta quod per te est C. — 113. Magnus inaestimabilis C; et laudabilis E. — 114 und 115 fehlen C. — 118 fehlt A. — 119. Patri natoque E. — 123 fehlt B. — 124. Sis meus invincibilis B, Sis nobis murus invincibilis E, fehlt C. — 125. Mirus inviolabilis C, Custos inviolabilis BE. — 126. Sis nobis Deus laudabilis E, fehlt C. — 127 und 128 fehlen C. — 127. Ne sis nobis E. — 128. Esto nobis E. — 129 fehlt AC; Super nos E. — 130. Libera nos E. — 132. cunctis insidiis E. — 133. Et ab omnibus periculis E. — 135. Exaudi nos E. — 136. malo nos libera E. — 137. Exaudi mea C; Audi nostra E. — 138 fehlt C. — 141. Per haec sancta E; Per tam sacrata C; Per tua sancta nomina A. — 142 fehlt A. — 144. Magnum nomen fortissimum A. — 146 bis 153 fehlen C. — 146. tartaro E. — 147. supplicio E. — 148. In inferni patibulum B; Infernali patibulo E. — 153. Quod explicare C. — 156. anehfeneton A; anackeneton BC; ascheneton E. — 159. Quatuor gramis AB, grammis E. — 160. Joth, He, Vau, He E; The, Joth, Vau, Thet C; HYVT ebraycum A; hebraicum fehlt E. — 161. H iste A; The iste C; Quod sic est expositum E. — 162. Et Vau C; Joth id est principium E; Job principium A. — 163 bis 168 fehlen B. — 163. He iste vau heth et vita E. — Hierauf folgt in E:

> Principium iste et vita.
> Per hoc nomen magnificentissimum
> Et inaestimabile
> Miserere nobis miserrimis
> In cunctis angustiis
> Et necessitatibus
> Corporis et animae.
> Adjuva nos etiam,
> Dulcissime Domine.

164 und 165 fehlen E. — 169. Ac per nomen E. — 170 bis 173 fehlen C. — 171. Concede diem E. — 176. Deus hoy communis A. — 177. nomen piissimum B, fehlt E. — 178. Esto nobis salus E; Sis salus et C. — 179. Salus et adjutorium E. — 183. Nos quoque E. — 184. Atque in me surgentium C; Et in nobis insurgentium E. — 186. colloquium E; et fehlt A. — 188. Qui contra C; contra nos E. — 189. Ac per hoc E; nomen piissimum B. — 191. Complesti C; auf diesen Vers folgt in E: Heli (Heli) lama sabacthani. — 194. Quod hic B. — 196 bis

210 stehen vor 100 B, vor 71 E. — 200 bis 203 stehen hinter 209 AC. — 203 fehlt C. — 206. Sis nobis E. — 208. Sis nobis consolator indeficiens E. — 209. Pius doctor largifluens E. — 210. O patris C; darauf folgt in E noch der Vers: Cum ipso creans omnia. — 215. Ibi omnis E; omnis claritas C. — 216. Est fehlt E; Sed et perfecta C. — 218 et gloria BC. — 222 bis 231 lauten in E: Tu misericors et vitae dator aeternae sis nobis, Christe, clemens apud Deum patrem. Te verum Deum deprecamur, te confitemur et judicem justum profitemur. Veritatem tuam sursum a te quaerimus, Domine. — 224. Judicemque A. — 226. Te sursum C. — 227. In sinu tuo, hagie. — 228 bis 230 fehlen B. — 230. et pater in te C. — 232. Interveni pro nobis quaeso E; fehlt B. — 233 fehlt B. — 234. dico fehlt E. — 238. Tu nos creator creasti E. — 239. sancto fehlt E. — 240. me fehlt E. — 241. Ideo nunc invoco te B; Ideo te invocamus, Domine El E. — 242. Sit nomen tuum B; Et nomen tuum, quod est Ariel E. — 243. Tu verbum patris altissimi E. — 244. In parte tua colloca me C; Visita nos in pace, Domine E. — 245. Qui pro salute omnium passus es in cruce E. — 247. Carnem sumere dignatus es E. — 248. Et sanguinem fundere C. — 249. O dulcissime Domine E. — 251. sqq. pacifice Domine, immense etc. C. — 254. Rex supremus B. — 255. rex gloriosus E. — 258. cuncta gubernas C. — 259. Exaudi nos E. — 260. Nobis sis clemens E; fehlt A. — 263 sqq. fehlen AB. — 268. In saeculorum E. — Man vergl. Pitra, Spicilegium Solesmense III, 449, wo das Lied aus einer Handschrift des 13. Jahrh. mitgeteilt ist.

3. De divinis Nominibus.

1. Jesu Christe, summe Deus,
Sancte pater rex et meus,
Tu me clemens audi reum
Et intende nunc in meum
    Pie adjutorium.
Sum injustus et immundus,
Fallax, vagus, iracundus,
Homo mendax, qui commisi
Multa mala et amisi
    Divinum auxilium.

2. Nam offendi te scienter,
Matrem tuam et frequenter,
Qua de causa me odisti
Et hinc juste subtraxisti
    Mihi tuam gratiam.
Sed confido prece matris,
Quod tu, fili Dei Patris,
A me tuam nunc avertas
Iram magnam et convertas
    In misericordiam.

3. Juste judex, te iratum
Scio meum per peccatum,
Unde reus ad Mariam,
Tuam matrem summe piam,
    In hac vita fugio;

Et tu, Christi mater pia,
Virgo dulcis, o Maria,
Tu quae porta es signata,
Mihi tu sis advocata
    Coram tuo filio.

4. Virgo sancta, pro me ora
Et si placet in hac hora
Mihi redde, quod amisit,
Et indulge, quod commisit
    Corpus atque spiritus.
Tu sis mihi medicina
Et de morte repentina
Et in vita temporali
Ab incursu hostis mali
    Me defende coelitus.

5. Funde preces Deo meo
Pro me servo tuo reo
Et, dum vivo, me tuere,
Dona mihi possidere,
    Quae sunt necessaria.
Ergo, Jesu, pater pie,
Preces matris in hac die
Tu exaudi, fili Dei,
Atque miserere mei
    Mea et suspiria.

6. Tu qui sacer Adonai
   Nominaris et Sadai,
   Emmanuel, Deus mecum,
   Da ut semper mei tecum
   Cordis sit principium.
   Tu qui theos appellaris,
   Athanatos et vocaris,
   Ischyros, o Deus fortis,
   Fac me scire diem mortis
   Meum atque transitum.

7. Tu Deus [summus] Elion,
   Qui das salutem in Sion,
   Salva, Christe, me clamantem,
   Nam te timet judicantem
   Mea nunc fragilitas.
   Deus pater theodoron,
   Jesu Christe, fili, on,
   Et amborum sacrum flamen,
   Tu sis mihi adjuvamen,
   Sancta Dei trinitas.

8. Sabaoth o et Messia,
   Tetragrammaton et Ja,
   Cuncta mala procul pelle,
   Venti cedant et procellae,
   Et turbo concutiens.
   Tu lux mea, ops et vita,
   Heli Deus, velis ita
   Meam visere personam,
   Ne res perdat et coronam
   Angelus percutiens.

9. Mihi praesta sanitatem
   Et hanc confer pietatem,
   Ut hinc hostes effugentur,
   Cum haec tua invocentur
   Gloriosa nomina.
   O vos omnes sancti Dei,
   Sitis defensores mei,
   In hac hora subvenite
   Mihi reo et venite,
   Beatorum agmina.

10. O magne princeps Michael,
    Gabriel atque Raphael,
    O chorus angelorum,
    Coetus apostolorum,
    Me reum defendite;
    O vos omnes confessores,
    Sancti patres et doctores
    Martyrumque turba pia
    Dei matre cum Maria
    Mihi nunc succurrite.

11. Et oretis pio more
    Deum pro me peccatore,
    Ut dignetur me salvare,
    Mihi velit et praestare
    Poenitendi spatia.
    Ergo, Jesu pater, Christe,
    Per quem vivit mundus iste,
    Dona mihi possidere
    Per te semper et habere
    Sempiterna gaudia.

Scala coeli saec. 14. ex. Cod. Pragen. XIII E 3. — „Quicunque orationem subsequentem, quae est beati Augustini, usque ad finem vitae suae devote dixerit, absque dubio ad regnum coelorum ab angelis perducetur." Verfasser vielleicht Arnest von Pardubic. — 6, 3 Emmanuel o Deus. — 7, 1 Tu Deus eleison; offenbares Verschreiben bei Mangel von zwei Silben. — 7, 7 fehlt eine Silbe; ebenso 10, 3 sq.

4. Oratio de Incarnatione Christi.

1. Multis a confratribus
   Sum saepe rogatus,
   Ut eis exponerem
   totiens probatus,
   Quare Dei filius
   sic est humanatus,
   Ut in crucis cornibus
   fieret assatus,

Et cur ejus lancea
foderetur latus,
Sic incepi dicere
multis invitatus.

2. Viri venerabiles,
   viri literati,
   Hostes injustitiae,
   legibus armati,

Vestri nunc sufficio
   sarcinae mandati,
Nec adire grandia
   . licet novitati.

3. Verbi ministerium
   mihi credidistis,
Cujus est solemnitas
   in diebus istis,
Erubescit facies
   animus est tristis,
Factus sum insipiens,
   vos me coegistis.

4. Sapientes alloquor,
   supplico discretis,
Si non digne dixero,
   parcere debetis,
Loqui de coelestibus
   nescio secretis,
Caecus in apostolo,
   caecus in prophetis.

5. Quia magnitudine
   superant ignarum
Notiones singulae
   trium personarum,
Quid pater, quid filius,
   patet mihi parum,
Quid sit, unde filium
   Pater habet carum.

6. Una est substantia
   tribus in personis,
Unitatis regula
   plus quam unionis,
Nuntiat in angelis,
   judicat in thronis
Ad aeternae seriem
   dispositionis.

7. Cum creator temporum
   non sit temporalis,
Statim est sub tempore
   res materialis;
Pater est efficiens,
   filius formalis,
Utriusque spiritus
   causa est finalis.

8. Creatori serviunt
   omnia subjecta,
Sub mensura, numero,
   pondere perfecta,
Ad invisibilia
   per haec intellecta
Sursum trahit hominem
   ratio directa.

9. Praedicat potentiam
   rerum magnitudo,
Ordo sapientiam
   sive pulchritudo,
Bonitatem copiae
   summa plenitudo,
Pascit mentis oculos
   trinitas hoc ludo.

10. Dignitate praeminet
   universae rei
Factus ad imaginem
   majestatis Dei,
Cuncta sibi serviunt,
   ipse servit ei,
Quem nox nocti praedicat
   et dies diei.

11. Obligavit omnia
   nostrae servituti,
Alia deliciis,
   alia saluti,
Sciunt evangelicis
   regulis imbuti,
Quibus frui convenit,
   quibus decet uti.

12. His nos beneficiis
   voluit ditari
Et adjecit cumulum
   muneris praeclari,
Cum pro nobis filium
   misit incarnari,
Ut uniret hominem
   suo salutari.

13. Est inenarrabilis
   ista genitura,
In persona simplici
   duplex est natura,

Ipse, qui creator est,
  ipse creatura,
Ligans dissimilia
  stabili junctura.

14. Taceo particulam
  virginis beatae,
Non originaliter
  carnis obligatae
Nec in lumbis Abrahae
  quondam decimatae,
Unde Levi major est
  Christi dignitate.

15. Haec simul in omnia
  Deo counita,
Inde personaliter
  una mundi vita,
Fides ita praedicat,
  fides credit ita,
Haereat in perfidis
  haeresis sopita.

16. Habens carnem similem
  carni peccatrici,
Formam servi praeferens,
  habitum mendici,
Qui in dolo repulit
  dolum inimici,
Tale bellum perfido
  decuit indici.

17. Cum in Deum hominem
  misit hostis manum,
Ut moveret stabilem,
  infirmaret sanum,
Si quid juris habuit
  in genus humanum,
Irrevocabiliter
  abiit in vanum.

18. O pugna mirabilis,
  o trophaeum dignum,
Agnus lupum perimit,
  innocens malignum,
Qui per lignum vicerat,
  victus est per lignum,
Quod est terror hostium,
  quod est vitae signum.

19. Infirmatur medicus,
  sanet ut aegrotum,
Non per quinque porticus
  nec per aquae motum,
Sed in vase fragili
  et in parte totum,
Proximo parieti
  copulat remotum.

20. Incipit in saeculo
  factor saeculorum,
Vitae panis esurit,
  sitit fons hortorum,
Noctis somno clauditur
  oculus caecorum,
Plebi fit abjectio
  decus angelorum.

21. Sol in nube tegitur,
  dies obscuratur,
Trepidat securitas,
  virtus infirmatur,
Disciplina caeditur,
  salus exsecratur,
Vita cruci figitur,
  ordo conturbatur.

22. Parum nobis proderat
  redemptorem mori,
Ni rediret iterum
  vita redemptori,
Liber inter mortuos
  redditur honori,
Et a dextris assidet
  natus genitori.

23. Ut divinae resonat
  pagina scripturae,
Praecesserunt tempora
  legis et naturae,
In antiquis patribus
  operum figurae,
Sensus allegorici,
  species obscurae.

24. Ut a primis ordiar
  mundi rudimentis,
Fit de costa mulier
  Adae dormientis,

Rutilans ecclesia
vitae sacramentis
Prodiit ex latere
Christi morientis.

25. Haec est arca, quam Noë
cataclismo rexit,
Hunc Jacob evigilans
lapidem crexit,
Haec in vase scirpeo
Mosysen inspexit,
Haec est nurus Noëmi,
quam Booz dilexit.

26. Haec est tabernaculum
in deserto factum,
Atriis circumdatum,
tabulis compactum,
Haec est arca foederis,
hoc est vitae pactum,
Inter verum Israel
et Deum contractum.

27. Atrium exercitus
vita est activa,
In quo sacrificia
sunt figurativa,
Hoc altare concremat
carnis incentiva,
Demolitur pinguia,
macerat lasciva.

28. Incenduntur hostiae
carnibus oblatis
Ligno crucis Domini,
fiamma caritatis,
Agnus innocentiae
et simplicitatis,
Hircus poenitentiae,
turtur castitatis.

29. Primum tabernaculum
contemplationem,
Mensa, quae proponitur,
signat lectionem,
Panes verbum fidei,
thus orationem,
Candelabrum spiritus
illustrationem.

30. Futurorum pontifex
Christus est bonorum,
Qui semel introiit
in sancta sanctorum,
Non hircorum sanguine
neque vitulorum,
Sed in suo reserans
aditum coelorum.

31. Hic exstinxit gladium
sibi resistentem,
Gladium versatilem,
gladium ardentem,
Et removit Cherubim
gladium tenentem,
Dum latronem suscipit
Christus confitentem.

32. Quod fraternis manibus
Abel est occisus,
Quod oblatus puer est,
cui nomen risus,
Quod missus in puteum
fratribus invisus,
Quod ascendens in Bethel
calvus est derisus;

33. Coram agno mystico
mors est Pharaonis,
Quod saliva defluit
patre Salomonis,
Quod intravit Daniel
lacum Babylonis:
Totum est mysterium
Christi passionis.

34. Tangere sublimia
res est onerosa,
Aeris in nubibus
aqua tenebrosa,
Ut a spinis discrepat
lilium vel rosa,
Sic a Dei laudibus
vita vitiosa.

35. Tangens montem bestia
debet lapidari,
Et indignus timeo
plecti poena pari,

Sed a vobis postulo
. veniam praestari,
Quorum voluntatibus
nolo refragari.

36. Supplicemus iterum
gratiae divinae,

Quam humanae credimus
summam medicinae,
Ut expertes ultimae
faciat ruinae,
Sitque salus omnibus
hic nunc et in fine.

Cod. Londinen. Reg. 2 A IX saec. ¹³/₁₄. — 17, 5 Sed quid. — 20, 7 adjectio. — 20, 8 Deus angelorum. — 23, 1 resonet. — 28, 3 Signo tibi Domine. — 29, 5 verbum. foederis. —

Dies Lied ist von Th. Wright, The Latin Poems, commonly attributed to Walter Map S. 31 W, unter dem Titel Praedicatio Goliae, der handschrift-lich nicht vorkomme, nach sechs Handschriften gedruckt, deren Alter er nicht angiebt, nämlich Harl. 978. H; Vespas. E XII. C; Titus A XX. T; Sloane 1580. S; Lambeth. 238. L 1; Lambeth. 481. L 2. Er bietet folgende Les-arten, von denen die mit W bezeichneten im Text stehen. Str. 1 fehlt SL 1 L 2. — 1, 2 pridie rogatus W. — 1, 7 quod in C. — 1, 8 parvitati W; novitati C. — 3, 2 commisistis W; credidistis SC. — 3, 3 Quod ·est satis congruum W; cujus est solemnitas SC. — 3, 7 incipiens W. — 4, 2 decretis C. — 4, 3 Si non bene C. — 4, 7 apostolis W. — 5, 1 Sui. magnitudine W. — 5, 2 fugiunt ignarum S. — 5, 5 Quo pater quo S. — 5, 6 constat mihi S. — 5, 7 Quo sit S. — 7, 3 cum tempore S. — 8, 3 sq. pondere numero S. — 8, 7 Sursum ducit S. — 9, 5 Bonitatis copiam W; bonitatem copiae SC. — 10, 2 universitate rei C. — 11, 6 induti W. — 11, 8 fas est uti W; decet uti SC. — 12, 3 adducit C. — 12, 6 fecit incarnari S. — 14, 8 Christus W. — 15, 1 simul cum anima W; omnia C. — 15, 3 Unum personaliter W. — 15, 7 Pereat W. — 16, 5 Quasi dolo W; Qui in dolo H. — 16, 8 debuit S; judici W Schreib- oder Druckfehler. — 17, 2 hostis misit S. — 19, 2 ut sanet S. — 19, 5 figuli W; fictili S. — 20, 5 Mortis somno W; Noctis S. — 20, 7 Plebis W. — 21, 2 obsecratur C. — 21, 6 salus vulneratur S. — 22. 1 proderet W; proderat C. — 22, 7 in dex-tris C; assides H. — 24, 1 ardear C. — 24, 8 dormientis C. — 25, 1 qua Noe W; quam S. — 25, 3 Hic Jacob S. — 25, 6 adspexit S. — 26, 3 Atrio W. — 26, 4. stabile compactum S. — 26, 6 haec est vitae W. — 27, 5 Hic altare W. — 27, 7 Demollitur C. — 27, 8 lacerat W. — 28, 6 aut sim-plicitatis H. — Str. 28 fehlt S. — 31, 1 exstinguit SC. — 31, 2 nobis resi-stentem W. — 31, 4 gladium manentem C. — 31, 7 recipit S. — 31, 8 Christo C. — 32, 4 nostri forma risus S. — 32, 5 Quod Joseph est venditus S. — 32, 7 ascendit H; irrisus S. — 33, 1 Quod in agno S. — 33, 2 mortem Pharaonis S. — 33, 4 patri S. — 33, 6 locum Babylonis W, Schreib-. oder Druckfehler. — 34, 5 sq. lilium discrepat S. — 34, 7 Sic ab his sermonibus S. — Str. 35 fehlt S. — 36, 1 interim W; ultimo C. — 36, 7 Sic sit W; sicque C. — 36, 8 et nunc et W; hic et sine C.

5. De Incarnatione Christi.

1. Salve, festa dies, quae vulnera nostra coerces,
Angelus est missus, est passus et in cruce Christus.
Est Adam factus et eodem tempore. lapsus,
Conterit in coelis zabulon virtus Michaelis.

5. Ob meritum decimae cadit Abel fratris ab ense,
Israel medium transivit per mare rubrum.
Offert Melchisedech, Isaac supponitur aris,
Est decollatus Christi baptista beatus.

Est Petrus ereptus, Jacobus sub Herode peremtus,
10. Lex datur in Sina, veniens rex judicat bina,
Corpora sanctorum cum Christo sepulta resurgunt,
Latro dulce tamen paradisum suscipit. Amen.
Per hoc dictamen nos salvet flamen et Amen.

Cod. S. Floriani XI 369. saec. 14. A. — Cod. Palat. Vindobonen. 3593
saec. 15. B. — 4 fehlt B. — 10 judicat vina, lies bina, d. h. vivos et mortuos;
fehlt B. — 11 fehlt B. — 13 fehlt A. — Unmittelbar vorher geht in A folgende Kalendernotiz für den 25. März (die erwähnten Daten sind zum Teil
von den obigen verschieden): VIII Kal. Apr. annunciatio sanctae Mariae et
passio Domini et decollatio sancti Jacobi apostoli, fratris Domini. Ipso die
mundus creatus est, Adam formatus et animatus, a serpente deceptus et cruce
redemptus, Abel occisus, periit in diluvio mundus, interiit Sodoma et Go-
morrha, Isaac immolatur, Joseph venditus, Pharao in mare mersus, Samson
obiit, latro paradisum possedit, Petrus a catenis liberatus est, Jerosolyma a
Tito vastata est. Dicunt etiam Judaei hodierno die fieri judicium mundi.
Vgl. Analecta XIVb S. 171.

6. In laudem Dominicae nativitatis.

1. O beata gaude infantia,
Sed et gaudens doleas pariter,
Aggredere sancta mysteria
Pereuntis mundi letaliter.
Jam paterna adimplens nuntia
Gaude simul et dole flebilis,
Grandis enim tibi restat via
Nascens pauper servus et humilis.

2. A vagitu sumas exordia
Nilque spernens nostrae miseriae,
Vagi, infans, inter praesepia,
Sed oscula pia dans Mariae
Solare, nam patris imperia
Decreverunt cruoris te stillis
Jam perfundi super altaria,
Qui natus es pauper et humilis.

3. Ad gaudium reduxit litera,
Nam confestim alacres prodeunt
Reges Tarsis ferentes munera
Nec Herodem deinceps adeunt.
Aurum sicut regi magno donant,
Thus ut Deo myrrhamque cum illis
Inhumando; haec mystice sonant
Tibi, qui es pauper et humilis.

4. Dum Simeon miratur haec gesta,
Laetus psallit et plaudens manibus:
Tendo, inquit, ad alia festa,
In ferendis pro te muneribus

Speculabor, dum templum adies,
Et baculo aetate senilis
Sustentatus dicam millesies:
Salve, infans puer et humilis.

5. Sed heu dolor, statim praedicetur:
Nam in signum, cui contradicetur,
Eris, inquit, nec matri mitius
Fiet, cujus animam gladius
Pertransibit. Sic ergo passurum,
Te attende atque moriturum,
Sed sic volens, sic es passibilis,
Nasci volens pauper et humilis.

6. Princeps praestans et pastor ovium,
Princeps pacis et pastor omnium,
Princeps mundi, Herodes malignus,
Tyrannide nos quaerit perdere
Et barathri ad ima ruere,
Sed succurre nobis, rex benignus,
Propitius sis et placabilis,
Natus pauper servus et humilis.

Brev. Bituricense imp. Venetiis 1481, post. Sanctorale.

7. Oratio ad Christum.

Ave, Jesu, cruciate
Sub Pilato Pontio;
Ave, Jesu, coronate
Spinis in patibulo;
Ave, Jesu, conclavate
Manibus, vestigio;
Ave, Jesu, vulnerate
Lateris in medio;
Ave, Jesu, morti date,
Die surgens tertio;
Jesu, plene pietate,
Tuae mortis mentio
Nobis in necessitate
Fiat consolatio.

Horar. Anglican. ms. saec. 15. Cod. Londinens. Reg. 2 A XVII.

8. Ad Christum Oratio.

1. Rex, salvator saeculorum,
Jesu Christe Domine,
Qui cum Deo patre manes
et cum sancto flamine,
Opem mihi confer pius
tuo medicamine.

2. Tua, Deus, me conservet
praesens visitatio,
Tua semper me defendat
clemens obumbratio,
Tua salvet me clamantem
potens incarnatio.

3. Ex utero virginali
   carnalis egressio
Me protegat atque tua
   sancta circumcisio,
Me splendore pietatis
   lustret apparitio.

4. Per baptismum tuum, Christe,
   fac me frui gloria
Jejunium tuum mundet
   ab omni nequitia,
Me relevent atque salvent
   tua mirabilia.

5. Pia, Deus, amicorum
   tuorum electio
Fiat mihi peccatorum
   cunctorum remissio,
Ut gaudere tecum queam
   in coeli palatio.

6. Mors in cruce tua, Deus,
   et ingens angustia,
Magnus dolor, quem es passus
   pietate nimia,
Me supernae civitatis
   ducat ad consortia.

7. Tua, pie Christe Jesu,
   rex regum, redemptio
Sit ubique praesens mihi,
   salus et defensio,
Ut aeterno possim felix
   interesse gaudio.

8. Me triumphus ille magnus
   atque resurrectio,
Me conservet tua, Christe,
   gaudens apparitio
Et in coelum mirabilis
   ad patrem ascensio.

9. Tua clara, pie Deus,
   et ingens victoria,
Tua magna sempiterna,
   quam habes, laetitia,
Exoptata mihi reddant
   paradisi gaudia.

10. Paraclitus septiformis,
   quem tuis fidelibus
Tribuisti dono patris
   de supernis sedibus,
Me conservet et faciat
   frui bonis omnibus.

11. Sit ubique mihi, Deus,
   tua gubernatio,
In adversis et prosperis
   tua consolatio,
Muro tuo me circumda
   pius et auxilio.

12. Non me sinas violari
   tentationis laqueo,
Sed extende manum tuam
   et protege clipeo,
Ne demergar cum iniquis
   in Averni puteo.

13. In adventu tuo, Christe,
   fac, ut mea portio
Tecum fiat in aeternum
   in coelesti gaudio,
Ut te laudans et exsultans
   vitae fruar praemio.

14. Sit laus, virtus trinitati,
   decus et potentia,
Imperium sempiternum,
   salus, honor, gloria
Detque mihi sempiternae
   claritatis gaudia.

Orat. ms. saec. 15. Cod. Londinen. Harl. 211.

9. Ad Dominum Jesum Christum.

1. Ave, Jesu, qui de Deo
Deus natus es ab eo,
   Nobis missus coelitus;
Ave, verbum Dei patris,
Es conceptum alvo matris
   ·Luce sancti spiritus.

2. Ave, qui es homo natus
Et in terris nobis datus
   Ad pastum ex virgine;
Ave, qui in sancta mente
Saepe nasceris habente
   Fidem sine crimine.

3. Ave, cui magi thesaurum
   Mysticum, myrrham, thus, aurum
   Libabant cum laudibus;
   Ave, qui eras portatus
   In templum atque oblatus
   Cum libis legalibus.

4. Ave, qui aquam in vinum
   Mutasti, architriclinum
   Sic laetificaveras;
   Ave, qui panibus quinis
   Atque de piscibus binis
   Turbas satiaveras.

5. Ave, qui in coena victum
   Eucharistiae invictum
   Tuis dabas sociis;
   Ave, qui in ara crucis
   Passus eras mortem trucis
   Ut agnus ex hostiis.

6. Ave, qui resurrexisti,
   Ut leo vivens vicisti
   Vincula hostilia;
   Ave, polos qui petisti
   Et ut aves ascendisti,
   Duc nos ad coelestia.

Clm. Monacen. (ol. Tegurin.) 19824 saec. 15. A. — Orat. ms. Tegurin. saec. 15. Clm. Monacen. 20001. B. — 3, 2 thus et aurum A. — 6, 4 polos qui fecisti AB.

10. Ad Christum oratio.

1. O Messia,
   De Maria
   Natus alma virgine,
   Qui purgasti
   Et salvasti
   Mundum tuo sanguine,

2. Pius esto
   Et memento,
   Quid pro nobis feceris,
   Pro indignis
   Et malignis
   Quanta sustinueris.

3. Rex aeterne,
   Pius cerne
   Supplices intuitu
   Et illustra
   Corda nostra
   Tuo sancto spiritu.

4. Pastor bone,
   A leone
   Tuas oves libera
   Et cum illis,
   Qui in coelis
   Gaudent, nos adnumera.

Cod. S. Petri Salisburgen. b VI 3 saec. 15. — Das kurze Gedicht schliefst unmittelbar an das Lied Ave nate Dei vivi fol. 222a an, zu dem es aber nach Inhalt und Form nicht gehört, auch sonst (vgl. fol. 240) sich nicht findet.

11. Ad Christum Oratio.

1. Ave, Jesu, splendor patris,
   Ave, flos Mariae matris,
   Verbum patris increatum,
   Alvo matris incarnatum,
   Dulcis vitalisque fructus,
   Medicina nostri luctus,
   Morbos fuga, da virtutem
   Mentis, corporis salutem.

2. Ave, sol aeternitatis,
   Rex regum, rex majestatis,
   Princeps summae largitatis,
   Vultu tuae bonitatis
   Respice super egenum
   Omni foeditate plenum,
   Larga manu da petenti
   Et ostende te quaerenti.

3. Solum quaero te dilectum
Intra cordis mei lectum,
Non declines sed intende,
Mihi faciem ostende,
Quae est plena gratiarum,
Omnium deliciarum,
Quem videre est amoenum,
Nam suavitate plenum.

4. Ave, Jesu, panis vivus,
Melos, odor, mellis rivus,
Ave, Jcsu, pacis donum,
Salus, honor, summum bonum,
Verus Deus, verus homo,
Tibi psallo, tibi promo,
Te collaudo voce, voto,
Ore, cordis nisu toto.

5. Ave, decus angelorum
Gaudiumque supernorum,
Via, veritas et vita,
Lux in coeli regno sita,
Jesu, pacis mediator,
Tu redemptor ac creator,
Semper tu amabilis,
Totus desiderabilis.

6. Ave, speculum sanctorum
Et corona beatorum,
Jesu, pater orphanorum
Et mundator peccatorum,
Te adorans in te credo,
Amor, jubilus, dulcedo,
Ad te clamo toto corde,
Criminum me munda sorde.

7. Ave, agnus immolatus,
Tamquam latro judicatus,
Duris spinis coronatus,
Nudus, caesus, vulneratus,

Passus es, ne patiamur,
Mortuus, ne moriamur;
Agne Dei, tu spes rei,
Miserere pie mei.

8. Jesu, agonista fortis,
Memor esto tuae mortis;
Mors aeterna non me gravet,
Sanguis tuus foedum lavet,
Mundans intus me ac foris,
Et tu, Jesu, fons amoris,
Cordis tui de piscina
Mihi poculum propina.

9. Cujus haustu creatorem,
Dulcem meum redemptorem,
Diligam te super cuncta
Proximumque lege juncta;
Jesu, mi dilecte, audi
Intendentem tuae laudi
Caritate cum perfecta,
Cum spe firma, fide recta,

10. Sincera cognitione,
Intima contritione
Puraque confessione
Oleique unctione,
Virtutum perfectione,
Tua consolatione,
Dextra tua me defende
Fove, rege, cor accende.

11. Confer mihi finem bonum,
Ut per hoc salutis donum
Merear te summum bonum
Ac coelestis regni tbronum;
Vita, salus, mundi vere,
Jesu, mei miserere;
Hoc confer salutis munus,
Qui regnas trinus et unus.

Scala coeli saec. 14. ex. Cod. Pragen. XIII E 3. — 2, 7 manu te petenti.

12· Novena gratiarum actio.

1. Ad beatae trinitatis
Simplicisque deitatis
Sempiternam gloriam
Recolendo, Jcsu Christe,
Cujus laudis hymnus iste
Personat victoriam,

2. Grates tibi pro tuorum
Reddo beneficiorum
Nobis facta gratia,
Orans, ut, qui minus grati
Tibi, simus excusati
Pro tua clementia.

3. Jesu pie, Jesu bone,
   Qua possum devotione,
   Te rogo suppliciter,
   Corda nostra ad orandum
   Et os ad te salutandum
   Aptes efficaciter.

4. Primum ergo te laudare
   Decet ab hoc et amare,
   Quod de carne virginis
   Incarnari voluisti,
   Incarnatus induisti
   Veri formam hominis.

5. Propter hanc humilitatem,
   Qua sic tuam majestatem
   Inclinasti, Domine,
   Fac nos tibi semper esse
   Humiles ut est necesse
   Et mundos a crimine.

6. Nunc secundo collaudandus
   Et a cunctis praedicandus
   Es, Jesu dulcissime,
   Quod cum Deus ab aeterno
   Sis cum patre, de materno
   Virginis castissimae

7. Es dignatus ventre nasci
   Et ejusdem lacte pasci
   Natus mirabiliter.
   Per illam nativitatem
   Da, ut tuam claritatem
   Cernamus perenniter.

8. Tertio nunc honorari
   Debes et magnificari,
   Christe, a fidelibus
   Eo quod in mundo natus,
   Circumcisus, adoratus
   Magorum muneribus,

9. Templo patri praesentatus,
   Baptizatus et temptatus,
   Clarus in miraculis,
   Jejunasti, laborasti,
   Discurrendo praedicasti
   Verbum vitae parvulis.

10. Quarto tibi grates ago,
    Splendor patris et imago,
    Pro poenis innumeris,
    Quas in carne consecrasti,
    Post et antequam portasti,
    Crucem sacris humeris.

11. Te Judaei flagellabant
    Et acerbis vulnerabant
    Flagris crudelissime,
    Te frementes conspuebant,
    Deridentes illudebant
    Tractando vilissime.

12. Tibi vultum velaverunt
    Colaphisque ceciderunt
    Faciem clarissimam,
    Tibi vestes detraxerunt,
    Spoliantes nudaverunt
    Carnem sacratissimam.

13. Tibi crucem praeparantes
    Et in ipsam te levantes
    Blasphemando nequiter,
    Inter fures suspenderunt,
    Manus, pedes confixerunt
    Cruci clavis fortiter.

14. Caput spinis coronatur,
    Latus tibi perforatur
    Et inflicto vulnere,
    Totus poenis es afflictus,
    Morti dirae es addictus
    Pro humano scelere.

15. Per plagas, quas pertulisti,
    Per cruorem, quem fudisti,
    Te rogo, rex gloriae,
    Ut qui fons es pietatis,
    Nobis dones de peccatis
    Spem et actum veniae.

16. Quinto tibi laus est danda,
    Mundi salus adoranda,
    Quod morte ad inferos
    Jam devicta descendisti
    Et captivos redemisti
    Liberando miseros.

17. In sepulchro jacuisti,
    Sed ad vitam surrexisti
      De morte post biduum;
    Vitam nobis morituris,
    Regnum nobis surrecturis
      Concede perpetuum.

18. Sexto tibi reddo grates,
    Qui, ut praedixerunt vates,
      In coelum ascenderas,
    Quod tunc vere complevisti,
    Cum in coelum transvexisti
      Carnem, quam assumpseras.

19. Per illam ascensionem
    Et tuam per sessionem
      In paterna dextera,
    Fac nos ad te transportari
    Et post mortem gloriari
      Tecum super aethera.

20. Septimo laus tibi detur
    Et semper continuetur
      Omnibus in saeculis
    Propter donum, quod electis
    Tuis sanctis et dilectis
      Misisti discipulis.

21. Sanctum eis qui dedisti
    Spiritum, quos docuisti
      Loqui linguis omnium,
    Tuum nobis sanctum fiamen
    Dona, precor, ut tutamen
      Contra fraudes hostium.

22. Octavo tu venerandus
    Et obnixe praedicandus
      Es, redemptor omnium,
    Ut cum dies erit durus,
    Quando crederis venturus
      Esse ad judicium,

23. Ubi facta singulorum
    Tam bonorum quam malorum
      Pensabis aequissime,
    Horum, quibus dices Ite,
    Non simus tunc, sed Venite
      Dic nobis dulcissime.

24. Nono laude hac es dignus,
    Christe, quod tu es benignus
      Vere poenitentibus,
    Fidem tuam qui professi
    Et peccata sunt confessi,
      Reddis cum operibus.

25. Nobis fidem praebe veram,
    Caritatem da sinceram
      Et spem certam tribue
    Et mundatos a peccatis
    Nos in regno claritatis
      Post mortem constitue.

26. Jesu pie, Jesu bone,
    Qua possum devotione
      Te rogo suppliciter,
    Corda nostra ad orandum
    Et os ad te salutandum
      Aptes efficaciter.

Orat. ms. Coelestin. saec. 15. Cod. Meten. 571. A. — Orat. ms. Coelestin. saec. 15. Cod. Parisien. 18571. B.

13. Oratio devota et compunctiva.

1. Ave regis angelorum,
    Dei patris unice,
   Mundi faber et coelorum
    Rex et rector fabricae,
   Jesu, vota miserorum
    Te laudantum respice.

2. Aequum est et salutare,
    Te laudare dominum,
   Cui laudes dignas dare
    Nullus potest hominum,
   Duxi tamen te laudare
    Homo plenus criminum.

3. Homo miser et malignus,
    Plenus omni scelere,
   Tibi, Jesu, non sum dignus
    Vota laudum solvere,
   Sed es clemens et benignus,
    Noli me contemnere.

4. Te adoro, mi creator,
    Tuo factus numine,
   Te collaudo, mediator,
    Tuus vocor nomine,
   Te saluto, mi salvator,
    Tuo cmptus sanguine.

5. Salve, fili Dei Deus,
   Splendor patris gloriae,
   Vita mea, Deus meus,
   Amor et deliciae,
   Tibi laudes licet caenus
   Cantabo quotidie.

6. Ave, fuga tenebrarum,
   Solis lux et siderum,
   Jesu, salus animarum,
   Medicina scelerum,
   In hac valle lacrimarum
   Respice me miserum.

7. Vale, vita beatorum,
   Jesu, pacis visio,
   Via vitae, spes lapsorum,
   Reorum redemptio,
   Ad te miser peccatorum
   Mole pressus fugio.

8. Jesu, virtus deitatis,
   Patris sapientia,
   Tu es dextra majestatis,
   Par patris potentia,
   Auctor universitatis,
   Rex et regens omnia.

9. Tu es splendor et figura
   Paternae substantiae,
   Verbum factum caro pura,
   Carnis carens carie,
   Et creator creaturae
   David ex progenie.

10. Tu es mitis et severus,
    Humilis altissimus,
    Agnus mitis, leo ferus,
    Clementer justissimus,
    Deus fortis, homo verus,
    Potenter piissimus.

11. Tu es judex veritatis,
    Fons tamen clementiae,
    Deus fortis, judex pacis,
    Rex tamen justitiae,
    Vindex justus pravitatis,
    Vena tamen veniae.

12. Tu es novae lator legis
    Et largitor veteris,
    Rex et natus summi regis,
    Descendens a superis
    Ovem ad ovile gregis
    Portas tu in humeris.

13. Tu peccati poenitudo,
    Reatus remedium,
    Tu erroris rectitudo,
    Doloris refugium,
    Tu amoris plenitudo,
    Pudoris connubium.

14. Tu es pacis gratitudo,
    Amoris justitia,
    Tu in via fortitudo,
    Praemium in patria,
    Sanctorum beatitudo,
    Angelorum gloria.

15. Tu es legis plenitudo,
    Gratiae tu largitas,
    Fidei tu fortitudo,
    Tu spei profunditas,
    Caritatis latitudo,
    Via, vita, veritas.

16. Tibi, Jesu, creatori
    Detur benedictio,
    Tibi, Jesu, salvatori
    Gratiarum actio,
    Tibi, Jesu, redemptori
    Honor et salvatio.

17. Tibi, Jesu, confiteri
    Bonum est et psallere,
    Modus cujus est mederi,
    Usus est ignoscere,
    Jus naturae misereri
    Et voluntas parcere.

18. Non est onus ita grave
    Ut peccati sarcina,
    Corpus enim premit prave,
    Cordis caecans lumina
    Mentem ducit in vae a vae
    Et offendit numina.

19. Heu, quid agam, toti mundo
    Vilescens obsurdui,
    Coetu coeli laetabundo
    Non sum dignus perfrui,
    Solum Stygis in profundo
    Mansionem merui.

20. Omnem mundum maculavi
    Meam per libidinem,
    Tanta mala perpetravi,
    Quod ob multitudinem
    Intueri jam expavi
    Coeli celsitudinem.

21. Quos infeci, me diffamant
    Aer, tellus, maria,
    Accusantes me proclamant,
    Cor et conscientia,
    Et quos amo, me non amant,
    Sed nec caro propria.

22. Vilis atque vitiosus
    Cunctis sum viventibus,
    Horror, stupor et exosus
    Brutis et hominibus,
    Et amicis onerosus,
    Fuga fio fratribus.

23. Me mirante cum stupore,
    Cum tanta miseria,
    Me adjicit cum moerore
    Mens malorum conscia,
    Quod offenso creatore
    Offenduntur omnia.

24. Ecce, qui te creatorem
    Offendisse videor,
    Adsum et me peccatorem
    Coram te confiteor
    Ac me negans, ut errorem
    Emendam, polliceor.

25. Nam non solum morti datus
    Intra domum jaceo
    Neque tantum deportatus
    Extra portas putreo,
    Sed jam diu tumulatus
    Putrefactus foeteo.

26. Sum peccator criminosus,
    Elatus et avidus,
    Leno quidem et gulosus,
    Iracundus, invidus,
    Segnis et acediosus,
    Totus olens, horridus.

27. Sum peccator sorde plenus
    Septiformis vitii,
    Perpetravi omne genus
    Faecis et flagitii,
    Totus olens et obscaenus
    Sponte lapsus perii.

28. Sum peccator et avarus
    Saturari nescius,
    Parcus, tenax et amarus,
    Irascens et anxius,
    Boni expers et ignarus
    Omnis mali conscius.

29. Sum peccator et impurus,
    Vilis, horrens, horridus,
    Sum distractor et perjurus,
    Mendax, fallax, perfidus,
    Mente ferox, corde durus,
    Contumax et turbidus.

30. Sum peccator, sum iniquus,
    Impius, impatiens,
    Litis auctor, inimicus
    Pacis, inobediens,
    Sum infelix illa ficus
    Fructum ferre nesciens.

31. Voto atque cogitatu,
    Corde, ore, opere,
    Aure, gustu, odoratu,
    Manu tangens temere,
    Quando reus sum reatu,
    Nesciens deponere.

32. Curam carnis semper egi,
    Vota cordis condidi,
    Adversando semper legi,
    Caritatem perdidi,
    Sed si quando fidem fregi,
    Semper in te credidi.

33. Sono, nutu et per signa
    Perpetravi noxia,
  Magna nimis et maligna
    Commisi flagitia,
  Quae narratu sunt indigna,
    Numeratu nimia.

34. Peccans in spe provocavi
    Te ad iracundiam,
  Nunquam tamen desperavi
    Nec despero, quoniam
  Nomen tuum non negavi
    Nec misericordiam.

35. O spes mea, Jesu bone,
    Fons misericordiae,
  Adsis mihi in agone
    Instantis angustiae,
  Da solamen et depone
    Nubem diffidentiae.

36. Fili Dei, Jesu pie,
    Deus, qui .fecisti me,
  Fili virginis Mariae,
    Homo redemisti me,
  Geminae gigas usiae,
    Salvator, exaudi me.

37. Verbi tui dulcis oris
    Memento, quod dixeris:
  Nolo mortem peccatoris,
    Sed ut viam sceleris
  Derelinquat, et erroris
    Obliviscar veteris.

38. Me, creator, convertentem
    Miserator suscipe,
  Me, redemptor, poenitentem
    Ignoscendo eripe,
  Me, salvator, confitentem
    A peccatis eripe.

39. Qui peccantem convertisti
    Me ad poenitentiam
  Et converso contulisti
    Confidendi gratiam,
  Confitenti corde tristi
    Non negabis veniam.

40. Dulcis Jesu, qui es natus
    Ex Maria virgine,
  Verus homo, qui es datus
    In cruce pro homine,
  Sordes meas et reatus
    Terge tuo sanguine.

41. Memento, quod carnis jura
    Nostrae quondam sumpseris,
  Quod creator creatura
    Pro nobis efficeris
  Et quod factor pro factura
    Mortem crucis tuleris.

42. Deus unus tu et pater
    Cum sitis essentia,
  Et te parit mihi mater,
    Virgo viri nescia,
  Deus meus es et frater
    In carnis substantia.

43. Si me mei creatoris
    Abhorret divinitas,
  Fratris mei salvatoris
    Non odit humanitas,
  Nec me mei redemptoris
    Negabit benignitas.

44. Memor esto, quod creando
    Me fecisti filium
  Et te mihi haec mirando
    Fratrem facis proprium,
  Ne me perdas condemnando
    Mortis tuae pretium.

45. Quia plecti, quae peccavi,
    Per me non sufficio,
  Indulgebit, quod erravi,
    Patris miseratio,
  Et quas poenas comparavi,
    Solvet fratris passio.

46. Apud patrem plus meretur
    Insontis justitia,
  Apud te plus, ut videtur,
    Potest poenitentia,
  Nam quod a te plus ametur,
    Probant subsequentia.

47. Numquid merita sanctorum
　　Sanctitatis opere,
　Annon amor miserorum
　Lugentum in carcere
　Te coegit, rex coelorum,
　Ad terram descendere?

48. Potest insons te factorem
　　Aliquis inspicere,
　Sed te reus redemptorem
　Potest plus diligere,
　Cum sis amor, amatorem
　Non potes repellere.

49. Nam te teste tu dixisti,
　　Non justos ad gloriam
　Ut vocares, non venisti,
　Sed ad poenitentiam
　Peccatores, quos traxisti
　Per amoris gratiam.

50. Plus amare nunc probatur,
　　Cui plus dimittitur,
　Et plus amans plus amatur;
　Cur? quia redimitur,
　Nam quod care comparatur,
　Carius diligitur.

51. Age, Jesu, quaeso mitis,
　　Qui errantes respicis
　Et conversis et contritis
　Te dare non despicis,
　Miserere Sunamitis,
　Sed jam tui supplicis.

52. Jesu, meta medicinae,
　　Miscrum me visita
　Et a vinclo mortis trinae
　Me foetentem suscita
　Et da vitam sine fine
　Pietate solita.

53. Mihi reo miserere
　　Atque cunctis miseris,
　In praesenti nos tuere
　Et post diem funeris
　In futuro fac gaudere
　Perpetim cum superis.

Orationale ms. Lehninense anni 1518. Cod. Berolinen. IV° 29. — 11, 1 veritatis judex. — 24, 5 et errorem. — 52, 1 medicina.

14. De Nativitate et Morte DN.

1. Ave, Jesu dulcissime,
　Verbum patris altissime,
　　Quam speciali gloria
　　　Hominem tu decorasti,
　Qui in claustro sanctissimae
　Virginis ac piissimae
　　Sancti spiritus gratia
　　　Praevia te incarnasti.

2. O res mirabilis
　Atque laudabilis
　　Cunctis dulcisona,
　Homo conjungitur
　Deo et unitur
　　In una persona.

3. Ave, Jesu,
　　lux indeficiens,
　Fons aeternus
　　cuncta reficiens.

4. Quamque gratiose
　Et quam fructuose
　　Mundum recreasti,
　Quando de virgine
　Lumen de lumine
　　Nasci voluisti.

5. O quam gloriosa
　Atque gaudiosa
　　Dies apparuit,

In qua pretiosa
Atque radiosa
Gemma resplenduit.

6. Ave Jesu,
cunctis benignior,
Mors te tamen
premit amarior.

7. Homo, vide
quid pro te patitur
Jesus Christus,
qui pro te moritur,
Vide crucem,
cui affigitur,
Vide clavos,
quibus confoditur.

8. Vide latus
pro te lanceatum,
Vide caput
spinis coronatum.

9. Si tu compateris,
Quaecunque pateris,
Sunt tibi dulcia;
Sic tamen inspice
Et nunquam respice
Vana solatia.

10. Quare miles
vacat deliciis
Regem cernens
tantis opprobriis?

11. Cur hic gaudes et laetaris
In hac valle miseriae,
Nonne vides et miraris,
Quae patitur rex gloriae?

12. Hic est Deus,
qui tanta patitur,
Ecce, vita
pro nobis moritur.

13. Ave dies terribilis,
Angelis admirabilis,
In quo creator patitur,
Deus et vita moritur.

14. Ave, Jesu Christe,
vita beatorum
Resurrectioque,
gloria sanctorum,
Sicut moriendo
mortem destruxisti,
Ita resurgendo
vitam reparasti.

15. Ave, Jesu Christe,
gloria coelorum,
Fidelium vita,
salus peccatorum,
Juxta patrem sedes
in throno regali,
Decoratus carne,
stola corporali.

16. Super coelos cunctos
terra sublimatur,
Super thronos coeli
homo coronatur.

17. O quis unquam
audivit talia,
Homo regnat
in coeli curia,
Quem tenehat
mors in miseria;
Modo nova
facta sunt omnia.

Clm. Monacen. (ol. Tegurin.) 19636. saec. 15. Mit der Bemerkung:
„Hanc orationem fecit S. Augustinus et quotidie oravit." — 2, 4 jungitur. —
17, 5 Quem prius tenebat. — Das Lied ist in Sequenzform geschrieben, jeden-
falls älter als seine Quelle, wohl aus dem 13., spätestens 14. Jahrhundert
und wahrscheinlich französischen Ursprungs. 7, 1 imitiert auffallend das
Homo, vide, quae pro te patior des Philippus de Grevia.

15. Dominia 1. Quadragesimae.

1. Salve, dux jejunii,
Jesu eremita,
Reddo pensum munii,
Veritas et vita;
Panibus angelicis
Cum favis me coelicis.
Pavisti gratanter,
Jam ad montem Sinai
Et Horeb, Adonai,
Deducas amanter.

2. Salve, pugil inclite,
Perpes triumphator,
Perfers ferae perditae
Tela, consolator;
O ignitis jaculis
Tuis sacris pabulis
Dones reluctari,
Nam tuis militiis
His fretus divitiis
Volo gloriari.

3. O dux poenitentiae,
Jesu, Christianae,
Veni, rex clementiae,
O Samaritane,
Et quem his vigiliis
In precum consiliis
Mihi lucubrasti,
Jam fumus aromatis
Igne scandet pneumatis
Ara cordis casti.

4. O te laudum milibus
Laudo, laudo, laudo,
Tantis mirabilibus
Plaudo, plaudo, plaudo;
Gloria sit, gloria,
Amanti memoria
Domino in altis,
Cui ministeria
Dantur et praeconia
Coelicis a psaltis.

Orat. ms. Epternacense saec. 15. Cod. Luciliburgen. 1. — 1, 9 Et orbe. — 3, 5 Et quam.

16. De Vita et Passione DN.

1. Quod res enumerat condigno nulla canore,
Semper id exstiterat et ab ingenito genitore
Verbum prodierat, sed tempore posteriore
Fit, quod non fuerat, immunis quoque decore.

5. Cerni non poterat, nam viscera casto tumore
Pneuma potens onerat; sic humano sine more,
Quam vir non temerat, haec sola potitur honore,
Ut non, quae generat, privetur virgo pudore.
Sic Deus aequiparat se nobis carnis humore,

10. Nec tamen huic inerat scelus aut dolus in ore,
Verba docens iterat signorum clara nitore.
Hunc poenis lacerat Judaea repleta furore.
Plasmatis haec tolerat plasmator ductus amore,
Mors mortem superat, effuso namque cruore

15. Infernum reserat, ex caceris ipse tenore
Ut vinctos referat, vitae redeunte valore.
Postquam dormierat, a mortis rite sopore
Surgit et accelerat victo super astra labore.

Cod. Virunen. perg. 24. saec. 14. — 1, 1 condigna nullo. — 13. Plasmans hic tolerat Hs.

17. De Passione Domini.

1. Ave, nate Dei vivi,
De quo quini fluunt rivi,
Divis stillis cruentati,
Rore poenarum potati,

2. Ave, vulnus salvatoris,
Quod cervicem peremptoris
Contrivisti in Thau signo,
Mortem vincens vitae ligno.

3. Ave, vulnus dextrae manus,
Per quod nostrae culpae hamus
Est disruptus, quem in pomo
Primus glutivit Adam homo.

4. Ave, vulnus manus laevae,
Per quod scalam lucis aevae
Nobis pie ostendisti,
Dum te figi spopondisti.

5. Ave, vulnus dextri pedis,
Quod ad vitam coelestis aedis
Hinc nos ducis consolatos,
Fide Christi praesulatos.

6. Ave, vulnus pedis laevi,
Per quod daemones fraudaevi
Corruerunt, flentes rei
Sed nos dati sanctae spei.

7. Ave, Christi corpus gratum,
Duris plagis vulneratum,
Per hoc sacrosanctum caesum
Duc nos, rex, ad poli esum.

8. Ave, sanguis generose,
Fons dulcoris pretiose,
Rigas nos contritione
Cordis ac devotione.

9. Avete, vos plagae binae
Ducentinae mille quinae
Minus una, purpurantes
Corpus regis et rigantes.

* * *

10. Sputa, quae te foedaverunt,
Nostra peccata laverunt
Piando salubriter,
Alapae, quae te ceciderunt,
Omnibus promeruerunt
Vivere feliciter.

11. Ave, flagellatio,
Totius cruentatio
Corporis Jesu Christi;
Nostra consolatio.
Sis et liberatio
A nece praetristi.

12. Alligaris statuae,
Verberaris strenue
Manu impiorum,
O Christe, quam arduae
Plagae sunt et mutuae
Per corpus decorum.

13. Per plantas et verticem,
Digitos et pollicem
Salutis cruor manat,
Dorsi superficiem,
Qui totam planitiem
Carnis ejus lavit.

14. Ave, spinarum punctio,
De qua fluit unctio
Mundi medicina,
Sis cordis compunctio
Et oris devotio,
O beata spina.

15. Distillantes rivuli
Pro salute populi
De capite dominico
Peccatorum tumuli,
Meritorum cumuli,
Fiant supplicatio.

16. Salvete, vos clavi rubri,
Pro nostra vita salubri
Infixi feliciter,
O clavi praeclari
Christi Dei cari,
Vos oro suppliciter,
Ut me jucundari
Simul et beari
Juvetis feliciter.

17. Salve lanceatio,
Lateris perforatio
Nostri redemptoris,

Me illuminare,
Domine, dignare
Tuo lumine,
Ut tecum regnare
Queam et laudare
Te sine fine.

18. Salve depositio
Christi jam defuncti
De crucis patibulo
Et myrrha peruncti;

Deposito scelere
Me orna virtutibus,
Ut possim convivere
Angelis coelestibus.

19. Alma Christi passio,
Mea consolatio
Sis mortis in hora,
Ut hostis temptatio,
Falsa comminatio
Cesset sine mora.

Orat. ms. Scotorum Vindobonen. 52 d 11. saec. 15. — 1, 3 stellis. —
3, 2 culpae onus. — 13, 5 Quae tota. — 15, 6 Fiant nobis. — 16, 1 rubei. —
18, 4 mirra puncti.

18. De passione Domini Oratio.

1. Salve, Jesu, salus mea,
Crucifixus a Judaea
Crucis in patibulo,
Qui livore dirae gentis
Pro me datus es tormentis
Judaeorum calculo.

2. Et hoc totum fit pro pomo,
Quod praesumpsit primus homo
Manu temeraria;
Ne periret creatura,
Tu, creator, inde dura
Pateris supplicia.

3. Pro me totus perforatus,
Pro me totus saturatus
Poenis et opprobriis;
In te latens illud aurum
Mihi fundis in thesaurum
Manibus et pedibus.

4. Vertex spina cruciatus,
Clavo manus, pedes, latus
Cuspidis aculeo;
Vulnus istud omnes sanat,
Unde nobis unda manat
Liquore sanguineo.

5. O quam felix apertura,
Quae per aevum permansura
Nobis regna aperit,
Pretiosus iste sanguis,
Per quem victus fuit anguis,
Se confusum reperit.

6. Nunc te cerno Christum Jesum,
Passum, tractum, sputum, caesum
Atque plagis lividum,
Ne punirer flammis atris,
Exspirans in manus patris
Pro me tradis spiritum.

7. De te clamat Jeremias:
O vos omnes, qui per vias
Transitis, attendite,
Si est dolor huic dolori,
Quo compellor ita mori,
Similis, adspicite.

8. Circuire possum polum,
Mare magnum atque solum,
Te neque reperio,
Nisi sola crucis ara,
In qua pati tot amara
Fecit te compassio.

9. Ibi pascis, care meus,
Ibi dormis, alme Deus,
Cubans in meridie,
Exprobratus, subsannatus,
Totus membris cruentatus
A filiis perfidiae.

10. Ibi pro me flagellaris
Ibi pro me lacrimaris
Sed felici lacrima;
Funde fontem lacrimarum,
Fac, ut per te sit amarum
Cor et tristis anima.

11. Absit mihi gloriari
Nisi cruce singulari,
Ubi vera gaudia;
Pelle morbum, da salutem,
Fuga crimen, da virtutem,
Pia crucis hostia.

12. Te salvante sim salvatus,
Te vocante sim vocatus
Dono sancti spiritus;

Tu qui donas omne donum,
Dona mihi finem bonum
Et felicem exitum.

13. Jesu dulcis, esto mecum,
Sume, precor, vota precum,
Natus alma virgine;
In hoc mundi tristi salo
Me ab omni serva malo,
Salus mea, Domine.

Clm. Monacen. (ol. Emmeramen.) 14343 anni 1351. A. — Orat. ms. Palatin. Vindobonen. 4106 saec. 15. B. — Clm. Monacen. (ol. Tegurin.) 19636 saec. 15. C. — 1, 5 Diu dolens in BC. — 1, 6 Moreris pro populo BC. — 3, 3 Opprobriis omnibus BC. — 3, 4 Inde latens A. — 3, 5 Mihi sanctum in thesaurum A. — 4, 1 Vectes spinas A. — 4, 2 Clavos A. — Str. 6 ist in A also erweitert: .

Hic te passum cerno Jesum,
Tractum, vinctum, flagris caesum
Trucibus tortoribus;
Hic te cerno denudatum
Et in crucem sublevatum
Peccatorum manibus,
Spinis caput coronatum,
Vultum sputis maculatum
Et plenum livoribus,
Totum corpus cruentatum,
Hasta latus perforatum
Et cruoris exitum
Et te patri commendatum
Cerno, caput inclinatum
Pro me tradens spiritum.

7, 5 Qui compellit B. — 8, 2 sive solum A. — 8, 3 Nisi te reperio BC. — 8, 4 Haec est sola crucis BC. — 9, 1 Ubi pateris care BC. — 9, 3 Cubas A. — 9, 4 ff. fehlen A. — 9, 5 Totis C. — 10, 1 Sic tu pro me BC. — 10, 2 Et in cruce lacrimaris BC. — 10, 3 felices lacrimae A. — 10, 4 Tu de fonte A. — 10, 5 ut pro me sit A. — 11, 2 in cruce C. — 11, 3 gloria BC. — 12, 1 Te vocante sum vocatus A. — 12, 2 Te sanante sum sanatus A. — 12, 3 Pietatis gratia A; lies: Dona sanctum spiritum? — 14, 4 ff. stehen hinter Str. 13 A. — 12, 5 Mihi dona A. — 12, 6 Et salutem animae A. — 13, 4 In hoc tristis vitae A. — 13, 5 Me defendas hoste malo A.

19. De Passione DN.

1. Benedictus Christus Deus,
Crucifixus amor meus,
Quem suspendit vir Judaeus
In crucis patibulo;
Captus, ductus et ligatus,
Exprobratus, vulneratus,
Lanciatus, morti datus
Exstitit pro populo.

2. O Jesu, lux et dulcedo,
In quo spero, vivens credo,
Gratulanter tibi me do,
Fons beatitudinis;
Crucifixus pro me doles,
Qui dolere nunquam soles,
O miranda sacra proles
Gloriosae virginis.

3. Stans in cruce pependisti,
Pro me sanguinem fudisti,
Quem a morte redemisti
 Dolens amarissime;
Pro peccatis tuae gentis
Membris undique distentis,
Totus pendes in tormentis,
 O Jesu dulcissime.

4. Dona mihi cor amarum,
Quasi fontem lacrimarum,
Ut tuarum sim poenarum
 Particeps et socius;
Cor pungatur prae dolore
Et sic languens in amore
Tuo zelo novo more
 Sit ardens interius.

5. Tu, qui amor es amorum,
Qui fuisti vir dolorum,
Pro me plenus tormentorum
 Pendens in angustia;
Me prudenter fac dolere,
Cum Maria fac me fiere,
Tua tecum portem vere
 Maxima supplicia.

6. Tu, qui cunctis dominaris,
Stans in cruce lacrimaris,
Contristatus cruciaris,
 O fons innocentiae;
Ibi dormis, alme Deus,
Pro me passus, qui sum reus,
Justus meus Nazareus,
 Cubas in meridie.

7. Possum valde procul ire,
Mare terras circuire,
Nec te possum invenire,
 Jesu lux clarissima,
Ni in sola crucis ara,
In qua passus es amara,
Via, veritas praeclara
 Et vita dulcissima.

8. Redemisti nos labore
Cum sanguineo sudore
Lacrimatus cum clamore
 Longo cruciamine;

Tu, qui nostrum ob amorem
Suffers poenam et dolorem,
Fac audire nos clamorem,
 Quo clamasti, Domine.

9. Fac cor sanguine liniri,
Cruce fac exinaniri,
Tuis plagis amiciri,
 Cor ardescat funditus;
Vulneratum, perforatum,
Cruentatum, immolatum,
Inflammatum, morti datum,
 Sic absorptum coelitus.

10. Praesens utinam fuissem,
Ut pendentem te vidissem,
Lamentando te flevissem
 Cum sacrata virgine;
Te fuissem complexatus,
Tuas plagas osculatus,
Totus forem rubricatus
 Pretioso sanguine.

11. Te flevissem flagellatum,
Dire nimis cruentatum,
Derisive coronatum,
 Sed corona spinea;
Derelictum, desolatum,
Tuum caput inclinatum,
Pectus dire lanceatum
 Militari lancea.

12. O me utinam Judaei
Condemnassent hujus rei,
Sociassent me sic ei
 Sumpto fellis poculo;
Adspexissem sacras venas,
Coelico cruore plenas,
Et ornassem meas genas
 In cruoris rivulo.

13. Sic me secum crucifixum
Suspendissent penes ipsum,
Ibi tempus per prolixum
 Stantem in martyrio,
Nostras sordes abluentem,
Ut salvaret omnem gentem,
Totum sanguinem fundentem
 Cordis desiderio.

14. Sanguis capitis cruenti,
　Da salutem omni genti
　Te devote recolenti
　　Cum benevolentia;
　Sanguis pectoris sacrati,
　Dele maculas peccati,
　Fac, ut simus nos beati
　　In coelesti patria.

15. Sanguis manuum sacrarum,
　Molem dilue culpaıam,
　Pellas hoc, quod est amaıum,
　　Duc nos ad coelestia;
　Sanguis pedum sacratorum,
　Dele morbos infirmorum,
　Nos perducas ad coelorum
　　Regna tam sublimia.

Orat. ms. saec. 15. Cod. Mantuan. E I 27. A. — Orat. ms. Pollingense saec. 15. C. Clm. Monacen. 11917. B. — Cod. Oxonien. Miscell. Liturg. 159. saec. 15. C. — 1, 3 suspendit mihi Judaeus B. — 2, 2 spirans vivo C; sperans vivo B. — 3, 3 quem amare redemisti BC. — 4, 4 pro dolore B. — 4, 5 languens ex dolore B. — 4, 6 more fehlt B. — 5, 2 Quae fuisti vis dolorum B. — 5, 5 Me pendere fac A. — 5, 7 Tua mecum C. — 5, 8 Mansura supplicia B. — 6, 3 Tristatus cruciaris B. — 7, 5 Nisi in sola BC. — 7, 8 O vita BC. — 8, 3 Lacrimarum cum B. — 9, 3 plagis praemuniri BC. — 9, 4 Sit accensum penitus BC. — 9, 5—8 fehlen BC. — 10, 2 Qui pendentem BC. — 10, 3 Lacrimantem te BC. — 10, 4 Cum beata virgine C; das Folgende fehlt C. — 10, 5 amplexatus B. — 10, 7 fuissem B. — 11, 6 reclinatum B. — 13, 5 sqq. lauten in B:

　　　Lamentantem me dolentem,
　　　Sacrum sanguinem lambentem,
　　　Pectus, vultum linientem
　　　　Cordis desiderio.

Str. 14 und 15 und in letzterer wieder die Halbstrophen sind in B umgestellt. Nach Str. 13 schiebt es folgende Str. von zweifelhafter Zugehörigkeit ein:

　　　Sanguis circumcisionis
　　　Decor sit affectionis
　　　Casti cordis et sermonis,
　　　　Grandis efficacia.
　　　Sanguis Christi circumcisi,
　　　Quo confisi sunt gavisi,
　　　Ducat nos ad paradisi
　　　　Sempiterna gaudia.

14, 2 da juvamen B. — 14, 6 Sic transfixi, lanceati B. — 15, 1 sacrarum B. — 15, 6 Delens B. — 15, 7 perducat B. — Der Reim (vgl. 13, 1 ff.) bekundet einen italienischen Dichter.

20. De verbis Domini septem in cruce.

I.

1. Jesu, salutis hostia,
　Salutis sacrificium,
　Jesu, salutis gratia,
　Salutis beneficium,
5. Jesu, tuta fiducia,
　Jesu, tutum refugium.
　Tu pro humano genere,
　Ut captivum redimeres,
　Tu pro humano foedere,

10. Ut exsulem reduceres,
　Tu pro humano scelere,
　Ut culpas nostras tolleres,
　Tu pro divino munere,
　Ut nos Deo conjungeres,
15. Non recusasti vincula,
　Non flagella, non verbera,
　Non latronum patibula,
　Non livores, non vulnera.
　Sed dum te crux susciperet,

20. Et hostis in te fremeret,
Dum malleis percuteret
Et clavis carnem scinderet,
Dum sensum dolor angeret,
Et sacer sanguis flueret,
25. Dum passio te premeret,
Angustiaque cresceret,
Patrem rogasti precibus,
Ut tamquam ignorantibus
Tuis ignoscat hostibus
30. Ac te crucifigentibus,
Dicens: Pater, ignosce illis,
quia nesciunt, quod faciunt.

O mitis patientia,
O mansueta mititas,
35. O immensa clementia,
O immensa benignitas,
Qui ut ovis mitissima
Non promis quaerimoniam,
Qui ut mater carissima
40. Jam excusas injuriam,
Ut anima dulcissima
Tenes benevolentiam,
Ut voluntas piissima
Praebes misericordiam.
45. Ad te vadit spes animae,
Ad te currunt lacrimae
Et pulsant desideria
Confidenter dicentia:
Ignosce nobis, Domine.

II.

1. Jesu, largitor veniae,
Jesu, solamen tristium,
Jesu, laus poenitentiae,
Jesu, spes poenitentium,
5. Dum penderes innoxius
Horum in poena socius,
Dum te unus argueret
Et stulte reprehenderet
Et blasphemando diceret:
10. Si tu es Dei filius,
Salva temet ipsum et nos,
Esto tibi propitius
Sicut salvasti alios;
Dum alter hunc corriperet

15. Et hunc stultum ostenderet,
Dum se malum contenderet
Et te justum adsereret,
Dum ad te se converteret
Et supplex tibi diceret:
20. Memento mei, Domine,
Dum ad tuum perveneris,
Regnum plenum dulcedine,
Dum te regem ostenderis;
Tu amans poenitentiam,
25. Corda trahens per gratiam,
Non solum hanc memoriam
Concessisti sed gloriam,
Dicens: Amen dico tibi,
hodie mecum eris in paradiso.

30. O prompta Dei caritas,
Prompta misericordia,
O prompta liberalitas,
Prompta munificentia,
Ad te currit devotio,
35. Ad te redit memoria,
Coram te fit confessio,
Tibi patent praecordia;
Adeo cum fiducia
Tibi precamur, Domine,
40. Qui es sine malitia,
Solus es sine crimine,
In tua patientia
Memento nostri, Domine.

III.

1. Jesu, lux et rex gloriae,
Fili Dei et hominis,
Jesu, flos pudicitiae,
Fili Mariae virginis,
5. Dum haec virgo sanctissima,
Tota plena doloribus,
Genitrix amantissima
Tot confecta moeroribus,
Tua mater carissima
10. Tot percussa fletibus,
Nutrix diligentissima
Tot fracta singultibus,
Juxta crucem adsisteret
Et te pendentem cerneret,
15. Dum tormenta conspiceret

Et prae luctu deficeret,
Tu videns matrem flebilem,
Pressam amaritudine,
Matrem tam venerabilem,
20. Dignam beatitudine,
Videns quoque discipulum,
Amatum et amabilem,
Fidelem Dei famulum,
Johannem, vita nobilem,
25. Alloquens ambo dulciter
Piae vocis oraculo
Commendasti benigniter
Matrem, Christe, discipulo,
Dicens matri: Mulier, ecce
30. *filius tuus; deinde discipulo:*
ecce mater tua.

O qualis permutatio,
O quanta inaequalitas,
O qualis desolatio,
35. O quae matris acerbitas,
Dum custos matri traditur
Pro magistro discipulus,
Dum per matrem suscipitur
Pro Deo vir pauperculus,
40. Dum matri Christi mittitur
Pro rege simplex famulus.
Sic tuae, Jesu, gratiae
Me commendo humiliter
Tuaeque providentiae
45. Me committo perenniter,
Ut exorante virgine
Pro nobis stet suppliciter,
A peccatorum turbine
Simus securi jugiter.

IV.

1. Jesu, patris ingeniti
Virtus et sapientia,
Jesu cujusque conditi
Tenor et consistentia,
5. Tu virtute mirabili
Panes multiplicaveras,
Tu virtute consimili
Stellam infans reduxeras,
Defunctos suscitaveras,
10. Opera mira feceras,

Morbos omnes sanaveras,
Totum orbem formaveras,
Tu virtute terribili
Daemonia ejeceras,
15. Tu virtute consimili
Hostes tuos prostraveras,
Sed adfixus patibulo
Patri factus obediens,
Jussu patris in vinculo
20. Vinctus manens et patiens,
Qui vult, quod hanc angustiam
Ut infirmus sustineas,
Nec dictam potentiam
Te liberans exerceas;
25. Quapropter tuo sensui
Condolens naturaliter
Clamorem confers planctui,
Dicens lamentabiliter:
Eli, Eli lama sabactani;
30. *hoc est, Deus, Deus meus,*
ut quid dereliquisti me.

O lamentum mirabile,
Salutem agens hominum,
O innocens cor humile,
35. Poenas deplorans criminum,
Ad te fert me compassio,
Pro me te pati sentio,
Ante te me projicio
Tecumque luctum facio;
40. Nam iste luctus utilis
Est mihi pro solatio,
Qui mihi praemiabilis
Sit in aeterno gaudio.

V.

1. Jesu dulcis memoria,
Sitibunda dilectio,
Jesu, dulcis fiducia,
Laetabunda refectio,
5. Dum extensus exsisteres
Super aram patibuli,
Dum immolatus ageres
Redemptionem populi,
Dum te nudum adspiceret
10. Mundus instar spectaculi,
Dum lamentum ostenderet

Super te vultus saeculi,
Dum hostes de te luderent,
Et noti tui fugerent,
15. Dum clavi membra tenderent
Et nexu se contraherent,
Dum vulnera tumescerent
Et humores defluerent,
Dum carnes contremiscerent,
20. Et virtutes arescerent;
Sitim sumpsisti fervidam,
Sitim amore languidam,
Sitim virtutum cupidam,
Nostrae salutis avidam,
25. Benigne dicens: *Sitio*
Salutemque desidero,
Pro quo me pati offero.

O sitis saluberrima,
Exoptans amicitias,
30. O sitis cordis intima,
Frangens concupiscentias,
Praesta, ut ad te sitiam
Et ista siti ardeam,
Pravam sitim effugiam,
35. Donec ad fontem transeam
Potumquae vitae hauriam,
Quo felix semper maneam
Et Deum meum videam
Sanctam ingressus patriam.

Consummans opificium
Redemptionis hominis;
Dum mortis horam cerneres,
20. Dum hac vita deficeres,
Dum finem jam contingeres,
Dum omnia perficeres,
Ut in summa concluderes;
Dixisti: *Consummatum est,*
25. Nam Jesus crucifixus est,
Et agnus immolatus est,
Sanguis ejus effusus est,
Et pretium solutum est,
Diabolus devictus est,
30. Et bellum consummatum est,
Chirographum deletum est,
Et homo jam redemptus est.

O bonitas, bone Jesu,
Qui es nostra justitia,
35. O veritas, vere Jesu,
Qui es nostra scientia,
O caritas, care Jesu,
Qui es nostra redemptio,
O sanctitas, sancte Jesu,
40. Nostra sanctificatio, ·
Consumma nobis gratiam
Et consumma justitiam,
Consumma conscientiam
Et· consumma laetitiam.

VI.

1. Jesu, nostra redemptio,
Jesu, redemptor omnium,
Jesu, nostra dilectio,
Jesu, salus credentium,
5. Dum per crucis mysterium
Diligenter perageres
Redemptoris officium,
Ut hominem redimeres
Sustinendo supplicium,
10. Ut inde nos eriperes,
Consummans sacrificium
Tuae carnis et sanguinis,
Consummans pacis proelium
Salutaris certaminis,
15. Consummans transitorium
Cursum hujus imaginis,

VII. ·

1. Jesu, via verissima,
Jesu, salutis ostium,
Jesu, porta tutissima,
Jesu, protector omnium,
5. Jesu, salubris veritas
Et lux mentem illuminans,
Jesu vitae felicitas,
Dulcor in corde jubilans,
Dum in extremis ageres,
10. Ut animam deponeres
Et ad limbum descenderes,
Volens viam ostendere,
Per quam debemus pergere,
Volens cunctos instruere,
15. Qui facti sunt de pulvere,
Volens illum ostendere,

Qui potest nos defendere,
In quo debent confidere,'
Qui mortem debent capere,
20. Tuum sacratum spiritum
Tuo patri sanctissimo
Commendasti per gemitum
Sermone devotissimo,'
Dicens: *Pater, in manus tuas*
25. *commendo spiritum meum.*
Et inclinato capite
Fixus in crucis stipite,
Acriter cruentato te
Turpiter et indebite,
30. Tu emisisti spiritum,
Et orbis talem fremitum,
Quod quisque per circuitum
Tuum percepit obitum,
Ut cuncta fletum facerent,
35. Et elementa tremerent,
Et saxa se disrumperent,
Et sepulchra se panderent,
Ut terrae motus fieret,
Velum templi se scinderet,
40. Ut luna retrocederet,
Solque contenebresceret,

Ut mundus ingemisceret,
Et natura fiens diceret:
Ego lugens deficio,
45. Vel Deo inest passio.
O mors, mors lacrimabilis,
Super quam plorant omnia,
O mors, mors lamentabilis,
Super quam flent innoxia,
50. O mors, mors admirabilis,
Qua suscitantur mortui,
O mors, mors amicabilis,
Qua exaltantur strenui,
O mors sacra, mors nobilis,
55. Per quam delentur scelera,
O mors pia, mors utilis,
Per quam donantur praemia,
Praesta ut haec memoria
Nos teneat continue
60. Et stimulet praecordia
Corque pungat assidue,
Ut menti lumen influat
Et in agendis instruat,
Ut nos a culpis exuat
65. Et vitae donum tribuat.

Orat. ms. Lehninense anni 1518. Cod. Berolinen. IV° 29. A. — Orat. ms. saec. 15. Cod. Gandaven. 212 (37). B. — III, 4 te fehlt A. — III, 33 O fehlt A. — IV, 43 praemialis A.

21. De Plagis Domini.

1. Ave, Jesu, nobis natus,
Palma dextra penetratus
In cruce pro populo,
Nos ad dextram Dei patris
Perduc prece tuae matris
Ex carnis ergastulo.

2. Ave, cujus manus laeva
Sauciatur plaga saeva
A Judaeis impiis;
Te tuente dirigamur,
Ne ad laevam dilabamur
Malis vitae meritis.

3. Ave, cujus candidatum
Latus fuit lanceatum,
Ideo cum sanguine

Nos tam care comparatos
Cordis culpa cruentatos
Cura, vena veniae.

4. Ave, purgans tunc peccata,
Quando fuit perforata
Planta pedis dexteri;
Rege gressus tui gregis
Et renatis novae legis
Claude portas inferi.

5. Ave, cujus pes sinister
Ferro fossus est, minister
Mortis morte vincitur;
Christus moriens in cruce,
Duc nos, ubi vera luce
Vultus tui cernitur.

Orat. ms. Anglican. saec. 15. Cod. Londinen. Ar. 203. — 3, 3 Id cum sanguine Hs.

22. De Plagis Domini.

1. Ave, nate Dei vivi,
De quo quinque fiuunt rivi
Pretiosi sanguinis
Pro salute hominis.

2. Ave, caput salvatoris,
Gestans sertum, proh, doloris,
Per quod dire terebratum
Exstat cerebrum beatum.

3. Ave, vulnus dextrae manus,
Per quod nostrae culpae hamus
Est disruptus, quem in pomo
Primus deglulivit homo.

4. Ave, vulnus manus levae,
Per quod scholam lucis aevae
Nobis, Christe, ostendisti,
Dum te figi permisisti.

5. Ave, vulnus cordiale,
Per quod ens primordiale
Vitae nostrae tersit luctum
Et salutis auxit fructum.

6. Ave, vulnus dextri pedis,
Qui nos ad supernae sedis
Viam ducis consolatos
Vera fide solidatos.

7. Ave, vulnus pedis laevi,
Per quod hostes prius saevi
Ruunt, aemulantur rei
Per te donum sanctae spei.

8. Ave corpus Christi laesum
Et pro nobis virgis caesum,
Pallens in tormento mortis,
Salva nos, amator fortis.

9. Ave, sanguis generose,
Qui fluxisti copiose,
Riga, lava et emunda
Corda nostra tam immunda.

10. Per haec, Christe, benedicta
Vulnera tibi inflicta,
Dulcis Jesu, te rogamus,
Fac ut tecum gaudeamus

In futuro saeculo.

Cod. S. Petri Salisburgen. b VI 3 saec. 15 an zwei Stellen fol. 240 a (A) und fol. 222 a (B). — 2, 4 Exstat tuum cerebrum AB. — 4, 4 figi cruci permisisti A. — Str. 5 nach 6 und 7 B. — 6, 3 consolatas AB. — 6, 4 solidatas AB. — 7, 3 emugulantes A, aemulantes B. — Vgl. No. 17, 1—10.

23. De Christo crucifixo.

1. Adspice, mortalis, fuit unquam passio talis?
Adspice, qui transis, quia tu mihi causa doloris.
Spretus et illusus sto pro te sanguine fusus,
Sic, homo, diligo te, quod pendo victima pro te.

5. Respice, mortalis, pro te datur hostia talis,
Peccatum sperne, pro quo mea vulnera cerne.
Pro te passus ita, pro me discrimina vita.
En morior pro te, vide, homo, quid agas pro me;
Ut vivas morior, non est dilectio major.

10. Plange Deum, qui plangit eum, quem morte redemit,
Si male fecisti, tunc respice vulnera Christi,
Flecte genu, plora, crucifixum semper adora.

Cod. Altovadensis 31. saec. 15; mit der Angabe: „Ista metra sequentia debent scribi sub crucifixo Dom. N. J. Ch."

24. De sancta Cruce.

1. Salve, mundi spes praeclara,
   Salus in certamine,
   Arbor vitae non ignara
   Salutari germine,
   Scala coeli, crucis ara,
   Agni rubens sanguine.

2. Decus bonis, poena malis,
   Sanctae crucis gloria,
   Mortis victrix, arx vitalis,
   Vitiorum scoria
   Rubor palmae immortalis
   Ejus fert memoria.

3. Crux haec mortem interemit,
   Vitae portas aperit,
   Captum hominem redemit,
   Vires hostis conterit,
   Cohors infernalis gemit,
   Cum crux Christum exerit.

4. Ipsum autem crucis lignum
   Vetus scribit litera,
   Quod amplecti duxit dignum
   Deus regens aethera,
   Hostem conterens malignum
   Mundi tulit scelera.

5. Adam ligno morti datur,
   Ipsum crux vivificat,
   Hanc Isaac, dum immolatur,
   Ligna portans indicat,
   Noe justus, ne mergatur,
   Arcam ligno fabricat.

6. Thau pro signo stat erectum
   Cum serpente pendulo,
   Aqua lignum per injectum
   Dulcis fit in poculo,
   Sitis abstulit defectum
   Petra tacta baculo.

7. Moysesque rubrum mare
   Ligno fecit pervium,
   Ligno fecit ferrum nare
   Helisaei studium,
   Virga legis salutare
   Crucis fit praesagium.

8. Sanctae crucis his figuris
   Eminet religio,
   Quas excerpsit de scripturis
   Fidei opinio,
   Quibus lucet corde puris
   Crucis figuratio.

9. Erat impiis horroris
   Olim crux supplicium,
   Nunc vexillum est honoris
   Et salutis praemium,
   Tuta quies et dulcoris
   Intimi praesidium.

10. Hoc altare dedicatur
    Agni Dei victima,
    Dum in ipso trucidatur
    Per tormenta maxima,
    Foris caro perforatur,
    Intus dolet anima.

11. Adsunt spongia, fel, sputa,
    Cum aceto spinea
    Ac flagella, sors, vox muta,
    Alba cum purpurea,
    Canna, facies polluta,
    Funes, clavi, lancea.

12. Haec sunt arma caritatis
    Vitae propugnacula,
    Quibus Deus nostra gratis
    Diluit piacula,
    His cor nostrum cogitatis
    Cuncta fert abscondita.

13. His vexillum salutare
    Tinctum characteribus
    Fert tutamen singulare
    Spiritu pauperibus,
    Qui sub ejus militare
    Cupiunt lateribus.

14. O crux, vitae medicina,
    Spes salutis unica,
    Parum pondera reclina
    Ad aegrotos coelica,
    Peccatorum de sentina
    Levans nos salvifica.

15. Sola digna tu fuisti
    Ferre mundi pretium,
    Consecraris membris Christi,
    Coeli sanctuarium,
    Mortem nobis abstulisti
    Reddens vitae gaudium.

16. Christe Jesu, fili Dei,
    Regum rex altissime,
    Condemnate more rei,
    Pendens poenalissime,
    Precor, miserere mei
    Tergens labes animae.

17. Intus mentem, corpus foris
    Crucis cum signaculo
    Muni, Deus, cunctis horis,
    Ne peccati vinculo
    Stringat me fraus temptatoris
    Palam vel in clanculo.

18. Tuo tecum genitori
    Et amborum flamini
    Laudes angelorum chori
    Dent et orbis termini,
    Magnus aeque cum minori
    Tuo canant nomini.

Orat. ms. Campense anni 1462. Cod. Darmstadien. 521. — 9, 6 Inimici praesidium.

25. De Cruce Oratio.

1. Salve, crux sancta, qua dantur munera tanta,
   Fac tua me velle, quae sunt mihi noxia pelle,
   Da mihi virtutem, veniam pacemque, salutem,
   Spes mihi viventi, protectio sis morienti.
5. Crux bona, crux alma, crux inclita sis mihi palma,
   Qua mala compescam, moriens in pace quiescam.
   Fac tibi me digne famulari, Christe benigne,
   Perdere regna poli tu me permittere noli;
   Te duce sis mecum, Jesu, me suscipe tecum,
10. In te confisum me ducas ad paradisum.

Cod. Lambacen. 463 saec. 15.

26. De sancta Cruce.

Crux mihi sit risus, crux gloria, crux paradisus,
Crux mihi dulcorem tribuat dulcemque saporem,
Crux mihi lux orta, crux vitae sit mihi porta.
Crux bona, crux alma, crux inclita sit mihi palma,
Crux mihi semper, Amen, sit virtus atque juvamen.

Cod. Lambacen. 476. saec. 15.

27. De Armis Christi.

1. Culter, virga cum flagello,
   Forceps, clavi cum martello,
   Manus, pedes, latera
   Scindit, tangit sic corona
   Caput; o quot nobis dona
   Dant haec tua vulnera.

2. Portat corpus crux beata,
   Fel, acetum propinata
   Christo sunt in spongia;
   Scala crucem sanctam tangit;
   Est plangendus, qui non plangit
   De horum · memoria.

3. Nam de agno quae sunt gesta,
 Pandunt, quid fiat de testa,
  Quae nil habet viride,
 Sed ad corpus sic plagatum,
 Pro te armis exaratum,
  Clama, testa, valide:

4. O tu Jesu, fili Dei,
 Miserere, precor, mei
  Per haec tua vulnera,
 Miserere sicut pater,
 Ut redemtor utque frater
  Me salvare propera.

5. O praeclara armatura,
 Per quam Jesus Christus dura
  Pertulit in corpore,
 Fuga nostros inimicos,
 Fac nos justos et amicos,
  Nunc in omni tempore.

6. Fac nos sic te speculari
 Et devote venerari
  Corde, ore, opere,
 Ut a Christo sublimari
 Et electis sociari
  Mereamur propere.

Cod. Palat. Vindobonen. (ol. Campen.) 883 saec. 14/15. A. — Orat. ms. Palat. Vindobonen. 4106 saec. 15. B. — Orat. ms. saec. 15. Cod. Londinen. Harl. 2445. C. — A bemerkt: Innocentius papa hanc orationem composuit; B: Et praedictus papa Innocentius IV sequentem orationem composuit et omnibus eam devote dicentibus tres annos indulgentiae concessit. — 1, 3 Manus, pedes, dorsum, latera A. — 1, 4 Scindunt, tangunt B. — 1, 6 Dantur per haec tua B. — 3, 1 Nam in agone quae B; Nam magna quae C. — 3, 5 exaratum fehlt A.

28. De corona spinea.

Fructificans mira res candens, rubraque nigra,
Nobilis est spina Christi per tempora fixa,
Alba carens labe caro delictum, fugit Adae.
Passio dat fiorem rubrum, mors nigra dolorem.
Spinea, confortes nos Christi sanguine, torques,
Virtutis zona nos spinae cinge corona,
Ne tortus serpens nos figat vulnera mergens,
Lotaque sint caena, Jesu tu fac diadema.

Clm. Monacen. (ol. Caesareensis) 7943. saec. 13.

29. De Sepulchro Christi.

1. O sepulchrum Jesu Christi,
 Tu thesaurum conclusisti,
 Petra, petram quae vestisti,
  Coeli, terrae Dominum.
 Spes perennis vitae jacet,
 Mundo spreto Deo placet,
 Nube tonat, morte tacet
  Mortem mordens hominum.

2. In te clausus orbem regit,
 Mortuus regna subegit
 Et inferna claustra fregit
  Christus rex victoriae.

Verbum Dei carni junctum
In te contines ad punctum,
Christum suscipit defunctum,
 Largitorem gloriae.

3. Ex contactu consecraris
 Christi carnis, tu rigaris
 Sacro sanguine, bearis
  Tantis privilegiis.
 Vere tumba tu praeclara,
 Sacer locus, felix ara,
 Mira pandis, facis rara,
  Hymnis digna regiis.

4. Mortuum quem suscepisti,
   Christum vivum reddidisti
   Sanctum neque corrumpisti
      Vermis, tabis vitio;
   Tu es cruci comparata,
   Caro poenis immolata
   Cruce, tecum tumulata
      Pio fit officio.

5. Ex te surgit immortalis
   Jesus, victor triumphalis,
   Patri consubstantialis,
      Par omnipotentia;

Qui dum surgit, manes clausum,
Ut pravorum fraenet ausum,
Morte qui fecerunt plausum
   Summa cum clementia.

6. O sepulchrum venerandum,
   Propter Christum adorandum,
   Te aperias ad dandum
      Jesum plenum gratia;
   Ut cum fuero sepultus,
   Morte Christi sim suffultus,
   Me splendore tui vultus,
      Pie Jesu, satia.

Cod. Oxonien. Canon. Miscell. 528. saec 15.

30. In Festo Paschatis.

1. Dones agni portionem
      Rite, pater, edere,
   Veram tingat rationem
      Sanguis Paschae foedere,
   Ne mentalem stationem
      Possit hostis laedere.

2. Salve, caro majestatis,
      Alta, sancta, humilis,
   O quam plena veritatis,
      Pulchra, mira, nobilis,
   Tradita heu profanis,
      Angelis mirabilis.

3. Salveto medicamentum,
      Quam plenum effectibus,
   Expurges inquinamentum
      Carnis cum defectibus,
   Esto mihi excrementum
      Cunctis in profectibus.

4. Eja, sanguis generose,
      Mirus, venerabilis,
   Fluens plagis copiose
      Nimis, peramabilis,
   Mustum mentis amorosae,
      Typis praeconabilis.

5. O sanguis redemptionis,
      Venditos redimito,
   Sanguis expiationis,
      Turpatum eluito,
   Sanguis consummationis
      In sancta traducito.

6. Salve, anima, dilecta
      Deo et hominibus,
   Clara, placens et afflicta,
      Praelata numinibus,
   O te laudo, benedicta,
      Coelicis luminibus.

7. Salve, spiritus divine,
      Plenus sapientia,
   Te jam canunt matutinae
      Stellae fartum gratia,
   Benedictum sine fine,
      Traditum pro hostia.

8. O vos exta devoranda
      Agni sine macula,
   Vos virtutum per miranda
      Grandia spectacula,
   O salvete, adoranda
      Divina signacula.

9. O vos gratiae salvete
      Communes cum singulis,
   Dona, fructus resalvete
      Laudibus pertinnulis,
   Me jam gratiis replete
      Canentem in jubilis.

10. Salvete humunitatis
       O pedes pacifici,
    Pedes pleni caritatis,
       Perfecti, deifici,
    Exemplares deitatis,
       Bajuli vivifici.

11. Salve, agnus nate, passe,
    Sepulte moeroribus,
    Surgis, scandis, agnus asse
    Spiritus amoribus,
    O complecto pedes hosce
    Gratium clangoribus.

12. Salve, adeps et pinguedo
    Agni mansuetissimi,
    Tua satiet dulcedo
    Cor servi nequissimi,
    Tibi laudis pensa dedo
    Cordis contritissimi.

13. Eja, fructus condonato
    Vitae tuae optimae,
    Passionis cumulato
    Frugem, rex clarissime,
    E quo fructus sacrae dato
    Eucharis gratissimae.

14. Salve, caput adorandum,
    Jesu mira deitas
    Ferculumque celebrandum,
    Satians aeternitas,
    Epulum concelebrandum
    Angelis, divinitas.

15. Salve, naturans natura
    Prima et essentia,
    Liber vitae, ars, lux pura,
    Patris sapientiae,
    Hac semper alimentura
    Fruar in praesentia.

16. Eja, cives Olymporum,
    Numina hierarchica,
    Mille milia hymnorum
    Camoena dogmatica
    Ferte pani angelorum
    Pro hac esca polica.

17. Tibi, Christe, sit cum patre
    Hagioque spiritu
    Hymnus, melos, laus perennis,
    Gratiarum actio,
    Honor, virtus, victoria
    Regnum aeternaliter.

Orat. ms. Epternacense saec. 15. Cod. Luciliburgen. 1. — 3, 5 excrementa im Sinne von incrementa. — 12, 3 faciet. — 15, 5 Hanc semper alitura.

31. De Resurrectione DN.

1. Christus vincit,
   Christus surgit,
   Christus vivit,
   Christus regnat,
   Christus mandat,
   Christus salvat.
   Christus manet,
   Christus claret,
   Christus docet,
   Christus vadit,
   Christus redit,
   Christus scandit.

2. Vincit virtus,
   Cadit victus
   Inimicus,
   Surgit clauso
   De sepulchro
   Functus homo.

   Vivit vita,
   Morte sumpta,
   Morte victa,
   Regnat victor,
   Imperator,
   Campi ductor.

3. Mandat credi,
   Victor belli,
   Vita functi,
   Salvat gentes
   Confitentes
   Et credentes.
   Manet salus
   Et triumphus
   Christo datus,
   Claret, qui lux
   Est et clarus
   Dies Christus.

4. Docet quaeri
Et adiri
Regnum Dei,
Vadit agnus
Mansuetus
Immolandus,
Redit leo
Ab inferno
Fortis praedo,
Scandens modo
Praeens mundo
Deus homo.

5. Plorant sanctae
Super morte
Mulieres,
Et pastores
Tristes moesti
Sunt concussi.
Tremit terra
Stupefacta,
Strident petrae,
Patent tumbae,
Coelum pallet,
Templum luget.

6. Sed mirandus
Paranymphus
Clare dixit,
Quod surrexit
Crucifixus
Nazarenus.

Cod. Carnoten. 341. saec. 14.

Jesus dulcis,
Victor orbis,
Locum monstrat
Et confortat
Corda flentum
Mulierum.

7. Haec dum cernunt
Jesum vivum
Nuper functum,
Prae stupore,
Prae amore,
Prae dulcore
Lacrimantur,
Gratulantur,
Osculantur
Ejus vivos
Perforatos
Pedes sanctos.

8. Simon currit,
Jesum cernit,
Jam non gemit,
Gaudent fratres,
Gaudent omnes,
Plaudit chorus
Universus
Angelorum
Et sanctorum,
Coeli cuncta,
Rident astra,
Canunt corda.

32. De Corpore Christi.

1. O panis vivifice,
   Donum singulare,
Des tua deifice
   Nomina tractare;
Nempe tua nomina
Consecrata semina
   Large fruge turgent,
Haec rorem charismatum,
Haec fluenta dogmatum
   Sacro typo praebent.

2. Salve, eucharistia,
   Fons deliciarum,
Nomine, re, gratia,
   Dulcor animarum;
Salveto piissimis
Amicis dulcissimis
   A Jesu collata,
Dones sacra satie,
Fruar tua facie,
   Anima beata.

3. O donum magnificum,
   Fluens largitate,
Salve hilarificum,
   Ardens caritate;
Salve nobilissimum,
Sufficientissimum,
   Utile damnatis,
Danti confortissimum
Te laudo gratissimum
   Vere datum gratis.

4. Salve, cibus regius
   Nobilis natorum,
Suavis et egregius
   Omnium saporum;
O esca lautissima,
Manbu, prudentissima
   Pista trinitatis,
Opple languidissimam
Per affectum animam
   Cibo pietatis.

5. O potus dulcissime,
   Laticis fluentum,
Salve sapidissime
   Languentis fomentum;
Salve, jucundissimum
Vinum meracissimum,
   Ebries bibentes,
Germinato virgines
Atque mentis cardines
   Fac mero calentes.

6. Salveto, communio
   Omnium bonorum,
Hominum tu unio
   Atque angelorum,
Praestes influentiam,
Praestes accrescentiam
   Capitis in membra,
Tuis passionibus
His communionibus
   Dedicas commembra.

7. Salve, sacrificium
   In cruce litatum
Mirum sacrificium,
   Figuris signatum,
Te laudo dignissimum,
Deo acceptissimum,
   Sanctum juramentum,
Salve pontificium
Christi sacrificium
   Patris spiramentum.

8. Salve, admirabile
   Jesu sacramentum,
Insigne, amabile
   Tu medicamentum,
Tu commemoratio
Atque exaltatio
   Christi passionis,
Te laudo, signatio,
Supernae gustatio
   Jam fruitionis.

Orat. ms. Epternacense saec. 15. Cod. Luciliburgen. 1. — 1, 6 femina.
3, 10 Undatum gratis.

33. De s. Eucharistia.

1. Chorus novae Hierusalem, plaude
   Ac mirare, quae sit haec hostia,
   Quam praevidit offerens in laude
   Melchisedech sacerdos in via;
   Dum Abrahae occurrit mystice,
   Figuratur Christus, qui creditur
   Panis vivus ac fixus in cruce,
   Qui resurgens ultra non moritur.

2. Christus nobis panis proponitur,
   Qui assumptus mentem vivificat,
   Et in panem lignum transmittitur,
   Lignum crucis dum hunc mortificat;

Sed plus vivit, dum mori cernitur,
Morti cedens mortem damnificat
Et beatam vitam assequitur,
Qua resurgens ultra non moritur.

3. Quod moritur, peccato moritur,
Qui peccatum nullum commiserat,
Et peccatum gratis remittitur
Reis, sua quos morte liberat;
Sicque servus liber efficitur,
Huncque donis beatis munerat,
Dum huic vitam perennem largitur,
Ad quam surgens ultra non moritur.

4. Si, Domine, jam si sic vivitur,
Atque vita spiritus redditur,
Quis valeat peccato vivere?
Excutere, miser, a pulvere,
Elevare in haec magnalia,
Qui hic pendet ob tua vitia,
Recordare, quae pro te patitur;
Sed resurgit nec ultra moritur.

5. Precamur te nunc, o Jesu bone,
Fac nos ita tecum resurgere,
Ut nec vitae peccati miserae
Serviamus quavis ratione,
Sed certantes in vitae agone
Passionis solare munere
Et fac ex hac tua passione
Nos fortiter adversa vincere.

Brev. Bituricense imp. Venetiis 1481; als Anhang post sanctorale. —
5, 1 Praeter te nunc.

34. Oratio ad Elevationem.

1. Benedicta hostia,
Benedic nos semper,
O Christi praesentia,
Salva nos clementer
Patrisque auxilia
Tribue potenter
Et ad tua gaudia
Perduc nos laetanter.

2. Benedicti calicis
Sacramenta patent,
Undis nos deificis
Hic peccantes mundent
Ac piis praesidiis
Mundum omnem salvent
In fineque temporis
Coelo nos praesentent.

Cod. S. Petri Salisburgen. a VI 35. saec. 15.

35. De Corpore Christi.

Hic caput inclina, latet hic animae medicina,
Est Deus hic tantus, natus de virgine quantus,
Languentum medicus et vere animae cibus,
Salutis hic portus et verum Domini corpus,

Natus Dei patris et filius virginis matris,
Sacrum alimentum nobilissimumque sacramentum.
Obsecra devote, hic est enim hostia vitae,
Tu qui pertransis, regem venerare salutis.

Cod. Palat. Vindobonen. 4781. saec. 15.

36. De Corpore Christi.

Ave, caro Christi, quae pro me passa fuisti,
Meque reum munda, moriar ne morte secunda.
O panis vive, praesta mihi gaudia vitae.
Sanguis ave Dei, spes atque redemptio mundi,
Per te mundetur mens, sensus purificetur,
Morbos averte, pestes pelle, crimina dele.

Cod. ms. Ducumburgen. 78. saec. 15.

37. De Corpore Christi.

1. Ave, sancta caro Christi,
Quae me pie redemisti;
Ave, dulcis caro Jesu,
Salva me a mortis esu.

2. Ave, verum corpus Dei,
Miserere quaeso mei,
Dulcis caro et suavis
Animae meae summa vis.

3. In meam veni aninam,
Ut, quam dulcis sis, sentiam,
Intra gaudens in cor meum,
Ut te laudem verum Deum.

4. Peccata mea deleas
Et me totum possideas,
Purga mea facinora
Et extrema mortis hora,

Me perducas ad gloriam,
Ut te semper videam.

Scala coeli saec. 14. ex. Cod. Pragen. XIII E 3.

38. De Corpore Christi.

1. Ave, viva caro Christi,
Quae in panem te sanxisti,
Nobis cibum te dedisti,
Salva nos, quos sic pavisti.

2. Eja, manna angelorum,
Vitae esca mundanorum,
Pasce nos fomento morum,
Labe pulsa vitiorum.

3. O tu verbum incarnatum,
Ex Maria matre natum
Et pro nobis immolatum,
Nostrum rege vitae statum.

4. Ave, sanguis vere Christi,
Qui de ipso effluxisti
Et a culpis nos lavisti,
Serva nos a nece tristi.

5. Eja, coeli ros et unda,
Corda nostra sitibunda
Aqua vitae fac fecunda
Et ab omni sorde munda.

6. O fons summae pietatis,
Sitienti praebe gratis
Potum tuae caritatis,
Qui conjungat nos beatis.

7. Ave, Jesu flagellate,
Spinis, hasta vulnerate,
Crucifixe, morti date,
Sic salvati sumus a te.

8. Ad inferna descendisti
Et nos inde redemisti,
Jube nos nunc, quos juvisti,
In aeterna vita sisti.

9. Praesta, Christe, qui in cruce
Morte nos salvisti truce,
Ut vivamus hic te duce
Et fruamur coeli luce.

Miss. ms. saec. 15. Cod. Olomucen. I I 6; unter Gebeten vor der Messe
zu verrichten.

39. De Sanguine Christi.

1. Ave, sacer Christi sanguis,
Contra virus diri anguis
  Fusus in antidotum;
Hic me sana te bibentem,
Post excusa facientem
  De talento computum.

2. Ave, sanguis vere potus,
Cujus haustu grex devotus
  Debriatus sobrie;
In adversis hilarescit,
Ictus referire nescit
  Immemor injuriae.

3. Ave, sanguis, fons dulcoris,
De fossato salvatoris
  Horto mentis influens,
Cujus penetrans profunda,
Ejus potans sitibunda,
  Ejus foeda diluens.

4. Ave, liquor blandae vitis,
Aestum amorosae sitis
  Dulciter refrigerans,
Qua gravatur mens pudica,
Sponsi soror et amica,
  Ad coronam properans.

5. Ave, sanguis, qui per venas
Sponsi ductus sponsae genas
  Ornans facis roscas,
Quando pavida pudore
Candet, rutilat amore,
  Voces edit melleas.

6. Ave, sanguis uvae passae,
Quam potantes mentes lassae
  Confortantur plurimum;
Quid hoc mirum, cum sis vinum
Cyprinum et Engaddinum,
  Mustum meracissimum.

7. Ave, calix salutaris,
Qui carissimis servaris,
  Ut potantes ebrii
Fiant Christi caritate,
Ponderosi castitate,
  Parcitate sobrii.

8. Ave, sanguis agni mitis
Quo mens lota Sunamitis
  Fit de nigra candida,
Velut Hesther adornatur,
Plus quam Rachel adamatur
  Culpis ante sordida.

Orat. ms. Campense anni 1462. Cod. Darmstadien. 521. — 8, 2 lota fehlt.

40. Oratio sub Elevatione dicenda.

1. En, Christe, genu flectimus,
En tibi palmas pandimus,
Constanter in te credimus,
Quem dubitavit Didimus.

2. Clavi locum non vidimus,
Latus tuum non sensimus,
In te tamen confidimus,
Quod promisisti, petimus.

3. Jesu, Judas quem prodidit,
Judaea gens quem perdidit,
Quem sputa, clavi, lancea
Risusque, vasa fellea,

4. Quem spina pungens, alapae,
Vach clamitantes satrapae
Affecerunt et verbera,
Arundo, mors, crux aspera.

5. Per, Jesu, quinque vulnera,
Quae tua tulit tenera
Caro, carne nos misera
Duc exsules ad supera.

Clm. Mónacen. (ol. Tegurin.) 19636. saec. 15.

41. In Elevatióne Sacramenti.

1. Ave, caro juncta verbo
vera unitate,
Ave, grande sacramentum,
plenum pietate,
In Maria fabricatum
plena puritate,
Esto nobis praegustatum
cum felicitate.

2. Ave, mundi pretium,
sanguis redemptoris,
Ave salus gentium,
vita salvatoris,
Ave spes fidelium
fons coelestis roris,
Sis, Jesu, praesidium,
nobis cunctis horis.

Orat. ms. Tegurinum saec. 15. Clm. Monacen. 20132. A. — Clm. Monacen. (ol. Tegurin.) 19636 saec. 15. B. — Zwischen 2, 6 und ff. schiebt B noch ein: Crucis per supplicium sparsus mundo foris.

42. In Elevatione Corporis Christi.

1. O meritum passionis,
Summae miserationis,
Culpam delens et reatum,
O passionis meritum.

2. O passionis meritum,
Umbram praebens contra aestum
Divinalis ultionis,
O meritum passionis.

Handschriftlicher Eintrag post Miss. Suessionense imp. 1516, Exemplar der Stadtbibliothek von Tournay.

43. Ad Elevationem Corporis Christi.

1. Ave, corpus incarnatum,
In altari consecratum,
Panis vivus angelorum,
Salus spes Christianorum.

2. Ave, corpus Jesu Christi,
Qui de coelo descendisti,
Tuos servos redemisti,
Dum in cruce pependisti.

3. Sancta caro nos emunda,
Sanguinis benigni unda,
Lava nos ab omni sorde
Et ab infernali morte.

4. Per tuam divinam pacem
Praesta nobis sanitatem
Et per tuam bonitatem
Nobis da prosperitatem.

5. Tu qui es portus salutis,
Nos libera, Deus fortis,
A leone rugiente
Et a dracone furente,
Da nobis fidem sanctorum
Per saecula saeculorum.

Clm. Monacen. (ol. Alrispacen.) 2693 saec. 14.

44. Ad Elevationem Corporis.

Salve, corpus dominicum,
Salve, nostrum refugium,
Salve, salvator omnium.
O Jesu, rex piissime,
O dulcis et mitissime,
Esto mihi propitius.
Qui es Mariae filius,
Ex qua carne te credimus
Et in pane te novimus,
Tu es nostrum refugium
Et in morte solatium.
Gloria tibi, Domine,
Qui es in panis specie,
Venisti nos resurgere
Tuo redemtos sanguine.

Orat. ms. S. Josephi Oenipontani 70 A. saec. 14.

45. Ad Elevationem Corporis.

Salve, Jesu, rex gloriae,
Qui te sub panis specie
Nobis ostendis hodie:
Tu nos reforma gratiae.
Jesu, sacro sanguine,
Quem fudisti pro homine;
Redemptos a caligine
Illustra tuo lumine.

Orat. ms. S. Josephi Oenipontani 70 A. saec. 14.

46. Ad Elevationem Sanguinis.

I.

Ave, sanguis Jesu Christi,
Pro me reo qui fluxisti
Fusus in patibulo,
Ut te, quaeso, possim frui
Ante mortem meam tui
Et salvari poculo.

II.

O sanguis Christi, qui fusus amore fuisti
Humani generis, nobis precor auxilieris,
Dele peccata, da nobis regna beata.

Orat. ms. S. Josephi Oenipontani 70 A. saec. 14.

47. In Elevatione s. Sanguinis.

Christi sanguis, ave, tibi corpus flectitur omne,
O sanguis vive, mihi confer gaudia vitae,
Morbos averte, pestes preme, crimina dele,
Haec des et jubeas, qui solus cuncta gubernas.
O qui fluxisti late de corpore Christi
Ac homini tristi pretium lavacrumque fuisti,
Me vitiis munda, sanctissime sanguis et unda,
Ad loca jucunda me duc de valle profunda.

Orat. ms. Augustin. saec. $^{15}/_{16}$. Cod. Maguntin. II 344.

48. Ad Spiritum Sanctum.

1. Genitorem filio
Copulans connexio
Utriusque unio,
    Veni, sancte spiritus,
Qui illustras superos,
Qui subjectas inferos,
Qui suscitas miseros,
    Adesto divinitus.

2. Magister ecclesiae,
Inspirator gratiae,
Fons et lumen veniae,
    Nostros riga hortulos;
Eruditor cordium,
Solator humilium,
Director fidelium,
    Tuos salva populos.

3. Qui prophetis aderas,
Quorum et lux fueras,
Qui secreta reseras,
    Adesto, paraclite;
Veri clavis unica,
Per quem clarent mystica,
Nostae tibi dedica
    Mores et actus vitae.

4. Vera pax et caritas,
Per te sit prosperitas,
Per te pacis firmitas
    Constet in ecclesia;
Concorda schismaticos,
Corrige haereticos,
Salvans rege clericos,
    Tyrannos humilia.

5. Sacerdotes instrue,
Exsiccatos complue,
Sordidatos ablue,
    Virtus indeficiens;
Regum violentia,
Consulum potentia,
Judicum prudentia
    Tibi sit obediens.

6. Orphanis et viduis
Charisma, quo affluis,
Solamen, quod tribuis,
    Da, benigne Domine;
Exsuli et advenae
Exsilium fac lene,
Vinctorum cessent poenae
    Tuo sancto nomine.

Orat. ms. Majoris Carthusiae saec. $^{14}/_{15}$. Cod. Gratianopolitan. 181.

II.

DE BEATA.

1. Ave, vena veniae,
    Torrens voluptatis,
   Oleum laetitiae,
    Rivus largitatis,
   Aqua sapientiae,
    Cista deitatis,
   Me de peccatis
    munda tu fons pietatis.

2. Botrus abundantiae,
    Vitis bonitatis,
   Propago prudentiae,
    Palmes honestatis,
   Tu racemus gratiae,
    Uva puritatis,
   Virgo grata nimis,
    me coeli junge beatis.

3. Cedrus excellentiae,
    Hysopus amoris,
   Tu misericordiae
    Mater et honoris,
   Palma patientiae,
    Balsamus odoris,
   Melle tui roris
    me pascas omnibus horis.

4. Diadema gloriae,
    Lilium candoris,
   Myrrha poenitentiae,
    Thalamus pudoris,
   Semita justitiae,
    Clibanus ardoris,
   Me conjunge choris
    paradisi valde decoris.

5. Electrum praefulgidum,
    Splendor firmamenti,
   Vetus ebur viridum,
    Liber documenti,

Liquor sanans languidum,
    Arca testamenti,
   Parce mihi flenti
    misero peccata luenti.

6. Fomes fovens frigidum,
    Dulcedo pigmenti,
   Solum semper solidum
    Castrum tutamenti,
   Unda lavans sordidum
    Adepsque frumenti,
   Tu sustamenti
    mihi panem frange petenti.

7. Granum sine palea,
    Gemma virtuosa,
   Tu vita coccinea,
    Tu vita jocosa,
   Engaddi tu vinea,
    Tu luna formosa,
   Crimina probrosa
    mea dilue, lux radiosa.

8. Humus tu virginea,
    Tamen fructuosa,
   Tu fiscella scirpea,
    Virgo gloriosa,
   Tu turris eburnea,
    Porta speciosa,
   Vincula nodosa,
    mea solve, salus pretiosa.

9. Juge sacrificium,
    Satisfactionis
   Propitiatorium,
    Thus devotionis,
   Saltus aedificium,
    Vas electionis,
   Me conjunge bonis
    sanctis coelique colonis.

10. Karitatis scrinium,
    Claustrum unionis,
    Amoris incendium,
    Rubus visionis,
    Celsum David solium,
    Vellus Gedeonis,
    Virtus Samsonis,
    mihi da pacem Salomonis.

11. Legis consummatio
    Viaque justorum,
    Orbis exsultatio,
    Gloria sanctorum,
    Israel redemptio,
    Mater orphanorum,
    Me profectorum
    fac luce frui monachorum.

12. Martyrum compassio,
    Comes confessorum,
    Virginum devotio,
    Lux apostolorum,
    Te collaudat concio
    Tota beatorum,
    Ad vitam quorum
    me perduc, spes miserorum.

13. Nardus recens, humilis,
    Gutta delicata,
    Virga Jesse nobilis,
    Fructu fecundata,
    Scala Jacob stabilis,
    Sursum elevata,
    Mens mea purgata
    per te sit, virgo beata.

14. Ortus delectabilis,
    Arca deaurata,
    Terra Jesse. utilis,
    Flore decorata,
    Virgo venerabilis,
    Stirpe David nata,
    Per te vita data
    mihi sit paxque reparata.

15. Peccatorum venia,
    Annus jubilaei,
    Hierusalem filia,
    Templum veri Dei,
    Fidei constantia,
    Refugium rei,
    Tu miserere mei,
    mater mirac specici.

16. Quid in parsimonia
    Sperant pharisaei,
    Quare phylacteria
    Dilatant Esaei,
    Inflati scientia
    Sunt ut Saducaei,
    Unde memento mei,
    tu vera dies requiei.

17. Radix aromatica,
    Tu dulcis resina,
    Piscina probatica
    Templique cortina,
    Sanitatis physica,
    Vitae medicina,
    Serves regina,
    me a morte repentina.

18. Salve, laus prophetica,
    Stella matutina,
    Cantus, prosa, musica,
    Rosa sine spina,
    De te sua cantica
    Cantat lex divina,
    A me declina
    mortem vitamque propina.

19. Tu castrum tutissimum,
    Quod bene vallatur,
    Domus, aula, civitas,
    Quae bene fundatur,
    Tu virtus, tu caritas,
    Quae non minoratur,
    Quae concedatur
    mihi per te nec moveatur.

20. Via vitae, veritas,
    Quae non deviatur,
    Castitatis puritas,
    Quae non violatur,
    Aeterna felicitas,
    Quae justis optatur,
    Haec concedatur
    mihi et nunquam renuatur.

21. Xristi mater crederis,
    Virgo valitura,
    Virgo vere diceris,
    Contra carnis jura
    Nam parens efficeris
    Pariendo pura,
    Solve tua cura,
    quibus artor, vitia dura.

22. Yris nostri foederis,
    Jaspidis figura,
    Piaculum sceleris,
    Nubes non obscura,
    Tuos nunquam deseris,
    Alma creatura,
    Ad bona ventura
    trahe me, felix genitura.

23. Ziph fiorens, stirps regia,
    Viscera commota,
    Nostra tympanistria,
    Ruth oleo fota,
    Tu cella vinaria,
    Tu Judith devota,
    Per te sit lota
    mea mens bene sorde remota.

24. Et super haec omnia
    Tu sophia tota,
    Inter duo media
    Cherubim es rota,

Perfecta scientia
    Tu bene promota,
    Mater Dei, Maria,
    mihi da tibi reddere vota.

25. Consolatrix optima,
    Tu meum solamen,
    Virgo prudentissima,
    Fer mihi juvamen,
    Ut mea sic anima
    Sentiat juvamen,
    Quod post certamen
    mihi pacem det Deus. Amen.

26. Alma virgo virginum,
    Mater illibata,
    Vera salus hominum,
    Felix advocata,
    Est per -te lux luminum
    Nobis ministrata,
    Mater es et nata,
    pia virgo consecrata.

27. Audi, decus numinum,
    Metra copulata
    Rhythmis in dictaminum
    Tibi consecrata,
    In ploratu criminum
    Meorum dictata,
    Ad te delata
    et bene sint tibi grata.

Cod. Parisiens. 3639 saec. ¹⁵/₁₆. — 6, 7 Tu fehlt. — 8, 8 Mea semper salus. — 17, 8 Me regina serves a morte serpentina. -- 20, 7 Haec condonetur.

50. De Nominibus BMV.

Ave, sancta Dei genitrix, o virgo Maria,
Botrus Cypri, flagrans balsamus, alma Maria.
Cypressus Sion, Libani cedrus alta, Maria,
Dogma salutis, lux bonitatis, clara Maria.
Exemplar morum, virtutum norma, Maria,
Fons signatus, favus stillans, divina Maria.
Gloria mundi, gemma poli, regina Maria,
Hospita regis, principis aula, beata Maria.
Ignea fiamma, rubus non ustus, mira Maria,
Kathedra doctrinae, via recta, colenda Maria.
Lucida nubes, fulgida luna, decora Maria,
Mitis ovis, formosa columba, benigna Maria.

Nardus odorans, fumus thuris, aroma Maria,
Ortus conclusus, flos campi, pulchra Maria.
Porta domus clausa, coelestis scala, Maria,
Quercus Basan, turris David firma, Maria.
Regia proles, sponsa Dei speciosa, Maria,
Stella maris, solis aurora serena, Maria.
Templum pacis, mannatis arca repleta, Maria,
Virga virens, vellus Gedeonis, casta Maria,
Xristotocos digna, te dulcis, quaeso, Maria,
Ymnus sit gratus tibi, quem pro laude, Maria,
Zelo depromo; misero miserere, Maria.
Ave, salve, vale, spes mea, virgo Maria.

Clm. Monacen. (ol. Tegurin.) 19819 saec. 15. A. — Orat. ms. Tegurin.
saec. 15. Clm. Monacen. 20124. B. — Cod. Palat. Vindobonen 3572 saec.
15. C. — Den Verfasser nennt A fol. 315: Carmen de beata Maria virgine
Johannis Schliffer, nicht Schlitpacher, wie der Handschriftenkatalog liest.

51. De Nominibus BMV.

1. Flos virginum, mors criminum,
Miserorum spes unica,
Maria lux, Maria dux
Et stella non erratica,
5. Maria mons, Maria fons,
Maria, mater publica,
Maria flos, Maria dos,
Maritans imis coelica,
Maria pax, Maria fax,
10. Illuminans umbratica.
Maria, virgo coelica,
Orta stirpe Davidica
Et ubique magnifica,
Miserorum causidica.
15. Tu cella aromatica
Et piscina probatica,
Tu gratiarum hospita,
Tu pietate praedita.
Exaudiens Basilium,
20. Restituens Mercurium,
Julianum percutiens
Et Ildefonsum vestiens;
Tu virtus indeficiens,
Famelicos reficiens,
25. Tu pietatis pariens,
Impeditos expediens,
Imperitos erudiens.
Tu Deo nos confoederans,

Mortis pactum defoederans,
30. Auctorem vitae generans,
Adversa mundi temperans,
Oppressos pie liberans,
Aestuantes refrigerans.
Tu in plateis platanus,
35. Tu non incisus Libanus,
Tu serenitas animae,
Tu lucis splendor intimae.
Maria, aegros medicans
Et dolentes laetificans,
40. Hortus vitae fructificans,
Apis Dei mellificans.
Maria, casa Helios,
Theotocos, Christotocos,
Multos salvans Theophilos,
45. Aethyopes, allophylos.
Maria, stantes dirigens,
Maria, lapsos erigens,
Maria, regens prospera,
Maria, planans aspera.
50. Maria, Heliopolis,
Miserorum metropolis,
Maria, dux itineris,
Decus humani. generis.
Salvatrix Adae veteris,
55. Splendor et decor aetheris,
Arrha et arca foederis,

Maria, lux in tenebris,
Regina coeli celebris,
Maria, templum Domini,
60. Per quam salus est homini,
Maria, felix jugiter,
Deum portans feliciter
Et dulcem lactans dulciter.
Maria, mater inclita,
65. Maria, vitae semita,
Maria, coeli janua,
Salutis spes praecipua
Et genitrix ingenua
Atque virgo perpetua.
70. Maria, dulcis domina,
Maria, delens crimina,
Maria, nubes lucida,
Maria, virgo gravida,
Maria, partu florida,
75. Maria, stella splendida
Et porta lucis fulgida.
Maria, Jesse virgula,
Maria, pacis fibula,
Aeterni regis clausula,
80. Innocentiae regula
Et humilium specula
Naufragorumque tabula
Et piorum praeambula.
Maria, salutifera,
85. Stella maris lucigera
Et genitrix deifera
Et sublimis puerpera,
Virga Jesse florigera
Olivaque fructifera
90. Et nardus odorifera.
Maria, vita spiritus
Et criminum interitus,
Maria, vitae reditus,
Maria, mortis exitus
95. Et paradisi aditus,
Maria, caelebs coelitus,
Maria, pia penitus
Et templum sancti spiritus.
Maria, pacis titulus
100. Et bonitatis cumulus
Salomonisque lectulus,
Pius caecorum oculus
Et infirmorum baculus.

Maria, dulcis moribus,
105. Maria, fraglans floribus,
Superabundans fructibus
Et virtutum odoribus.
Terribilis daemonibus
Suavisque hominibus,
110. Desiderata gentibus,
Decorata virtutibus,
Honoranda ab omnibus,
Laudanda a mortalibus,
Requies a laboribus.
115. Maria, sors victoriae,
Maria, sinus gloriae,
Maria, flos munditiae,
Maria, lux laetitiae,
Maria, parens patriae,
120. Maria, carens carie,
Maria, portus gratiae,
Maria, porta gloriae.
Pulchritudo justitiae,
Angelorum deliciae,
125. Mater misericordiae,
Via et vena veniae.
Fundamentum ecclesiae
Sedesque sapientiae
Formaque sanctimoniae
130. Et aula pudicitiae.
Genitrix innocentiae
Et doctrix parsimoniae
Olivaque clementiae
Et myrtus temperantiae
135. Rosaque patientiae,
Propulsatrix miseriae
Et decus castimoniae
Hostisque immunditiae
Et via indulgentiae.
140. Maria, viae requies
Et radians meridies,
Delectabilis species
Et beata progenies,
Immortalis effigies,
145. Gratiarum congeries
Atque virtutum series.
Maria, terra fertilis
Atque crater tornatilis,
Murus inexpugnabilis
150. Et columna immobilis,

Angelis admirabilis,
Hominibus amabilis,
Fortis, insuperabilis,
Dulcis, decora, nobilis,
155. Corde et ore humilis,
Vultu desiderabilis,
Specie delectabilis
Et amore affabilis.
Maria, mater luminis,
160. Maria, sedes numinis,
Maria, fons dulcedinis,
Mater, Dei et hominis.
Felix et expers criminis
Templumque pulchritudinis
165. Et norma rectitudinis,
Vita beatitudinis
Et turris fortitudinis
Coronaque certaminis.
Maria, caput gaudii,
170. Maria, finis vitii,
Plenitudo solatii,
Magni mater consilii,
Flos violae, flos lilii,
Acervus testimonii
175. Et lapis adjutorii
Civitasque refugii
Portaque sanctuarii.
Maria, salus populi
Et reparatrix saeculi,
180. Spei nostrae soliditas,
Gaudium et tranquillitas,
Affluens liberalitas
Et salutis securitas.
Fugitivorum civitas
185. Et reorum felicitas,
Sanorum incolumitas,
Quietorum serenitas,
Paradisi jucunditas
Et piorum suavitas,
190. Speciosa fecunditas
Et beata virginitas.
Maria, plena gaudio,
Superborum depressio,
Bonorum sublimatio,
195. Diaboli dejectio
Et hominis erectio,
Prophetarum promissio,

Justorum exspcctatio,
Sanctorum exsultatio,
200. Inferorum destructio,
Vitiorum exstinctio
Et morum informatio,
Vinctorum absolutio,
Pauperum consolatio,
205. Inopum sustentatio,
Lapsorum relevatio,
Delictorum deletio,
Virtutum consummatio
Et bonorum perfectio,
210. Exsulum revocatio,
Reorum liberatio,
Hostium interitio,
Tuorumque tuitio,
Peccatorum remissio,
215. Captivorum redemptio,
Sanitatis collatio
Et languoris curvatio,
Salutis acquisitio
Et vitae restitutio,
220. Erroris abdicatio,
Mundi propitiatio,
Gratiae exhibitio
Et mortis abolitio,
Divinitatis mansio
225. Et pietatis statio,
Humilium protectio,
Munimen et dcfensio,
Orbis illuminatio
Et deitatis sessio,
230. Vitae recuperatio
Et Dei habitatio,
Saeculi reparatio
Et larga miscratio,
Dei confoederatio.
235. Maria, orbe latior,
Maria, coelo mundior,
Maria, cunctis melior,
Maria, cunctis mitior,
Maria, melle dulcior
240. Et floribus fraglantior.
Maria, rosis gratior
Et liliis candidior,
Unguentisque suavior
Et gemnis rutilantior,

245. Lunaque luminosior
Et cunctis sanctis sanctior,
Cunctisque gratiosior
Et cunctis mirabilior,
Cunctisque excellentior
250. Et cunctis speciosior.
Maria, schola dogmatum,
Maria, lausque pneumatum,
Areola aromatum,
Apotheca charismatum.
255. Maria, mundi speculum,
Castitatis signaculum,
Virtutum receptaculum,
Redemptionis ferculum
Et gratiae vehiculum
260. Et lucis habitaculum,
Salutis propugnaculum
Et Dei tabernaculum,
Salomonis cubiculum
Et aureum thuribulum,
265. Pietatis oraculum
Et veniae vestibulum,
Firma civitas exsulum,
Dilectionis vehiculum
Et sanctitatis pabulum.
270. Maria, mundi lilium,
Gloria triumphantium,
Victoria pugnantium,
Infirmorum remedium
Et reorum refugium.
275. Maria, flos convallium,
Dei gazophylacium,
Vitae reconditorium,
Tenebrarum excidium
Et lucis infusorium,
280. Pietatis remigium,
Dei reclinatorium,
Deitatis cinctorium,
Spiritus sancti scrinium.
Maria, regis solium,
285. Miserorum solatium,
Salvatrix pereuntium,
Portus periclitantium
Et sidus navigantium.
Maria, salus gentium,
290. Laetitia fidelium
Et mundi patrocinium,

Jucunda laus coelestium
Et tutela terrestrium.
Maria, lux laetantium,
295. Virtus et vita cordium,
Summi regis hospitium,
Consolatrix moerentium
Et amatrix humilium.
Maria, spes debilium,
300. Erectio credentium
Virtusque laborantium,
Gratiae stillicidium
Et morum magisterium.
Maria, refrigerium
305. Et propitiatorium,
Deitatis aerarium
Et Domini sacrarium.
Maria, dux fidelium,
Terror et luctus hostium,
310. Laetitia credentium,
Sospitas aegrotantium
Et portus fluctuantium.
Maria, vitae pretium
Et Dei domicilium,
315. Salutis privilegium,
Virginitatis lilium
Et honor continentium.
Maria, spes moerentium,
Salvatrix morientium,
320. Revocatrix errantium,
Libertatis praesidium
Et vitale subsidium.
Maria, coeli gaudium,
Potestatis fastigium,
325. Exactoris exitium,
Praedonis praecipitium,
Babylonis excidium
Et mortis exterminium.
Maria, salus omnium,
330. Dei itinerarium,
Lucis elucidarium,
Deitatis solstitium,
Beata spes mortalium
Et pacis consistorium.
335. Maria, virgo virginum,
Maria, lactans Dominum,
Maria, solis regia,
Mulierum laetitia,

5*

Stella maris eximia,
340. Stella stationaria,
Et miserorum gloria.
Maria, virgo regia,
Insignis et egregia
Deique sedes propria,
345. Virginum primiceria
Et vitae thesauraria.
Maria, plena gratia,
Plena misericordia
Et omnis boni copia,
350. Veritatis custodia
Et salutis materia.
Maria, fugans vitia,
Iras, luctus et odia,
Vitae reducens gaudia
355. Et quaeque pellens tristia
Et abundans in gratia
Sublimisque in gloria.

Maria, nati filia,
Genitrix et nutricia
360. Cellaque pigmentaria;
Tu copia profectuum,
Resarcitrix defectuum,
Ordinatrix affectuum,
Pietatis irriguum.
365. Te venerantur omnia,
Coelestia, terrestria,
Tu virtutum fraglantia,
Rosas vincens et lilia,
Tu nostra spes et gloria,
370. Tu virtus et victoria,
Tu clemens et propitia,
Deo nos reconcilia.
Ipsi tibique gloria,
Laus, honor, reverentia
375. In saeculorum saecula.

Orat. ms. Coelestin. saec. 15. Cod. Parisien. 18571.

52. Salutationes BMV.

1. Salve, mater salvatoris,
   Nati nata genitoris,
   Genitrix ingenua;
   Cui semper et ubique
   Devoti fideles quique
   Digne flectunt genua.

2. Salve, cui scripturarum
   Nec non et creaturarum
   Series deserviunt,
   Dum hinc digne praedicando,
   Hinc decenter figurando
   Laudes tuas pariunt.

3. Salve, coelum spiritale,
   Summum atque 'speciale
   Summi regis solium;
   Coelum cum terra creatum,
   Sed a terra sublimatum
   Summum ad fastigium.

4. Salve, vera casa solis,
   Veri Dei verae prolis,
   Aula Dei regia;

Stellis virtutum celata,
In qua digne sunt celata
Secreta coelestia.

5. Salve, lucis lux aurora,
   Lux excellens, lux decora,
   Tenebrarum nescia;
   Digne dies appellata,
   Quia solis illustrata
   Speciali gratia.

6. Salve, coeli firmamentum,
   Terrarum operimentum,
   Praepotens protectio
   Es tu tamen terrenorum,
   Quae duum testamentorum
   Facta es in medio.

7. Salve, terra laude digna,
   Herbas virentes et ligna
   Producens fructifera;
   Rore quidem sacri flatus
   Sacros reddens cogitatus
   Et virtutum opera.

8. Salve, gemma firmamenti,
   Firmamenti jam recenti
      Ad ornatum insita;
   Magnum luminare poli,
   Minus tamen, quia soli
      Claritate subdita.

9. Salve, semper lucens luna,
   Cujus eadem et una
      Jam manet integritas,
   Qua gentilis illustratur
   Nox erroris, et mundatur
      Peccantum impuritas.

10. Salve, terra, flos terrarum,
    Nam virtutem aliarum
       Excedis et speciem;
    De qua conscendit fons vitae
    Universam rigans rite
       Terrae superficiem.

11. Salve, sacrum terrae lutum,
    In qua deitatis sputum,
       Rigans, quod aruerat,
    Hominem de te formavit,
    Qui humanum reformavit
       Plasma, quod perierat.

12. Salve, Dei paradise,
    Aeternaliter provise
       Nostrum ad subsidium,
    Quae dum Christum genuisti,
    Lignum vitae protulisti
       Producens in medium.

13. Salve, loce voluptatis,
    Quae verae satietatis
       Emisisti filium,
    Dum arentes irrigantem,
    Sitientes satiantem
       Genuisti filium.

14. Salve, mulier beata,
    Quae constanter animata
       Ope sancti spiritus
    Caput serpentis antiqui,
    Versipellis et iniqui,
       Constrivisti funditus.

15. Salve, mater salvandorum,
    Per quam digne defunctorum
       Vita digne redditur;

Recte per Evam signata,
Recte nam interpretata
   Eva vita dicitur.

16. Salve, nostri vas salutis,
    Arca vere, vas virtutis,
       Vas coelestis gratiae;
    Vas ad unguem levigatum,
    Vas decenter fabricatum
       Manu sapientiae.

17. Salve, cujus pietatis
    Sinus patens cum mundatis
       Et immundos colligit;
    Hos, ne mari submergantur,
    Illos, ut eripiantur,
       Sicque nullum abigit.

18. Salve, princeps generosa,
    Stirpe satis gloriosa,
       Illustris prosapia,
    Recte per Saram signata,
    Cujus partu sunt collata
       Mundo vitae gaudia.

19. Salve, nata Bathuelis
    Et felici Gabrielis
       Salutata famine,
    Isaac nunc desponsaris,
    Cui digne copularis
       Sacro plena flamine.

20. Salve, vera Jacob scala,
    Per quam conscendentes mala
       Mundi vitant devia,
    Dum effectu te sequentes
    Vel per te proficientes
       Tendunt ad coelestia.

21. Salve, scala, qua ascendunt
    Contemplantes et descendunt,
       Dum eis humanitas
    Christi per te reseratur,
    Et eisdem declaratur
       Humanata deitas.

22. Salve, fidelis fiscella,
    In cujus felici cella
       Pharaonis filia
    Legis suscepit latorem,
    Hoc est suum redemptorem
       Gentium ecclesia.

23. Salve, rubo figuratá,
Sacri flatus fecundata,
Non usta succendio,
Quam illaesam conservavit,
Quam nec ulla violavit
Carnis aestuatio.

24. Salve, coelum nube carens,
Panis coeli sacra parens
Vitae stillicidium,
Fluens, quando protulisti
Verum manna, corpus Christi,
Ad esum fidelium.

25. Salve, coelo mons vicine,
Quem vel nunquam vel non sine
Poena tangit bestia,
In quo legem caritatis
Et totius bonitatis
Diva dedit gratia.

26. Salve, felicis figmenti
Arca novi testamenti,
Arca novi foederis,
Per quam servus herae datur
Et factori foederatur
Pace data posteris.

27. Salve, virga, quam direxit
Fides recta, spes erexit,
Inflammavit caritas;
Flore vernans, fructu grata,
Cujus Christum illibata
Protulit integritas.

28. Salve, sponsa verbi Dei,
Quam Jahel, Haber Cinaei
Conjux, signat congrue,
Nam dum anguem constrivisti,
Sisaram interemisti
Superatum strenue.

29. Salve, Gedeonis vellus,
Quo madente sicca tellus
Florem vitae recipit;
Flos est Christus, tellus arens
Mens amore Christi carens,
Sed hunc per te percipit.

30. Salve, vera Sunamitis,
Virgo super omnes mitis,
Pulchra prae virginibus,

Quae in membris frigescentem
Christum reddis calescentem
Tuis in amplexibus.

31. Salve, templum Salomonis,
Domus exauditionis,
Regis regum regia,
Fide firmiter fundata,
Spe conscendes, consummata
Caritatis copia.

32. Salve, sacer thronus Christi,
Quae sola digna fuisti
Sessorem suscipere,
Candens ebur castitatis,
Micans auro caritatis,
Miro vernans opere.

33. Salve, Sion sublimata,
Hierusalem urbs beata,
Verae pacis civitas;
Sion, de qua lex exivit,
Urbs, de qua verbi prodivit
Calciata deitas.

34. Salve, sacra parens Christi,
Quem dum virgo peperisti,
Juxta vaticinium
Factus est nobiscum Deus,
Quem dum repellit Judaeus,
Fit propinquus gentium.

35. Salve, virens virga Jesse,
Quam frequenter et expresse
Signant vaticinia;
De qua florum flos exivit,
Quem decenter redimivit
Septiformis gratia.

36. Salve, petra firmitatis
In deserto vanitatis
Constans et immobilis,
De qua missus est salvator,
Coeli, terrae dominator,
Sed ut agnus humilis.

37. Salve, terra Deo grata,
Quae de supernis rorata
Deitatis pluvia
Germinasti salvatorem,
Nova terra novum florem
Renovantem omnia.

38. Salve, nubes claritatis,
    Exsors nostrae gravitatis,
    Lenis et lucifera,
    Quam scandens Christus intravit
    Mundum, in quo condemnavit
    Tenebrarum opera.

39. Salve, virtute sublimis
    Abies myrteque nimis
    Temperans et humilis,
    Quae pro prima peccatrice
    Conscendisti de radice
    Stirpis non ignobilis.

40. Salve, mater novitatis,
    Renovatrix vetustatis
    Nil vetustum sapiens,
    Quae virum circumdedisti,
    Christum alvo dum gessisti,
    Virgo virum nesciens.

41. Salve, porta principalis,
    Aditus orientalis,
    Porta soli pervia
    Principi, per quam intravit
    Templum, quod et illustravit
    Pietatis gratia.

42. Salve, mons, de quo praecisus
    Lapis, per quem est elisus,
    Quem signat iconia;
    In immensum montem crevit
    Et totam terram replevit
    Majestatis gloria.

43. Salve, decor virginalis,
    Virgo vere pars australis
    Et mons fructu fertilis,
    De quo venit ad nos Deus,
    Factus sed ut homo reus
    Forma servi similis.

44. Salve, mulier formosa,
    Cui Judith sat famosa
    Alludit victoria,
    Per quam Satan suffocatur,
    Et gens tua liberatur
    De mortis angustia.

45. Salve, cujus castitatis
    Sinu comprehendi gratis
    Voluit rhinoceros,

Cujus unica majestas,
Cujus discreta potestas
Spoliavit inferos.

46. Salve, summam quae sophiam,
    Patri Thobiae Thobiam
    Genuisti filium,
    Anna recte nominata,
    Quae sic donis es ditata
    Gratiarum omnium.

47. Salve, sol serenitate
    Nitens, fervens caritate,
    In quo tabernaculum
    Suum Christus collocavit,
    Quando suum visitavit
    Pugnaturus populum.

48. Salve, conclavis amoena,
    Quia sacro flatu plena,
    Quam salvator subiit
    Et hinc sibi desponsata
    Carne jam deificata
    Tanquam sponsus prodiit.

49. Salve, coelum, coelibatum
    Semper servans, praeparatum
    Dei habitaculum,
    De quo clementer respexit
    Et factus prope respexit
    Universum populum.

50. Salve, regina coelorum
    Dextrae regis angelorum
    Adsistens in gloria
    In vestitu deaurato
    Virtutumque variato
    Plena confluentia.

51. Salve, summi regis nata,
    Aure cujus inclinata
    Per obedientiam
    Te cupivit ad decorem
    Rex, oblitam mundi florem
    Et gentis stultitiam.

52. Salve, virgo, cujus vultum
    Dignum tibi dantes cultum
    Deprecantur divites,
    Vere siquidem ditantur
    Nec de plebe reputantur
    Tuae laudis milites.

53. Salve, sponsa gloriosa,
Foris et intus formosa,
Cujus omnis gloria
Ab internae puritatis,
Cordis et humilitatis
Procedebat gratia.

54. Salve virgo, quam sequuntur
Et ad regem adducuntur
Continentes animae,
Dum hic per devotionem,
Illic per conjunctionem
Fiunt tibi proximae.

55. Salve, civitas jucunda,
In quam sacri flatus unda
Confluens ad cumulum
Digne te laetificavit
Et dignum sanctificavit
Christo habitaculum.

56. Salve, templum sanctum Dei,
In quo consequuntur rei
Peccatorum veniam,
Quo salutem susceperunt,
Quam prophetae promiserunt,
Et misericordiam.

57. Salve, terra visitata
Affatimque debriata
Sacri flatus gratia,
Quam in te multiplicavit
Quaque te laetificavit
Nati diligentia.

58. Salve, terra benedicta,
Per quam diu derelicta
Populi captivitas
Captivatur, visitatur,
Atque plebis relaxatur
Perstringens iniquitas.

59. Salve, terra, quam rigavit
Et hinc ad nos derivavit
Se misericordia
Orta de te veritate,
Sicque sunt coosculatae
Pax atque justitia.

60. Salve, terra, quae dedisti
Fructum vitae, corpus Christi,
Cujus te benignitas

Data prius praeparavit,
Et sic in te declinavit
Incarnanda deitas.

61. Salve, civitas famosa,
De qua digne gloriosa
Dicta sunt praeconia;
Sed quaecunque praedicantur
De te, tuis superantur
Meritis et gloria.

62. Salve, domus fabrefacta
Atque decenter compacta
Manu sapientiae,
Sibi quam aedificavit
Et columnis roboravit
Septiformis gratiae.

63. Salve, fortis et fidelis
Mulier, cujus de caelis
Pretiosum pretium
Sacri flatus primum empta
Donis ac demum redempta
Proprium per filium.

64. Salve, pulchra et pudica
Sponsi mater et amica
Fide, forma, facie,
Digna partu, digna thoro,
Digna sponso tam decoro,
Qui sol est justitiae.

65. Salve, sancta, flos sanctarum,
Sponsa, regina sponsarum,
Inter omnes unica,
Unde digne famulantur
Tuae laudi, quam effantur
Canticorum cantica.

66. Salve, sponsa sponso grata,
Ore cujus osculata
Primis gaudes osculis,
Per quem tibi, per quem cunctis
Parietibus conjunctis
Pax est data populis.

67. Salve, digna nutrix Christi,
Dulcibus quem nutrivisti
Et lautis uberibus,
Quae palato piae mentis
Cunctis plus delectamentis
Sapiunt carnalibus.

68. Salve, cujus nomen sanctum
Est unguentum aegrotantum,
   Spes et invocatio,
Quos et tuae sanctitatis
A sanctis dilecta satis
   Perfundit opinio.

69. Salve, quam is post se traxit,
Qui se de te praeextraxit,
   Cujus in odoribus
Unguentorum cucurristi,
Uncta quibus exstitisti
   Tuis prae consortibus.

70. Salve, quam prius in tua
Cella susceptus rex sua
   Duxit in cellaria,
Ut illius secretorum
Ad laetitiam tuorum
   Jure fias conscia.

71. Salve, quam nimirum recti
Tuis meritis illecti
   Amant unanimiter,
Qui tuorum meritorum
Uberumque geminorum
   Memores sunt jugiter.

72. Salve, nigra sed formosa,
Nigra sed invidiosa,
   Nigra derogantibus,
Non in te naturae regem,
Sed tantum naturae legem
   Prave perpendentibus.

73. Salve, tota pulchra bonis
Sicut pelles Salomonis
   Carnis mortificio,
Vera Jerosolimita,
Quia carnis expedita
   Prorsus a dominio.

74. Salve, quam decoloravit,
Dulcem natum quae damnavit,
   Fervens persecutio;
Sed nec talem te miratur,
Cui matris intimatur
   Amantis affectio.

75. Salve, quam tunc impugnarunt,
Prole dulci dum orbarunt,
   Tuae matris filii,

Et velatum cor habentes
Adhuc perstant persequentes
   Veritatis inscii.

76. Salve, fida plurimarum
Custos facta vinearum,
   Dum, linquens nequitiam
Synagogae, singularum
Ad curam ecclesiarum
   Transis et custodiam.

77. Salve, quondam Pharaonis,
Hoc est antiqui draconis
   Infestata curribus,
Quos recte triumpho Christi
Similata submersisti
   Aquis spiritalibus.

78. Salve, cujus nardus grata,
Hoc est virtus hac signata,
   Odorem exhibuit,
Dum summi in sinu patris
Et in tuo dignae matris
   Alvo rex accubuit.

79. Salve, cui myrrha fuit
Dilectus, cum nostra luit
   Ut scelestus scelera,
Myrrha mortem tolerando,
Myrrha semper conservando
   Morans inter ubera.

80. Salve, digne comparata
Flori florum, summo lata
   Lilio convallium,
Inter filias formosa
Velut inter flores rosa,
   Inter spinas lilium.

81. Salve, plena caritate,
Quam pia benignitate,
   Pia diligentia
Tunc in te rex ordinavit,
Cum inductam collocavit
   In cella vinaria.

82. Salve, floribus fulciri
Atque circumamiciri
   Malis pie gestiens,
Motu quidem caritatis
Nostrae motus puritatis
   Et fructus esuriens.

83. Salve, cujus sponso grata
Facies et vox optata,
　　Dulcis ejus auribus,
Ergo faciem ostende
Et ei preces impende
　　Tuis pro supplicibus.

84. Salve, gracilis et recta
Virgaque per spem erecta,
　　Odora virtutibus,
Desertum deseruisti,
Per quod summis ascendisti
　　Gratiarum gradibus.

85. Salve, pulchra velut luna,
Ut sol inter omnes una,
　　Praeelecta singulis,
Dum ut aurora procedens
Jubar tenebris succedens
　　Praebuisti saeculis.

86. Salve, dilectum enixa,
Super quem demum innixa
　　Ac plena deliciis
De deserto conscendisti
Dilectoque consedisti
　　Coeli fruens gaudiis.

87. Salve, mater Salomonis,
Quem in desponsationis
　　Ejus et laetitiae
Die digne coronasti
Duplicique decorasti
　　Corona victoriae.

88. Salve, lecte Salomonis,
Quem dignae defensionis
　　Causa fortes ambiunt,
Orthodoxi nunc doctores,
Quondam angeli tutores
　　Nuncque tibi serviunt.

89. Salve, proles prophetarum,
Regum et patriarcharum,
　　Salomonis ferculum,
In quo digne se gestandum,
Per quod pie sustentandum
　　Suum duxit populum.

90. Salve, turris vere fortis,
Supra metas nostrae sortis,
　　Velut mors dilectio;

A mundo te separavit,
Quam nulla debilitavit,
　　Torrens persecutio.

91. Salve, novi testamenti
Fons ejusque complementi
　　Condigna materia,
Mater quidem novi regis,
In quo nobis novae legis
　　Nova luxit gratia.

92. Salve, quam, ut praedicebat
Atque crebro praecinebat
　　Cantio prophetica,
Sic gignendum pio patri
Praedixit piaeque matri
　　Pia vox angelica.

93. Salve, virgo desponsata,
Alteri sed conservata,
　　Quem coelestis nuntius
Sponsum tibi nuntiavit,
Et mox thalamum intravit
　　Idem Dei filius.

94. Salve, fons humilitatis,
Quae, licet felicitatis
　　Tuae tibi conscia,
Ancillam te nominasti,
Quam summa non ignorasti
　　Sublimatam gratia.

95. Salve, coelorum sessorem
Terrarumque possessorem
　　Pariens in stabulo,
Ac praesepe jumentorum
Cibo ditans angelorum
　　Atque vitae pabulo.

96. Salve, legis observatrix,
Quae legales ut peccatrix
　　Non habens piacula,
Hostias Deo dedisti,
In templo cum obtulisti
　　Agnum sine macula.

97. Salve, salvans salvatorem,
Dum Herodis ob errorem
　　Persequentis filium,
In Aegyptum transfugisti,
Vere pro amore Christi
　　Subiens exsilium.

98. Salve, digna Dei nutrix,
    Custos, vigil et adjutrix
    Digne tibi subditi,
    Usque tempus praefinitum
    Nostrum decreto sancitum
    Persolvendi debiti.
99. Salve, matrum gloriosa,
    Quam in cruce pretiosa
    Dum penderet filius,

Juxta verbum Simeonis
Acerbae compassionis
Pertransivit gladius.
100. Salve, regina coelorum,
    Quae post mortis et dolorum
    Hausta scandens pocula
    Sponso regi complantaris,
    Cum quo regnans collaetaris
    Per aeterna saecula.

Orat. ms. Majoris Carthusiae saec. ¹⁴/₁₅. Cod. Gratianopolitan. 181. — „Expliciunt salutationes dominae nostrae numero centum secundum sententias specialius, competentiusque lucidius alludentes, ex utriusque testamenti serie diligenter excerptae." — 2, 4 huic. — 2, 5 huic. 28, 2 Aber cynei. — 46, 5 est ditata. — 48, 4 huic. — 57, 5 multiplicavit. — 64, 1 Salve pudica pudica.

53. Salutationes BMV.

1. Ave, vera orbis hera,
   Ave, virgo virginum,
   Salve, mera puerpera,
   Salve, salus hominum.

2. Ave, nata jam beata,
   Ave, felix jugiter,
   Salve, grata advocata,
   Salve, dulcis, dulciter.

3. Ave, tutum vas virtutum,
   Ave, dives gratia,
   Salve, scutum contra lutum,
   Salve, secans vitia.

4. Ave, lacta mortis meta,
   Ave, finis vitii,
   Salve, feta Deo freta,
   Salve, caput gaudii.

5. Ave, flentis risus mentis,
   Ave, mundi gaudium,
   Salve, gentis spes egentis,
   Salve, salus omnium.

6. Ave, viae dux regiae,
   Ave situs siderum,
   Salve, pie omni die,
   Salve, memor pauperum.

7. Ave, forum miserorum,
   Ave, dulcis domina,
   Salve, florum ver novorum,
   Salve, felix femina.

8. Ave, verum decus rerum,
   Ave, plena lumine,
   Salve, merum lac uberum,
   Salve, lac de virgine.

9. Ave, nato grata grato,
   Ave, caelebs coelitus,
   Salve, dato laeta lato,
   Salve, salva penitus.

10. Ave, tota vere lota,
    Ave, prorsus splendida,
    Salve, nota sine nota,
    Salve, tota candida.

11. Ave, pratum aromatum,
    Ave, flagrans floribus,
    Salve, satum charismatum,
    Salve, dulcis moribus.

12. Ave, plana, plene sana,
    Ave, sanans languidum,
    Salve, cana ros in lana,
    Salve, vellus madidum.

13. Ave, pia stirps regia,
    Ave, regens ceteros,
    Salve, via ad gaudia,
    Salve, salvans miseros.

Cod. Cantabrigen. Ff VI 14. saec. 13. A. — Orat. ms. Majoris Carthusiae saec. ¹⁴/₁₅. Cod. Gratianopolitan. 181. B. — 1, 4 Salve fehlt A. — 2, 1 Salve A. — 8, 4 lac in virgine B. — 9, 3 lacta leto A. — 11, 2 fehlt A. — 11, 3 Salve sacrum B; satum aromatum A. — 12, 1 Ave plena A.

54. De Compassione BMV.

1. Ante crucem virgo stabat,
   Poenas Christi cogitabat,
   Totam se dilaniabat
   Vultum lavant lacrimae.

2. Dicit virgo: Quid fecisti,
   Quod delictum commisisti,
   Quare crucem ascendisti?
   Me dolentem respice.

3. Vos, Judaei, per errorem
   Occidistis redemptorem,
   Mundum salvans per amorem
   Sua sacra passio.

4. Orbata sum filio,
   Apostolos non video,
   Quo vadam sola, nescio,
   Non possum ultra vivere.

5. Dicit Jesus: O mater mea,
   Non te turbet poena mea,
   Praecedam vos in Galilaea,
   Resurgam die tertia.

6. Johannes sit tibi filius,
   Custos atque famulus
   Eritque tibi bajulus
   In hac mundi miseria.

7. Pater misit me ad mortem,
   Vici jam draconem fortem,
   Super me miserunt sortem
   Judaea gens incredula.

8. Mortem ergo non timeamus,
   Omnes crucem diligamus,
   Deo devote serviamus
   Cum omni reverentia.

Orat. ms. saec. 15. Cod. Mantuan. E I 27.

55. De Compassione BMV.

1. Adsis huic speculo,
   Mater o Maria,
   Pendet in patibulo
   Jam Dei sophia,
   Dux et decus virginum,
   Dulcis, mitis, pia,
   De torrentis calice
   Qui bibit in via.

2. Quid flens adstas longius?
   Propius accede,
   Ecce tuus filius
   Heu tractatus foede,
   Heu plenis opprobris
   Donatur mercede,
   Hac pius ab impiis
   Mactatur a caede.

3. An est, mater, filius
   Tuus ad hoc natus,
   Ut sic digne genitus,
   Sic sit cruentatus?

Vere non immerito
Dicetur beatus
In hoc ejus scandalo
Non scandalisatus.

4. Ad pudoris cumulum
   Vestibus nudatur,
   Vento, gelu, pluviae
   Nudus explicatur
   Sistunt longe proximi,
   Nullus consolatur,
   Sed stant prope nimium,
   Per quos cruciatur.

5. Omni poena gravior
   Est haec poenae poena,
   Quae non tantum mortis est
   Sed pudore plena,
   Mater vere rumpitur
   Tibi cordis vena,
   Cum pallescit filii
   Facies amoena.

6. In cruore penitus
   Venae vacuantur,
   Marcet frons et facies,
   Rugae procreantur,
   Clausis prope ciliis
   Oculi versantur,
   Sudor mortis exsilit,
   Fauces congelantur.

7. Adspice, si praevales,
   Mater, hunc dolorem,
   Rubor vultus qualiter
   Transit in pallorem,
   Manus, pedes qualiter
   Emittunt cruorem,
   Quae materni pectoris
   Cumulant moerorem.

8. Rigent tensa stipite
   Brachia procera,
   Decor vultus pristinus
   Liquescit ut cera,
   Corpus clavis asperis
   Pendet in statera,
   Ut sic vaticinia
   Vatum fiant vera.

9. Jam nec decor ullus est
   Nec decus in ore,
   Aures nihil audiunt
   Solito de more,
   Rubet latus nitidum,
   Candet in pallore
   Pectus, ruunt genua
   Ponderis vigore.

10. Jam dextrorsum nitidum
    Caput reclinatur,
    Cui se plicans nimium
    Collum famulatur,
    Horret coma capitis,
    Arte non aptatur,
    Immo venti flatibus
    Huc illuc vagatur.

11. O dolor, nec mortuo
    Vel sic pepercerunt,
    O moeror, sic lancea
    Latus transfixerunt,

O scelus, ut hic et haec
Hoc scelus senserunt,
Sol et luna pariter
Tenebris cesserunt.

12. Plange, mater, filium,
    Nunc tempus plangendi,
    Ingens est materia
    Causaque dolendi;
    »Heu, mi fili,« tempus est
    Crebro repetendi
    Et decentes digitos
    Vel manus torquendi.

13. Mater, caput agita
    Manibus levatis,
    Terram sparge capiti
    Comis laceratis,
    Rumpe vestem pectoris,
    Pectus pietatis
    Cum sugenti pandere
    Consuevisti gratis.

14. Auras replens quaestibus,
    Mater, gemens plora,
    Imbres crebri fletuum
    Defluant per ora,
    Terrae fige genua,
    Corruens adora,
    Et foedetur pulvere
    Facies decora.

15. O quis digne numeret
    Omnes hos labores,
    Quos pro nobis passus est
    Jesus et languores,
    Vere nostros pertulit
    Hic dolens dolores,
    Reddit ipse debitum
    Et non debitores.

16. Nicodemus et Joseph
    Ecce convenerunt,
    Myrrhae atque aloes
    Mixturam tulerunt,
    Post de plagis quatuor
    Claves extraxerunt
    Et de crucis stipite
    Hunc deposuerunt.

17. Curre nunc, moestissima,
    Brachia sustenta,
    Quae sunt mortis frigore
    Rigide distenta,
    His infigas oscula
    Centum vel ducenta,
    Nec credo, quod fueris
    Ducentis contenta.

18. Jam nil parcens vocibus
    Planctus da mugitum,
    Lacrimas, suspiria
    Profer et rugitum,
    Nam scelus huic simile
    Nunquam est auditum,
    Sed nec erit uspiam
    Tale repetitum.

19. Manans de vulneribus
    Cruor colligatur,
    In signum memoriae
    Peplo leniatur
    Cateracta capitis
    Nunc, mater, rumpatur,
    Et de cordis intimis
    Gemitus edatur.

20. O quam matris miserae
    Cor jam syncopizat,
    Dolor indicibilis
    Intus colaphizat,
    Jam Maria Martha fit,
    Jam non sabbatizat,
    Quam moeroris fluvius
    Perfecte baptizat.

21. Sic post tot angustias
    Ut sit tumulatus
    Jesus, mundam syndonem
    Joseph est mercatus,
    In qua Jesus positus
    Est sepulchro datus,
    Sicque cum custodibus
    Lapis est signatus.

22. Jesu, rex misericors,
    Tu qui sic obisti,
    Per cruorem vulnerum,
    Quem de te fudisti,
    Mitte nobis spiritum,
    Quem tuis misisti,
    Ne relinquas orphanos
    Quos sic redemisti.

Cod. Cautabrigen. Ee VI 29. saec 15. — 13, 8 confuisti gratis. — 19, 4 lemiatur.

56. Planctus BMV.

1. Eja, virgo gloriosa,
   Quondam Noemi formosa,
   Pulchra tota, amorosa,
   Sed nunc Mara dolorosa.

2. Cur sic cruci adstas fixa,
   Crucifixo sic innixa,
   Ut dolore sis transfixa,
   Tamquam ipsum sis enixa?

3. Quondam illa speciosa,
   Cunctis visu gratiosa,
   Nunc moerore nubilosa,
   Gemens, tristis, lacrimosa.

4. Unde cruciatus sibi,
   Quare tantus dolor tibi?
   Forsan causa latet ibi
   Major, posset quam describi.

5. Quis vos ambos sic confixit,
   Quis dolore sic afflixit?
   Nullus homo unquam vixit,
   Quem sic tantus dolor frixit.

6. Quae doloris hujus causa
   Te tristare fuit ausa,
   Latet adhuc in te clausa,
   A dolore, quaeso, pausa.

7. Estne ille tibi pater,
   Numquid sponsus est aut frater,
   Aut num sibi tu es mater,
   Quod te torquet dolor ater?

8. Pone modum nunc dolori,
   Appropinquas nam languori,
   Et est nobis jam timori,
   Ne et te contingat mori.

9. Cur te matre sic orbamur?
Refer causam, quam miramur
Et audire praestolamur,
Tibi quod compatiamur.

10. Hujus causam non mireris,
Sed ut mecum contristeris
Et dolore socieris,
Tibi pandam hoc, quod quaeris.

11. Hic a Deo praeelectus
Et prae cunctis tam dilectus
In salutem huc directus,
Carne mea vere tectus.

12. Deus exstat, verbum Dei,
Splendor patris faciei
Et creator omnis rei,
Tota virtus verae spei.

13. Hunc a patre datum cepi
Ac de spiritu concepi,
Sponsa, nata hunc suscepi,
Mater virgo hunc excepi.

14. Ipse decor angelorum,
Gubernator singulorum,
Terrae, maris ac polorum,
Regnans solio coelorum.

15. Illic sine matre natus,
Sine patre incarnatus
Est in terris conversatus,
In salutem cunctis datus.

16. Per doctrinae veritatem
Ac signorum caritatem
Vitans mundi vanitatem
Et carnalem voluptatem,

17. Ut in regno deitatis
Statum post mortalitatis
Expiatos a peccatis
Collocaret cum beatis.

18. Talis est dilectus meus,
Jesus Christus, homo Deus,
Non cujusque mali reus,
Quem occidit sic Judaeus.

19. O mi nate speciosus,
Super omnes generosus,
Mitis, clemens, gratiosus,
Semper totus dulcorosus,

20. Illibatus, delicatus,
Sanctus et immaculatus,
Sponsus mei coelibatus
Et solamen incolatus.

21. Visus tibi tenebrescunt,
Genae, labia pallescunt,
Fossae manus intumescunt,
Crura nutant et languescunt.

22. Caput spinis coronatum,
Latus patet lanceatum,
Totum corpus vulneratum
Cerno jam exanimatum.

23. Ei, quis mihi nunc aquarum
Dabit fontem lacrimarum,
Tristem luctum et amarum
Super virum tam praeclarum.

24. Hic est ensis Simeonis,
Qui vigore punctionis
Me in terris privat bonis
Omnis consolationis.

25. O si vita nunc privarer,
Mallem, quam sic te orbarer,
Jam nequaquam perturbarer,
Sed per mortem consolarer.

26. Heu me, fili, quid fecisti,
Cur me solam reliquisti,
Cur me mori noluisti
Potius quam tu obisti?

27. Cessa, virgo, a ploratu,
Cesset vox ab ejulatu
Ne sub tanto cruciatu
Tu priveris vitae statu.

28. Faciei nam amoenae,
Quae rubebant, pallent genae,
Oculorum turgent venae,
Jam languescunt manus plene.

29. Calor cordis jam tepescit,
Vigor omnis jam lentescit,
Omne corpus jam rigescit,
Tota vita jam marcescit.

30. Ego suae passionis
Tuaeque afflictionis
Causa sum contemptis bonis,
Culpa pravae actionis.

31. Mihi ergo restat ficre
Et ex intimis lugere
Gravi planctuque dolere,
A rugitu non silere.

32. Ego merui necari,
Non in cruce hic litari,
Nec tu sancta molestari;
Et quis posset hoc effari,

33. Cur hic ordo sit mutatus,
Nisi tantum sim amatus,
Quod a morte liberatus
Summa vita sim beatus.

34. Nihil ergo jam dulcescat,
Sed mens mea amarescat,
A dolore non quiescat,
Donec vita evanescat.

35. Semper visus lacrimetur,
Nunquam animus laetetur,
Nisi per vos consoletur,
Ut in vobis oblectetur.

36. Sed sic jugiter dolore
Moveatur vel amore,
Dilatetur vel fervore
Ac liquescat prae dulcore

37. Intimae compassionis,
Fecundae dilectionis,
Supplicis devotionis,
Purae contemplationis,

38. Ut virtutum actione,
Fidei confessione,
Gratiarum actione
Sic persistam in agone

39. Et in regno supernorum
Consors factus beatorum
In collegio sanctorum
Christum, regem angelorum

40. Crucifixum, hymnodia
Semper canam laude pia
Teque laudem, virgo dia,
Mihi confer, o Maria.

Orat. ms. Scotorum Vindobonen. 50 g 9 saec. 15. A — Clm. Monacen. (ol. Tegurin.) 19354 B. — Orat. ms. Tegurinum anni 1500—1508 Clm. Monacen. 20015. C. — 2, 2 sic fehlt C. — 2, 3 Tamquam ipsum sis enixa C. — 2, 4 Secum cruci es confixa. — 4, 3 Forsan casa B; latet tibi C. — Str. 8 u. 9 fehlen C. — 10, 4 hoc fehlt B. — 16, 3 Vetans B. — 17, 3 Expiatus C. — 21, 3 Fuste manus C. — 23, 1 Ey. BC. — 28, 3 torpent venae C. — 32, 2 Non in cruce habitari B; Non incerte hoc litari C. — 33, 2 sim mutatus C. — 36, 4 prae dolore C. — Im Verlaufe des Liedes hat A folgende Überschriften: Vor Str. 1: Compassio virginis Mariae; vor Str. 10: Responsio virginis Mariae; vor Str. 19: Verba virginis ad filium; vor Str. 27: Responsio.

57. Planctus BMV.

1. O dulcis virgo Maria,
Tu plorabas voce pia
Ante crucem filii;
Rumpebatur cor Mariae,
Exclamantis voce pie:
O fili dulcissime.

2. Video te morientem,
Ego perdo cor et mentem,
Tecum mori cupio,
Tu peccatum non fecisti,
Quando crucem ascendisti,
Cur te mori video?

3. O columba sine felle,
O vas dulce plenum melle,
O fili piissime,
Tu me vides desolatam,
Semivivam, anxiatam
Et mihi non loqueris?

4. O quid agam fili pie,
Mei languentis Mariae,
Matris unigenite,
Heu, Christe, amor mei,
Te damnarunt pharisaei
Creatorem saeculi.

5. Haec dum loquitur Maria
Desolata voce pia,
    Non respondet filius;
Cor tunc ejus desolatum,
Igne mortis inflammatum,
    Pertransivit gladius.

6. Cecidit angustiata
Tunc Maria desolata
    Ibi quasi mortua,
A Johanne sublevatur
Et paulisper restauratur,
    Post clamat ad angelum:

7. Gabriel, angele felix,
Tu non es mihi fidelis
    Nuntiando gaudium;
Dum mihi dicebas Ave,
Me ponebas in hac nave,
    Quae modo submergitur.

8. Mihi dabas mortis frena
Dicens: es gratia plena,
    Quae frena nunc sentio,
Me dixisti benedictam
Gaudiorumque munitam,
    Sum plena supplicio.

9. Non est mulier in mundo
Quae dolorum in profundo
    Sit demersa velut sum;
Vere mihi primum ave
Dulce fuit et suave,
    Nunc dat mihi gemitum.

10. Fui jam gratia plena,
Erat mihi dulcis coena,
    Dum habebam filium;
Mihi nunc est usurpatus
Et in cruce conclavatus
    Per tormentum anxium.

11. Nunc vertuntur in moerorem
Et in luctum et dolorem
    Nuntiata gaudia,
Meum cerno dum amorem,
Natum, sponsum, creatorem
    Mortis ferre vulnera.

12. Ita clamo desolata,
Non est auris mihi data
    A nato vel angelo.

Alta voce tunc Maria
Exclamat in agonia.
    Conquaerens de populo:

13. O crudeles vos Judaei,
O feroces pharisaei,
    Canes crudelissimi,
Vos Deum crucifixistis,
Regem vestrum suspendistis
    In ligno patibuli.

14. Ipse vos et me plasmavit,
Et in mundo collocavit,
    Fel pro melle redditis,
O canes valde crudeles,
O leones infideles,
    Sic natum occiditis.

15. Matrem ejus capiatis
Et in ligno suspendatis,
    Ipsum in quo ponitis,
Ne post mortem nati vivat,
Quae sic matrem luce privat,
    Ut filio careat.

16. Hic est filius dilectus,
Qui mihi. fuit electus
    Sine carnis praemio,
Suspendentes mundi regem,
Tribuentem nobis legem,
    Matrem ejus capite.

17. Quam sic nato viduastis,
Omni gaudio privastis,
    Et ipsam occidite.
Sic lamentor desolata,
Non auditur vox clamata
    In crudeli populo.

18. O crux alta, de te quaeror,
Mihi nequis esse pejor,
    O crux crudelissima,
Meum natum tu cepisti,
In te ipsum suspendisti,
    O crux ferocissima.

19. Quamvis mundo tu sis felix,
Mihi tamen es crudelis
    Cruciando filium,
Unigenitum Mariae
Desolatae, quae sic pie
    Ad te fiere cogitat:

20. O crux ligni cruentati,
Sanguis hic immaculati
　　Undique sic funditur,
O crux alta, mundo felix,
Per te via fit in caelis,
　　Sed mihi degeneras.

21. O crux nati crucifixi,
Contra te nihil commisi,
　　Ex quo ita me laedas;
Crux crudelis, tu te placa,
Ad te clamo voce rauca,
　　Redde mihi filium.

22. Et si te non vis placare
Neque natum mihi dare,
　　Tu me secum recipe;
Crucifige me cum eo,
Pro quo tibi dire fleo,
　　Omnes mecum plangite.

23. Aut crux natum mihi reddat,
Atque jus peccati cedat,
　　Quo audere judicat,
Aut secum me crucifiget,
Meo sanguine se riget
　　Veluti de filio.

24. O crux ferox et amara
　Cur non recipis in ara
　　Mariam cum filio?
Requiesco, si me capis,
Si me spernis, tu me tradis
　　Mortali supplicio.

25. Crucis lignum non respondet,
Mihi dolor magis frondet,
　　Quanto magis supplico;
Meum ego desolata,
Dulci prole viduata,
　　Filium respicio.

26. Natus meus voce rauca
Anxiatus non jam pauca
　　Clamat: Ego sitio;
Tunc Maria clamat: heus,
Num est hic filius meus,
　　Qui sic rauce loquitus?

27. Non petenti possum dare
Neque potum ministrare,
　　Cor sic meum moritur;

Clamo: Jesu, nate pie,
O dulce fili Mariae,
　　Cur matrem non respicis?

28. Matrem tuam desolatam,
Vero lumine privatam
　　Cur non eam respicis?
Audi, pater alte, pie,
Verbi pater et Mariae,
　　Tui matrem deseris?

29. Verbum tuum incarnatum,
De Maria procreatum,
　　Cur sic pati pateris?
Istud non est verbum ave,
Quod mandasti tam suave
　　Gabriele nuntio.

30. Quando vides verbum pati
Nec succurris poenis nati,
　　O dura compunctio,
Cor Mariae tam afflictum,
A te patre derelictum
　　Moritur pro filio.

31. O dulcis fili, spes mea,
Mater tua sum, cum ea
　　Loqui debes modicum;
Tu me debes exhortari
Ac me digne consolari,
　　Ut non perdam spiritum.

32. Video te, nate, mori,
Subjaces mortis tremori,
　　Possum nec te tangere;
Nate dulcis, miserere
Matris non cessantis fiere
　　Nec sinentis plangere.

33. Si tu migras, quis supplebit,
Et quis natus mihi erit?
　　Desolata morior;
Sed priusquam moriaris,
Aliquid mihi loquaris,
　　Dulcis fili, deprecor.

34. Filius tunc inclinatur,
Ad Mariam et affatur
　　Tali dulciloquio:
O mater dulcis Maria,
Virgo pura, virgo pia,
　　Tantum noli plangere.

35. Ad hoc scis me fore natum
    Et a patre destinatum,
      Hunc ut biham calicem,
    Sine quo mundus salvari,
    Trinitati concordari
      Et nequit velocius.

36. Non deberes contristari,
    Sed deberes consolari
      Et gaudere potius,
    Mors mea non est ad mortem,
    Aperit sed vitae portam,
      Quam peccatum clauserat.

37. Morior pro toto mundo,
    Qui ardebat in profundo,
      Quem Adam damnaverat;
    Ergo dulcis o Maria,
    Mater clemens, virgo pia,
      Noli fiere filium.

38. Qui pendendo super crucem
    Pro recuperando lucem
      Frangit hoc exsilium;
    Ego non te derelinquo,
    Ad te semper appropinquo,
      Quod dico, non ambigis.

39. Hoc videbis tu pro vero,
    Jam resurgam, tecum ero
      Atque cum discipulis;

Me oportet ita mori,
Istud fit pro meliori,
  Res humani generis.

40. Igitur spem amplecteris,
    Quia mecum potieris
      Regno veri luminis,
    Sed dum vives vita ista,
    Johannes evangelista
      Erit tibi filius.

41. Et tu eris ejus mater,
    Ipse filius et frater
      Te tractabit dulcius.
    Filius ista narravit,
    Matri caput inclinavit
      Et emisit spiritum.

42. Videns ergo hoc Maria
    Cecidit in agonia
      Et orabat fortius;
    Ejus cor angustiatur
    Atque dire vulneratur
      O crudelis gladius.

43. Igitur nos cum Maria
    Deploremus mente pia
      Passionem Domini,
    Ut cum Christo collocari
    Mereamur, gloriari
      Per aeterna saecula.

Orat. ms. saec. 15. Cod. Mantuan. E I 27. A. — Cod. S. Petri Salisburgen. a III 10. saec. 15. B. -- 1, 3 Coram cruce filium B. — 3, 5 Geniti-
vam anxiatam B. — 4, 2 languenti A; Fili languentis B. — 4, 3 Mater A. —
4, 4 Heu, heu amor B. — 6, 3 quasi moritur A. — 6, 4 Johanne tunc B. —
7, 2 Non es mihi tu B. — 7, 5 Me pascebas B. — 9, 3 Sit mersa velut
AB. -- 10, 1 gratia jam A. -- 10, 6 Prae tormentis anxium A. — 11, 5
curatorem B. — 12, 5 Exclamabat A. — 13, 4 Verum Deum A. — 14, 1—3
fehlen B. — Nach 15, 3 schiebt B ein:
              Vel in alio tormenta
              Aut crudeli monumento,
           In quo mater pereat.
15, 4 Non post A. — 15, 6 Caream ut filio B; dann schiebt B ein:
              Mihi dulcius jam mori,
              Foret jocus et honori
           Migrari cum filio.
16, 4 Suspendistis B; worauf B einschiebt: Truces aures Mariae Supplicatio-
nem Mariae Non auditur populo. — 17, 4 lamento B. — 17, 6 In crudeli
proelio B. — 18, 4 tu caedisti B. — 19, 6 Ac fallasse cogitur B. — 20, 5
Mihi semper es infelix B. — 20, 6 Dum me filio viduas. — 21, 2 Coram
te nunquam connixi B. — 21, 3 Ex quo me sic laederas B. — 21, 4 O crux
fidelis jam non placa A. — 22, 1 Si te non vis B. -- 22, 5 Hoc pro mundo
tibi A. — 22, 6 Omnes junctim plangite B. — 23, 1 Ut crux AB. — 23, 2

Et vox quaevis precor cedat B. — 23, 3 Quo tam dire viduor B. — 23, 4 Et me A; Ut me B. — 23, 5 me riget B. — 23, 6 Velut fit de B. — 24, 2 recipis jam B. — 24, 3 Matrem cum A. — 24, 5 me radis B. — 25, 1 sqq. fehlen B. — 25, 4 Ita mergor desolata B. — 26, 2 Anxietate non pauca B. — 26, 4 Tunc mater A. — 26, 5 Est nam natus iste meus B. — 26, 6 sic fehlt B. — 27, 1 Num petenti A; Petenti non B. — 27, 3 Cor meum sic B. — 27, 6 non recipis A. — 28, 4 Alte Deus, pater pie B. — 28, 5 Verbi poenae et B. — 28, 6 Cur non modo proficis A. — 29, 4 non est illud ave B. — 30, 3 O diri B. — 30, 4 Cor meum tam A. — 31, 2 ex ea B. — 31, 4 me velis B. — 31, 5 Me dignare B. — 32, 1 sqq. fehlen B. — 32, 6 Nec cessantem B. — 34, 1 nunc B. — 34, 6 Noli tantum B. — 35, 3 Ut hunc B. — 35, 6 Et fehlt B; nequid A. — 36, 1 debes B. — 36, 4 Mors una B; non est aborta A. — 36, 5 Aperitur vitae porta A. — 38, 1 Qui nunc pendeo A. — 38, 3 Frangat A. — 39, 1 Haec B. — 39, 5 Ita fit. B. — 39, 6 Rex humani A. — 40, 2 Quam tu B. — 40, 3 Regna A. — 40, 4 vives in hac vita B. — 41, 1 et pater A. — 41, 3 Et tractabit A. — 41, 4 illa B. — 42, 3 Et plorabit B. — 43, 1 jam cum B. — 43, 3 Passionem in hac via B. — 43, 4 Ut cum ipsa B. — Hierauf fügt B noch die folgenden Strophen bei:

De quinque vulneribus.

44. Vidit turbas effrenatas
Judaeorum venenatas
   Christum primo prendere
Vidit Judam proditorem
Osculando salvatorem
   Pharisaeis tradere.

45. Vidit Jesum laceratum,
Ut latronem et ligatum
   Trahi per Jerusalem,
Et ad Annam primo ductum,
Hinc ad Kaipham traductum
   Et Pilatum principem.

46. Hunc Pilatus condemnavit,
Crucis poenis deputavit
   Lotis aqua manibus.
Vidit natum sublevari
Crucifixumque locari
   Cruce cum latronibus.

47. Vidit caput cruentatum
Jesu Christi, coronatum
   Spinis, cruce pendere,
Vidit manus perforari,
Fixis clavis cruentari
   Et cruorem fundere.

48. Vidit suos sanctos pedes
Conclavatos nec est sedes,
   Ubi possint haerere.
Vidit latus penetrari,
A Longino sauciari
   Hincque caecum cernere.

49. Vidit, potum cum gustavit,
Sitio quando clamavit,
   Dicens consummatum est;
Iste potus felle mixtus,
Quem gustavit Jesus Christus,
   Cum aceto datus est.

Anima.

50. In me sistat amor tui,
Crucifixo fac me frui,
   Dum sum in exsilio;
Hoc dolore fac me moestum
Nec me facias alienum
   Ab hoc desiderio.

51. Virgo dulcis, virgo pia,
Virgo clemens, o Maria,
   Audi preces famuli,
Ipse vos et me plasmavit
Et in mundo collocavit,
   Fel pro melle redditur.

Ad crucem:

52. Tu nequaquam mihi felix,
Tu semper es infelix,
   Filio me viduas;
Crucis lignum non respondit,
Mihi labor magis frondit,
   Quantum magis supplico.

Christus.

53. Sic mandavit incarnari
Atque sibi filiari,
   Ut mundum redimerem,
Omnes crucem peramantes
Atque illam venerantes
   Semper tibi serviant.

54. Christus in ligno pependit,
Suo sanguine nos defendit
   Ab ira diaboli,
Per virtutem sanctae crucis
Liberemur ab inimicis
   Per aeterna saecula.

55. O Christe, mundi redemptor,
    Sis tuae gentis protector
    A morbo pestifero,

Christe, cum sit hic exire,
Da nos per misericordiam venire
Ad palmam victoriae.

56. Ploremus ergo pariter,
    Clamemus omnes fortiter:
    Jesu Christe, miserere.

58. In Assumptione BMV.

1. Grande signum coelum pandit,
   Angelorum coetus clangit
     Occurrens cum laudibus,
   Se praefulgens lux expandit,
   Christi mater dum hoc scandit
     Vestita duplicibus.

2. Haec de mundo mater munda
   Mitis scandit ut columba,
     Super solem splendida,
   Omni laude laetabunda,
   Jam nec prima nec secunda
     Visa est tam candida.

3. Natus locum praeparavit
   Et festinus obviavit
     Coeli cum militia,
   Matrem suam honoravit,
   Cum se secum collocavit
     Dulci modulantia.

4. Ad hanc natus mox descendit
   Et cum matre mox ascendit
     Ad suprema gloriae,
   Nihil obstat, nil offendit,
   Sursum vadit, sursum tendit
     In signum victoriae.

5. Virgo mater exaltaris,
   Ubi laeta contemplaris
     Regnantem in gloria
   Et conregnans conregnanti
   Consedebis judicanti,
     Virgo plena gratia.

6. Carne sua non consumpta
   Virgo mater est assumpta
     Integre realiter,
   Collocata super cuncta,
   Dulci nato dulcis juncta,
     Tene sic non aliter.

Sic affirmant sancti patres,
Sic tenete, mei fratres,
  Fortes unanimiter.

7. Elevata sedes poli,
   Praeparata nubes soli
     Ad suprema sidera,
   Oblivisci, virgo, noli,
   Tolle, mater, quod est doli
     Nostra pians scelera.

8. Incorrupta, tota viva
   Et innupta mater diva,
     Coeli tenens solium
   Exaltaris, coronaris,
   Dominaris, jucundaris
     Amplexando filium.

9. Qui praecepta legis dedit,
   Honorare matrem, pegit
     Et matrem prae ceteris ;
   Ergo matris legislator
   Si non esset venerator,
     Hunc culpare poteris.

10. Non desperes trepidando,
    Perseveres affirmando,
      Non relicto corpore
    Mater Jesu quin assumpta
    Sit in coelum nato juncta
      Vivens sine tempore.

11. Ubi natus, sibi mater
    Trabeatus est et pater
      Sacro cum spiramine,
    Solidata carne pura,
    Verbi patris genitura,
      Munda nos a crimine.
    Erubesce, contremisce,
    Qui non credis, matrem esse
      Assumptam cum corpore.

12. Noli fari, quod ingratus
Dulci matri fiat natus,
  Quem lactavit ubere,
Cujus alvus hunc portavit,
Quo fit salvus, quem damnavit
  Lapsus Evae miserae.

13. Dic tu mihi, rogo pie,
Ubi corpus sit Mariae
  Sepulchro non inventum?
Si tu dicis, quod ablatum
A Judaeis nec relatum,
  Ab eis sit retentum;

14. Certe, dico, non est verum,
Coronata tenet coelum
  Juxta nati brachium,
In excelso throno sita,
Natum colens est in vita
  Paradisi ostium.

15. Quod sic probo ratione
Et aperta sanctione
  Potest verificari:
Nonne vides in hac vita
Multis fucis polimita
  A natis honorari
Patrem, matrem reverenter
Diligenter, excellenter
  Ab eis ministrari?
Ergo matri minus gratus
Non de jure fiet natus
  Altrici singulari.

16. Est assumpta virga Jesse,
De qua vitae fluit esse
  Anima et corpore;
Fides tenet sic professe,
Quod affirmo verum esse.
  Nati fulta robore,

17. Transit ad aethera
Virgo puerpera,
  Virgula Jesse,
Non sine corpore,
Sed sine tempore
  Tendit ad esse.

18. Vere scio, vere credo,
Quod in carne non putredo
  Sit Mariae virginis,

De qua natus est dulcedo
Deus homo sine foedo
  Foetore putredinis.

19. Cum sanctorum visitantur
Loca donis et ditantur,
  Ut aperte cernitur,
O quid dicam, si Mariae
Terrae datum matris piae
  Corpus sit nec colitur.
Matrem natum, si sic esset,
Contempisse, dici posset,
  Sed hoc nunquam creditur.

20. Caro namque Jesu cara
Est Mariae caro clara,
  Matris praedulcissimae;
Sic affirmat Augustinus,
Fons abundans coelestinus
  Doctrinae clarissimae.

21. Aulam sacram virginalem
Rex servare maternalem
  Cum pudore voluit,
Ergo matrem incorruptam
A foetore sibi nuptam
  Custodire debuit.

22. Deo lacu in leonum
Danielem servum bonum
  Conservare placuit,
Vestes trium puerorum
In fornace positorum
  Non comburi pertulit;

23. Ventre ceti Jonae vita
Est potenter custodita
  Deo placentissima,
Ergo mater Jesu tanta
Fari posset quisquam, quanta
  Laude sit dignissima?
Nisi quod sit elevata,
Secus natum collocata
  Corpore et anima.

24. Nomen matris lucis astrum
Vel odoris alabastrum
  Sensu suavissimum,
Corpus Dei, verbi castrum,
Hortus clausus, patris rastrum,
  Fructum ferens optimum.

25. O regina, quam superni
Cives laudant et inferni
Tremit domicilium,
Splendoris praebe paterni
Nobis lucem et aeterni
Flaminis solatium.
O nomen dulce
Mariae tristiae mulce.

Clm. Monacem. (ol. Emmeramen.) 14343 anni 1351.

59. In Assumptione BMV.

1. Gaude, Christus cum levavit
Te in carne et locavit
Super astra, obviavit
Tota coeli curia.
Gaude, virgo singularis,
Ut prae cunctis sublimaris,
Sic et digne plus laudaris
In coelesti gloria.

2. Gaude, virgo, quae decore
Ornas coelum lucis more,
Velut cuncta sol splendore
Superat lucentia.
Gaude, cui angelorum
Chori parent et sanctorum
Ut reginae ac votorum
Exhibent obsequia.

3. Gaude, quod vis esse ratum,
Tuo nato exstat gratum,
Omnem tuumque precatum
Explet cum clementia.
Gaude, qui te venerantur,
Tua laude delectantur,
Hi per Christum munerantur
In superna patria.

4. Gaude, summe coronata,
Carnis dotibus ornata,
Christi dextris sociata,
Regnans super omnia.
Gaude, semper quae frueris
His deliciis sinceris,
Ut in aevum jucunderis
Summa cum laetitia.

5. A me mundi jam evelle
Gaudia permixta felle,
Immo me tuorum melle
Gaudiorum satia.
Veni, virgo, da laetari,
Me in te nunc consolari
Et in fine gratulari
Tua de praesentia.

6. Dona mihi te videre,
Semper tibi congaudere
Ac laetanter possidere
Beatorum praemia.
Ecce, tibi congaudemus,
O Maria, ut amemus
Te in aevum et laudemus,
Duc nos ad coelestia.

Orat. ms. Underdorfense saec. 15. Clm. Monacen. 7815.

60. De Gaudiis BMV.

1. Gaude, candens lilium,
Mater pietatis,
Nobile triclinium,
Summae trinitatis,
Forma, spes humilium,
Princeps castitatis,
Memor mei
Valde rei
Sis, flos pietatis.

2. Gaude, legislatio
Dominam te clamat,
Humanaque ratio
Praeceptricem famat
Nati, id quo natio
Fidelis acclamat,
Nam ut patri
Proles matri
Sic parere amat.

3. Gaude, Sion filia,
    Pacis reformatrix,
Tu me reconcilia,
    Pauperum solatrix,
Purgans in me vitia,
    Mundi reparatrix,
Meum votum
Tibi notum
    Audi, imperatrix.

4. Gaude, ab initio
    Prae saeclis creata,
Miro privilegio
    In omnes ditata,
Salubri consilio
    Es praedestinata,
Mater Dei,
Tutrix rei
    Ut sis, o beata.

5. Gaude, ut te decuit,
    Conceptam sacravit
Deus, post haec docuit
    Vita tis et pavit,
Scelus vetus necuit
    Haeresesque stravit,
Nam virtutem
Et salutem
    Cunctis demonstravit.

6. Gaude, tibi nuntius
    E colo legatur,
Juxta verba ocius
    Sua humanatur
In te Dei filius
    Et humiliatur,
Tis ignotum
Mundo votum
    Per quem approbatur.

7. Gaude, natum parere
    Dei meruisti,
Lacte tua alere
    Quae digna fuisti,
Angelos hunc canere
    Et magos vidisti,
Te optante
Post et ante
    Virgo permansisti.

8. Gaude, pneuma visitat
    Jesum baptizatum,
Et hunc pater clamitat
    Fore suum natum,
Eremum inhabitat,
    Dein mundi statum
Verbis, signis
Factis dignis
    Curat sauciatum.

9 Gaude, die tertia
    A morte surrexit,
Suos cum solertia
    De limbo evexit,
Christus prae inertia
    Errantes allexit,
Caros tuos,
Immo suos
    Parando respexit.

10. Gaude, suos penitus
    Patri committebat,
Super coelos inclitus
    Rex cum ascendebat,
Nobis vitae aditus
    Hinc patefiebat,
Qua potenter,
Qua gaudenter,
    Euge, praecedebat.

11. Gaude, mirabiliter
    Perfidos elisit
Pater, visibiliter
    Quando fiamen misit
His, verbi quos dulciter
    Nomine arrisit,
Tunc sincero
Atque mero
    Dulcore te visit.

12. Gaude, dote varia
    Deus te dotando
Assumpsit cum gloria
    Summa trabeando,
Ad dextram in curia
    Coeli collocando,
Trans cunctorum
Angelorum
    Choros exaltando.

13. Quo inaestimabili
    Te felicitate
Ditans ineffabili
    Ornat dignitate;
Vale hinc, laudabili
    Vernans caritate,
Ergo graude,
Gaudens plaude
    In jucunditate.

14. Hinc est, quod edicere
    Nulla creatura
Valet nec elicere
    Laudis tua jura,
Eja me conspicere,
    Mater, haec procura,
Dans beatum
Mihi statum
    Vita in futura.

15. Deus, summa trinitas
    Tibi nil recusat,
Cujus ac benignitas,
    Ut vis, quaevis cusat,
Ergo tis virginitas,
    Quam jam sic decusat,
Pellat labem,
Mortis tabem,
    Quae me, heu, incusat.

16. Precor te per tristia,
    Quae te hic laeserunt,
Et per Christi gaudia,
    Quae et tua erunt
Et sunt nunc in patria
    Sicut prae fuerunt,
Sana cunctos,
Veni, punctos,
    Qui me infecerunt.

17. Precor te per meritum
    Omnium sanctorum,
Per tis nomen inclitum,
    Per temet, flos florum,
Da ut non demeritum
    Scelerum meorum
Me demergat,
Quae abstergat
    Precamen sanctorum.

18. Precor te per sanguinem
    Et per poenas Christi,
Per sacram propaginem,
    Ex qua prodiisti,
Quae Deum et hominem
    Virgo genuisti,
Hunc exora
Absque mora
    Pro me, ut novisti.

19. Per patrem, piissima,
    Per verbum, per fiamen,
Quos credo firmissima
    Deum unum tamen
Fide, te, sanctissima,
    Precor, ut solamen
Mihi pia
Sis Maria
    Hora mortis. Amen.

Scala coeli saec. 14. ex. Cod. Pragen. XIII E 3. — „Incipit oratio de gaudiis quibusdam beatae virginis." — 17, 8 fehlt. —

61. De septem Gaudiis BMV.

1. Gubernantis superna patria
    Decantantur septena gaudia
    Primum dicens: tu plena gratia,
    Inquit Ave.

In excelsis cantatur gloria,
Hoc secundum angelis nuntia,
Deum noscunt tunc animalia
In praesepe.

2. Ternum stellae regiae claritas
Magos duxit, Bethlehem civitas
Hos suscepit, Herodis pravitas
Memoratur.
Quartum fuit sepulchri novitas,
Dum surrexit Dei humanitas,
Judaeorum prava societas
Admiratur.

3. Virgo mater dum vidit filium
Triumphando, parando praemium,
Unde venit, ascendit iterum
Coronatus.
Pater sanctum emittens spiritum
Roboravit corda fidelium,
Adest color ignis quemadmodum
Coloratus.

4. Gloriosa virgo sanctissimae
Post egressum carnis purissimae
Elevatur choris altissime
Angelorum.
Istis septem gaudiis optime
Gaudeamus, Deus plenissime
Nos reducat ad portum gloriae
Et sanctorum.

Clm. Monacen. (ol. Emmeramen.) 14343 anni 1351.

62. De septem Gaudiis BMV.

1. Militantis ecclesiae
Jubar in triumphante
Primatum tenet gloriae
Adae lapsu cessante,
Maria levante.
Fons salutis et gratiae,
Te nobis vitam dante
Captatur via veniae,
Messia nos juvante,
Te tamen procreante.

2. Concepta privilegio
Supra jura naturae
De sterili conjugio
Joachim pulso dure

Ducatur maledictio
Defectus geniturae,
De nati benedictio
Cunctis est orta jure.
David regali gremio
Te fatentur scripturae,
Stella, virga, promissio,
Te signarunt figurae.

3. Virginalis conceptio
Te solam consecravit,
Cum Gabrielis nuntio
Paris, qui te creavit.
Fit pro nato purgatio,
Qui nihil maculavit,

Integralis assumptio
  Te cunctis praedotavit.
Nec mirum, si collegio
  Coeli te praelocavit
Nutritus tuo gremio,
  Te sibi sociavit.

4. Gaudes conceptu deico,
  Gaudes partu sacrato,

Gaudes adventu magico,
Gaudes resurcitato,
Gaudes Jesu levato.
Gaudes igne mirifico
  Apostolis donato,
Gaudes ascensu coelico,
Perfecte juncta nato,
Pro nobis supplicato. ˙

Clm. Monacen. (ol. Emmeramen.) 14343 anni 1351. — Sequenzenform.

63. De septem Gaudiis BMV.

1. Plaude, prudentissima
  Parens plasmatoris,
Piscina probatica,
  Pincerna pudoris,
Propitiatorium
  Prisci promotoris,
Precor, preces percipe
  Proni peccatoris.

2. Plaude, pudicitia
  Plena placuisti
Prothonoi, parito
  Patris paruisti,
Paracleti pluviam
  Plene percepisti,
Perenne principium
  Pure praeclusisti.

3. Pange, perpiissima
  Praegnanda palaris,
Paternale pallium
  Partu praestolaris,
Pyropus pinnaculum
  Polo praesularis,
Protectrix potissima
  Pauperum probaris.

4. Plaude, praegnans puera,
  Prolem peperisti,
Positum praesepio
  Pannis praecinxisti,
Papillarum pabulo
  Psastorem pavisti,
Pot partum perpetuo
  Pura permansisti.

5. Pange, pigmentarium
  Praeservans pigmentum,
Pupes pascens, populis
  Praedulce pulmentum,
Pantheon perpetuum,
  Placens polimentum,
Praesta postulantibus
  Praesto purgamentum.

6. Plaude, prodens parvulum
  Pastoribus pratum,
Praecisum praeputio
  Pulchre propalatum,
Principem principibus
  Palam praedicatum,
Plasma pro piaculis
  Patri praesentatum.

7. Pange, promptuarium
  Plenum pietatis,
Planta portans poculum
  Pretiositatis,
Praeclara progenies,
  Palmes probitatis,
Praebe patrocinium
  Pollutis peccatis.

8. Plaude, pignus proprium
  Plagis perforatum,
Publice patibulo,
  Passum per Pilatum,
Peremptis praedonibus
  Prospicis praelatum,
Possidens perenniter
  Pacis principatum.

9. Pange, plausu placido
   Precibus precantum,
   Placatrix primipotens,
   Palus proeliantum,
   Pus periclitantibus,
   Pyr praevaricantum,
   Praevalens praesidium
   Pie proclamantum.

10. Plaude, promens pretium
    Praepotens piorum
    Praemium, palatium
    Penetrans polorum,
    Proportionaliter
    Permanet proborum
    Protector pacificus
    Pila perfidorum.

11. Pange, potentissima,
    Pons profectionis,
    Peritiae putens,
    Pes protectionis,.
    Projice precamine
    Pus perditionis,
    Propulsa pericula
    Persecutionis.

12. Plaude, praedicantium
    Plana perlustrator
    Pentecoste plenius
    Processit purgator,
    Peccaminum praedocens
    Parvulos prostrator,
    Prava profitentium
    Promptus praemiator.

13. Pange, praeditissima
    Provisa prudenter,
    Poli porta pervia,
    Pessumdans potenter
    Profanos, praeconiis
    Praecluens pollenter,
    Pelle pestilentiam
    Praesentem patenter.

14. Plaude, praedulcissima,
    Petens puriorem
    Perlucide patriam
    Pretiosiorem,
    Praelaturam percipis
    Praecellentiorem,
    Placa peritissimum
    Propitiatorem.

15. Pange, potentissima
    Princeps pennatorum,
    Patriarcharum palmula,
    Penna patronorum,
    Prophetarum prothesis,
    Pugil probatorum,
    Puellarum puritas,
    Portus perfectorum.

16. Plaude, praecelsissima,
    Protege praesentes,
    Postremos, praeteritos,
    Papam, praesidentes,
    Principatus, proceres,
    Principes potentes,
    Praesules, pontifices,
    Praelatos plectentes.

17. Paedagogos, pueros,
    Puellas placentes,
    Praesides, proconsules,
    Primates pollentes,
    Praesules, presbyteros,
    Professos, poscentes,
    Pusillos, prebiscitas,
    Polim, poenitentes,
    Pupillum, Parisius,
    Pauperes, pallentes,
    Pestem parcam perperam
    Prope pavescentes.

Cod. Parisien. 3639. saec. $^{15}/_{16}$. — 17, 9 verrät, dafs das Lied in Paris gemacht ist. Sämmtliche Wörter desselben beginnen mit dem Buchstaben P.

64. De septem Gaudiis BMV.

1. Plaude, potentissima
   Parens plasmatoris,
   Patrona piissima,
   Puella pudoris,
   Purgatrix potissima
   Peccati prioris,
   Procul pelle pondera
   Prisci peccatoris.

2. Plaude, plausus populi,
   Portus probitatis,
   Pallium paracliti,
   Pera puritatis,
   Praeparatrix praemii,
   Plena pietatis,
   Parce, precor, pauperi
   Polluto peccatis.

3. Plaude, privilegiis
   Pulchris praeornata,
   Promissis propheticis
   Prisco praesignata,
   Prole pii principis
   Postmodum praegnata,
   Praesis patrociniis
   Petenti parata.

4. Plaude, potestatibus
   Praedita praeclaris,
   Praecellentem penitus,
   Praepotentem paris,

Pollet prout primitus
Pubes puellaris,
Pacem praestolantibus
Praesto praebearis.

5. Plaude, porta patula,
   Pons peregrinorum,
   Piscina probatica,
   Pannus parvulorum,
   Praesidens perpetua
   Patria polorum,
   Percipe propitia
   Preces punitorum.

6. Plaude plangens proh dolor
   Pignus praestigatum,
   Palma, pede, pectore
   Plagis perforatum,
   Potitum potentia
   Prospicis praelatum,
   Possidentem postea
   Poli principatum.

7. Plaude, pulchritudine
   Praemines potentes,
   Prostratos promoveas
   Placando plangentes,
   Praevide pro posteris,
   Protege praesentes,
   Purgando praeteritos
   Pestem patientes.

Orat. ms. S. Josephi Oenipont. 70 A. saec. 14. — Scheint eine Bearbeitung des vorhergehenden.

65. De Gaudiis BMV.

1. Gaude, virgo gratiosa,
   Verbum verbo concepisti,
   Gaude, tellus fructuosa,
   Fructum vitae protulisti.

2. Gaude, rosa speciosa,
   Jesu vernans resurgente,
   Gaude, mater gloriosa,
   Christo coelos ascendente.

3. Gaude fruens deliciis
   Nunc, rosa juncta liliis,
   Emunda nos a vitio
   Et tuo junge filio.

Cod. Lambacen. CLXXXVI saec. 14.

66. De Gaudiis BMV.

1. Lustrans orhem sol primus siderum,
Gyrum coeli firmans in cardine,
Virginalem sacravit uterum
    Sumpta carne
Regens astra; Mariae puerum
Collaudemus ipsum in virgine,
Sumens sibi matris praeconium
    Digna laude.

2. Paranymphus Dei archangelus
Salutavit quam sancto flamine:
Ave, inquit, plena dulcedine
    Gratiarum.
Summa virtus mox sanctus spiritus
Obumbrabit in te spiramine,
Canticorum vallata carmine
    Prophetarum.

3. Consensu tradito homo perficitur,
Qui carnis termino in ventre clauditur,
Nec puerperio mater corrumpitur
    Manens virgo.
In noctis medio pervigil nascitur,
Miratur ratio, mater non laeditur,
De solis radio jure progreditur
    Deus homo.

4. Novum sidus ortum denuntiat
Christum natum regentem saeculum,
Magi cernunt, et locum indicat,
Procidentes adorant parvulum
    Vagientem.
Trinum Deum figura reserat,
Regem magnum, mortalem filium,
Aurum, myrrha et thus insinuat.
Obtulisti in templo genitum
    Nondum fantem.

5. Scripturarum formans eloquium
Verbo vicit hostes est scelera,
Mortem passus calcavit tartara,
    Post surrexit.
Samson frangit inferni ostium,
Gloriosus transcendit aethera,
Rex immensus promisit munera
    Et ascendit.

6. Surgens, arca pellens diluvium,
   Angelorum super fis agmina,
   Cum assumpta per tuum filium
   Contemplaris regna siderea
   Gloriosa.
   Novem chori canunt coelestium:
   Mater Dei, coelorum domina,
   Sic assume nostrum obsequium
   Referentes septena gaudia
   Gratiosa.

Clm. Monacen. (ol. Emmeramen.) 14343, anni 1351. — 4, 2 regem saeculum. — 5, 2 Verbo venit hostes. — 6, 10 Gloriosa.

67. De Gaudiis BMV.

1. Gaude, virgo mater Christi,
   Quae de sancto concepisti
     Spiritu mirifice,
   Gabrieli credidisti,
   Praemunita quae fuisti
     Caritatis indice.
   Verbo sancto mox repleta
   Spe conceptus eras laeta,
     Propter hanc laetitiam,
   Virgo pia, sic impleta,
   Veniente vitae meta
     Me ducas ad gloriam.

2. Gaude, quia salvatorem
   Naturalem contra morem
     Peperisti, domina;
   Tuae laudis ad honorem
   Me praesenta peccatorem
     Tua cum familia.
   Tu de partu lacta tali
   Mihi luce sis finali
     Salus et solatium,
   Ne sim fiammae gehennali
   Pro reatu criminali
     Datus ad supplicium.

3. Gaude, postquam te turbavit
   Et dolorem provocavit
     Sequens nati passio,
   Te laetam post restauravit,
   Laetiorem reformavit
     Christi resurrectio.

   Virgo plena pietate,
   Refulgentis novitate
     Lacta me laetifica,
   Nec oppressum gravitate
   Ne repelli sinas a te
     Loca ad lucifera.

4. Gaude, virgo, dum scandebat,
   Quem scandentem subvehebat
     Nubes super sidera,
   Astra tenens eligebat
   Sedem dignam, qua sedebat
     Dei patris dextera.
   Propter ejus elevamen
   Atque tuum consolamen
     Tua post gravamina
   In extremis adjuvamen
   Et ruinae relevamen
     Confer mihi, domina.

5. Gaude, quae tunc laetabaris,
   Dum in coelum levabaris,
     Spes salutis hominum,
   Quorum noxam recordaris
   Et pro quibus deprecaris
     Incessanter Dominum.
   Tu medela noxae dirae,
   Mihi velis subvenire
     Mortis in itinere
   Et cum dies erit irae,
   Quam quis nequit praeterire,
     Noli me relinquere.

Orat. ms. Anglicanum saec. 15. Cod. Londinen. Ar. 203. A. — Orat.
ms. Tegurinum saec. 15. Clm. Monacen. 20001. B. — Clm. Monacen. (ol.

Tegurin.) 19824. C. — AB schieben vor jeder Strophe eine Strophe des Liedes bei Mone II, 460 ein. — 1, 1 O Maria mater BC. — 1, 10 Cum qua salus est concreta BC. — 1, 12 Spem salutis sentiam BC. — 2, 1 Naturalem contra morem BC. — 2, 2 Genuisti genitorem BC. — 2, 3 Virgo, mater, filia AB. — 2, 4 Tuae prolis ad BC. — 2, 5 debitorem BC. — 3, 1 Mentem tuam conturbavit BC. — 3, 2 dolore BC. — 3, 3 Christi passio BC. — 3, 4 Sed te laetam restauravit BC. — 3, 10 Ne oppressum A. — 3, 11 Nec repelli BC. — 4, 1 Laetabundus ascendebat BC. — 4, 2 Corpus suum subvehebat BC. — 4, 3 Coeli super BC. — 5, 1 Quantum in te laetabaris BC.

68. De Gaudiis BMV.

1. Gaude, virgo, mater Christi,
   Quae per aurem concepisti
   Gabriele nuntio.
   Quam prudenter respondisti:
   Ecce, sum ancilla Christi
   Hominem sed nescio;
   Sic serpentem contrivisti,
   Dei verbum implevisti
   Genesis principio.

2. Gaude, quia Deo plena
   Peperisti sine poena
   Cum pudoris lilio.
   Casti lilium pudoris,
   Virga Jesse, flos odoris,
   Salvat puerperio,
   Quos damnavit dux erroris,
   Adam, Eva, fons moeroris,
   Colubris ingenio.

3. Gaude, quia tui nati,
   Quem dolebas mortem pati
   Fulget resurectio.
   Rex triumphans in agone
   Superato Pharaone
   Surrexit de proelio,
   Ab Aegypto, pastor bone,
   Educ nos victo dracone
   Ab ejus imperio.

4. Gaude, Christo ascendente,
   Qui in coelum te vidente
   Motu fertur proprio.
   Clara nube ferebatur,
   Galilaea mirabatur
   De tanto mysterio,
   Vox jucunda nuntiatur,
   Humanitas coronatur,
   Coeli throno regio.

5. Gaude, quod post ipsum scandis
   Et est honor tibi grandis
   In coeli palatio.
   Coeli throno sublimata,
   Gemmis satis coronata
   Paradiso solio,
   O Esther inthronisata,
   Pro nobis sis advocata
   Coram rege filio.

6. Ubi fructu ventris tui
   Per te nobis detur frui
   In perenni gaudio.
   Fructus floris virginalis,
   Fructus vitae spiritalis,
   Fructus sine folio,
   Flos florum, flos virginalis
   Et fructus universalis,
   Salus et redemptio.

7. Sic Zephyrus mittit rorem,
   Rore fiora parit florem,
   Floris fit refultio;
   Flos ascendit in decorem,
   Flora sequitur odorem
   Amoris suspirio.
   Ergo floris mater fiora,
   Nos defende mortis bora
   Finali supplicio.

Orat. ms. Tegurinum saec. 15. Clm. Monacen. 19824. A. — Orat. ms. Tegurinum saec. 15. Clm. Monacen. 20001. B.

69. De Gaudiis BMV.

Gaudia bis dena, mater dulcedine plena
Virgoque sensisti, terris dum viva fuisti,
Poplite quae fiexo recitandoque pie texo.

1. Gaude, virgo mater Christi,
Quae per aurem concepisti
Gabriele nuntio,
Gaude, praegnans absque luctu,
Divino referta fructu,
Carnis carens vitio.

2. Gaude, luminis lucerna,
Cui congaudet interna
Cognatae devotio.
Gaude, lumen in te clausum
Nosti per Johannis plausum
Clausi ventris atrio.

3. Gaude, quia Deo plena
Peperisti sine poena
Cum pudoris lilio.
Gaude, parens florem florum,
Quem pastores tam decorum
Norunt in praesepio.

4. Gaude, coetus quod coelestis
Psallit gaudens et fit testis
Tanto puerperio.
Gaude, sacro lacte pascens
Hunc, qui ab aeterno nascens
Tuo ludit gremio.

5. Gaude, nova luce data,
Novae stellae nuntiata
Gentibus indicio.
Gaude, natum regem poli
Deum per tres reges coli
Munere trifario.

6. Gaude, puerum divinum
Munus acceptantem trinum
Triplici mysterio.
Gaude Christum, amplexatum
Brachiis, Deum probatum
Thuris ministerio.

7. Gaude, prolem nam ostendit
Summum regem, quae prae-
tendit,
Auri praesentatio.
Gaude, myrrha cum donatur
Christus homo, qua signatur
Hominis salvatio.

8. Gaude, Dei salutare
Per te ferri ad altare
Legis ex imperio.
Gaude, quia tui nati,
Quem dolebas mortem pati,
Fulget resurrectio.

9. Gaude, quod omnipotentem
Prima nosti resurgentem
Fidei praesagio.
Gaude Christo ascendente,
Qui ad coelos te vidente
Fertur motu proprio.

10. Gaude, te coelestem fecit
Et omne triste abjecit
Pneumatis infusio.
Gaude, quod nec hic viventi
Tibi nec mundo cedenti
Obfuit tentatio.

11. Gaude, quod post Christum scandis
Et est honor tibi grandis
In coeli palatio,
Ubi fructu ventris tui
Per te nobis detur frui
In perenni gaudio.

Orat. ms. Tegurinum saec. 15. Clm. Monacen. 19824. — 2, 6 Clausum. —
7, 1 prole. — 7, 2 Summam. — 10, 1 Gaude quia coelestem fecit. — 10, 2
Te et omne triste.

70. De Gaudiis BMV.

1. Gaude, virgo Dei mater,
   ab angelo salutata,
   Gaude, sentiens infantem,
   virgo verbo gravidata.

2. Gaude, gaudens in montibus
   Elisabet visitando,
   Gaude, virgo salvatorem,
   sine poena pariendo.

3. Gaude, pastores intuens
   natum tuum adorantes,
   Gaude magos inspiciens
   trina dona offerentes.

4. Gaude, cum justus Simeon
   prophetavit de filio,
   Gaude, quando regressa es
   de Aegypti exsilio.

5. Gaude, cum inter Judaeos
   templi reperis filium,
   Gaude cernens aquam vino
   mutantem ad convivium.

6. Gaude, cum sanat languidos
   mortuosque resuscitat
   Et quinque mille hominum
   expensis escis visitat.

7. Gaude, quando vides eum
   a mortuis resurgere,
   Gaude, cum vidisti natum
   ad coelos ascendere.

8. Gaude, quando discipulis
   sanctum transmisit spiritum,
   Gaude, secum stans in coelis
   habens coronae meritum.

9. Virgo, regina coelorum,
   tanta possidens gaudia,
   Fac tuorum gaudiorum
   nos consortes in gloria.

Brev. ms. Fiscannense saec. 14. Cod. Rotomagen. 206.

71. De Gaudiis BMV.

1. Gaude, virgo, de gaudio,
   Quod habebas plenissimo,
   Cum primo Deum cerneres
   Et hunc velut in speculo
   Auctorem, qui a saeculo
   Elegit te, agnosceres.

2. Gaude, virgo, de gaudio,
   Quod habebas plenissimo,
   Cum te Deus susciperet
   Amplexando tenerrime,
   Salutando dulcissime
   Et Ave tibi diceret.

3. Gaude, virgo de gaudio,
   Quod habebas in osculo,
   Quod tibi dedit trinitas,
   In quo suae dulcedinis
   Gustu tu sic infunderis,
   Ut coelum terram repleas.

4. Gaude, virgo de gaudio,
   Quod habebas plenissimo,
   Cum divino succenderis
   Sic amore plenissime,
   Quantum fuit possibile,
   Ut et sanctos ignieris.

5. Gaude, virgo, de gaudio,
   Quod habebas plenissimo,
   Dei splendor cum penetrat
   Te clarissimo lumine,
   Quo coelum lucet splendide
   Et justorum plebs jubilat.

6. Per haec virgo tripudia,
   Quae tunc tua praecordia
   Susceperunt cum jubilo,
   Deum teque da gnaviter
   Collaudare perenniter
   Nos in futuro saeculo.

Orat. ms. Tegurinum saec. 15. Clm. Monacen. 20001.

72. De Gaudiis BMV.

1. Gaude, per quam angelorum
Gaudet chorus et sanctorum
Perenni laetitia,
Quos praecellis, gratiosa,
Super omnes gloriosa
Speciali gloria.

2. Gaude, gemma, templum Dei,
Per quam datur lux dici
Solis de praesentia;
Per te magis illustratur,
Illustrata jucundatur
Tota coeli curia.

3. Gaude, lampas saeculorum,
Cui parent supernorum
Omnes coeli curiae,
Vultum tuum deprecantes,
Tamquam matrem venerantes
Sui regis gloriae.

4. Gaude, cella fluens melle,
Cujus voto Christi velle
Sociavit caritas,
Quidquid tuae pietati,
Placet summae trinitati,
O pura virginitas.

5. Gaude, virgo, quae decoras
Servos tuos et honoras
Hic et in coelestibus,
Nos cum ipsis ad amoena
Paradisi laude plena
Transfer tuis precibus.

6. Gaude, rosa, princeps florum,
Super thronos angelorum
Gloriosis laudibus
Exaltata jucundaris,
Trinitati sociaris
Et sanctorum milibus.

7. Gaude, cujus non marcescit
Laus et honor, nec decrescit
Gaudiorum gaudium;
Jam secura gloriaris,
Juncta Christo coronaris
Super regni solium.

8. Omni laude mater digna,
Te laudanti sis benigna
In hac vita misera;
Imperatrix gloriosa,
Consolatrix viscerosa,
Nos a peccatis libera.

9. Quando dies erit irae,
Fac tormenta non sentire
Tua colentes gaudia,
Fac ut tecum nos laetemur
Et securi jucundemur
In coelesti patria.

Orat. ms. Lehninense anni 1518. Cod. Berolinen. IV° 29.

73. De Gaudiis BMV.

1. Gaude, mater, semper gaude,
Vere summa digna laude,
Gaude, mater luminis;
Eja, nimis speciosa,
Potens et imperiosa,
Larga fonte numinis.

2. Gaude, Deum virgo paris
Et per ruhum designaris
Non passum incendia,
Verbi pignus incarnati
Tuae datur caritati
In pacis stipendia.

3. Gaude, mater novi regis,
   Per te dantur novae legis
     Certa privilegia,
   Imperatrix concordiae,
   Mater misericordiae,
     Flos de stirpe regia.

4. Gaude, tu praedestinata,
   Ab aeterno dedicata,
     Triclinium Domini,
   Astra, solum, maria
   Laudem promunt, o Maria
     Tuo sancto nomini.

5. Gaude, libri prophetarum,
   Figurae patriarcharum
     Te diu praedicaverant,
   Mater gratiae coelestis,
   Medelam morbi scelestis
     Te desideraverant.

6. Gaude, gaudium sanctorum,
   Thesaurus apostolorum,
     Martyrum victoria,
   Confessorum laudis thema
   Virginumque diadema,
     Angelorum gloria.

7. Gaude, florens virgo Jesse,
   Ecce Deus fecit esse
     Florem et amygdalum,
   Vas insigne plenum melle,
   Omne malum procul pelle,
     Aufer omne scandalum.

8. Gaude, regni vitae clavis,
   Quam praeclara, quam suavis
     Lucerna justitiae,
   Vitae spes, dulcedo, salus,
   Qua fugatur draco malus,
     Organum laetitiae.

9. Gaude, quam mundus adorat,
   Sanctorum chorus honorat,
     Laudat universitas,
   Omnibus nam profuisti,
   Solatium contulisti,
     Spe cadit adversitas.

10. Gaudet coelum, quod te videt,
    Serenius totum ridet
      De tua praesentia,
    Omnis terra jucundatur,
    Daemon tremit, mors fugatur
      De tua potentia.

11. Gaude, rosa sine spina,
    Peccatorum medicina
      Lapsis dans remedium,
    Eja, digna mediatrix
    Et benigna consolatrix,
      Pacis ferens medium.

12. Gaude, virgo mater Christi,
    Gaudium quae genuisti,
      Patris unigenitum,
    In quo semper jucundaris
    Et prae cunctis gratularis
      Felix in perpetuum.

Scala coeli saec. 14. ex. Cod. Pragen. XIII E 3. — 10, 1 Gaude coelum. — 10, 2 Serenius en totum.

74. De Gaudiis BMV

In Nativitate BMV.

1. Tua, virgo, nativitas
   Est miseris felicitas,
   Peccatoribus sanitas
   Et angelis festivitas.

2. Maria, coelo serenior,
   Et sole es splendidior,
   Nec non et luna pulchrior
   Cunctisque astris clarior.

3. Angelis amabilior,
   Adspectu es venustior,
   Gratia elegantior,
   Cunctis creatis dulcior.

4. Ergo, virgo, egregia,
   Nata de stirpe regia,
   Per te donetur venia
   Supplicibus et gratia.

5. Melleum jam coeli rorem
   Pluunt, ros infundit florem,
   Flos mel stillat, mel odorem
   Vitae spargit et saporem.

6. Ave, per hoc eulogium,
   Concipis Dei filium,
   Virginitatis lilium
   Habens et màtris gaudium.

7. O cella pigmentaria,
   Vas plenum sapientia,
   Virtutibus et gratia,
   Nos gustu vitae satia.

8. Ave, felix hospitium,
   Nullius sordis conscium,
   Thalamus et palatium
   Thronusque regis omnium.

9. Per illud, mater, gaudium,
   Quod sensisti, dum filium
   Gestabas, sis humilium
   Spes salus et solatium.

Cod. Palat. Vindobonen. (ol. Campen.) 883. saec. [14]/[15].

75. In Annuntiatione BMV.

1. Flos in fiore exoritur,
   In Nazareth dum nascitur
   Rosa, de qua egreditur,
   Flos, per quem salus redditur.

2. Hunc ortum cum laetitia
   Laudemus et melodia
   Dicentes: Ave, Maria,
   Prae cunctis plena gratia.

3. Te Dei sapientia
   Elegit super omnia,
   Ut esses sibi propria
   Sponsa, mater et filia.

Cod. Palat. Vindobonen. (ol. Campen.) 883. saec. [14]/[15].

76. In Partu Virginis.

1. Ave, de qua nascitur
   Puer, qui Jesus dicitur,
   Per quem reus redimitur,
   Dum innocens hic moritur.

2. Patrem paris, o filia,
   Quis unvidit quam talia?
   Sunt tamen permanentia
   Castitatis insignia.

3. Tu Christi tabernaculum,
   Angelo es spectaculum,
   Virtutum habitaculum,
   Miserorum umbraculum.

4. Tu castitatis lilium,
   Viola es humilium
   Rosaque patientium
   Et flos sanctorum omnium.

5. Ergo, mater genitoris,
   Flos, amore creatoris
   Et sub alis salvatoris
   Intus pasce, muni foris.

Cod. Palat. Vindobonen. (ol. Campen.) 883. saec. 14/15.

77. In Circumcisione.

1. Gaude, dum circumciditur
   Puer, qui Jesus dicitur,
   Qui legi sponte subditur,
   Sed lege nulla stringitur.

2. Illius circumcisio
   Est nobis admonitio,
   Ut caveamus vitio
   Et peccati contagio.

3. Ergo, Maria, precibus
   Tuis detur humilibus
   Circumcidi a sordibus
   Peccatorum et funibus.

Cod. Palat. Vindobonen. (ol. Campen.) 883. saec. 14/15.

78. In Epiphania.

1. Gaude, cujus uberibus
   Nutritur, qui a regibus
   Honoratur tam precibus
   Quam mysticis muneribus.

2. Da nobis, mater gratiae,
   Thus bonae conscientiae
   Myrrhamque patientiae
   Et aurum sapientiae.

3. Rore coeli nos rigari
   Lacrimisque baptizari,
   Trinitatem contemplari,
   Fac amore debriari.

4. Aquam nostram fac mutari,
   Vinum novum nobis dari,
   Ut possimus epulari
   Sic cum Christo et laetari.

Cod. Palat. Vindobonen. (ol. Campen.) 883. saec. 14/15.

79. In Purificatione.

1. Gaude, mater, prae ceteris,
   Quae cum Dominum peperis,
   Nulla lege constringeris,
   Licet legem impleveris.

2. Par avium pro filio
   Offers in sacrificio,
   Quem Simeon prae gaudio
   Fovet ulnis ac gremio.

3. Turtures castimoniae,
   Devotionis et gratiae,
   Columbas innocentiae
   Fers, pacis et concordiae.

4. Da nobis sanctimoniam,
   Compunctionis gratiam,
   Columbae innocentíam
   Et mutuam concordiam.

Cod. Palat. Vindobonen. (ol. Campen.) 883, saec. 14/15.

80. In Passione.

1. Filiae Sion, cernite,
Natum meum et plangite,
Qui pro vobis in stipite
Pendet demisso capite.

2. Homo, mihi compatere,
Tam infelici, tam miserae,
Videnti natum deficere
Atroci mortis genere.

3. Prae dolore deficio,
Quod torqueri conspicio
Filium, cujus passio
Est cordi meo scissio.

4. O mater cui viscera
Sputa torquent et verbera,
Probra, clavi, crux, vulnera,
Fel, spinae et mors aspera;

5. Pro nobis ora filium,
Pro quibus hoc supplicium
Tulit, ut simus civium
Cohaeredes coelestium.

Cod. Palat. Vindobonen. (ol. Campen.) 883. saec. ¹⁴/₁₅. — 2, 3 lies Vide natum?

81. De Resurrectione.

1. Mater Christi, noli fiere,
Cesset dolor quia vere,
Jam surrexit, hoc dixere
Angeli, qui adfuere.

2. Gaude plene, cesset fletus,
Redit victor leti laetus
Et sanctorum secum coetus
Immortali dote fretus.

3. Fac nos ergo resurgere
Cum electis et sapere
Deum frui et cernere,
Quod erit vere vivere.

Cod. Palat. Vindobonen. (ol. Campen.) 883. saec. ¹⁴/₁₅.

82. In Ascensione.

1. Gaude, quae vides filium
In summitate nubium
Patris petentem solium,
Per quem fit judex omnium.

2. Super coelos exaltatur
Et a patre coronatur,
Coaequalis adoratur,
Coelo, terrae dominatur.

3. Terra, pontus, astra, caeli
Adorant hunc et angeli,
Mente pura et fideli
Collaudant et archangeli.

4. Sponsa, parens et filia
Tanti regis, qui omnia
Gubernat, nos ad gaudia
Perduc de hac miseria.

Cod. Palatin. Vindobonen. (ol. Campen.) 883. saec. ¹⁴/₁₅.

83. In Assumptione.

1. Gaude, felici gaudio
Assumpta jam a filio,
Quae frueris colloquio,
Amplexu et obsequio.

2. Tota coelestis curia
Procedit tibi obvia,
Sede locaris regia,
Praecellis omni gloria.

3. Jam dilectum contemplaris,
Contemplando veneraris,
Venerando oscularis,
Osculando jucundaris.

4. Porta coeli, stella maris,
Mundi portus salutaris,
Gemma coeli singularis,
Margarita expers paris.

5. Maria, mater gratiae,
Mater misericordiae,
De lacu nos miseriae
Transfer ad regnum gloriae.

6. O Maria, considera,
Quod propter nos puerpera
Sis, et quod tua ubera
Suxit, qui regit aethera.

Cod. Palat. Vindobonen. (ol. Campen.) 883. saec. 14/15.

84. De Trinitate.

1. Gaude, felix et beata,
Deo patri consecrata,
Verbo Dei impregnata,
Sancto spiritu dotata.

2. Tu patris es solatium,
Christi regale solium,
Paracliti sacrarium,
Trinitatis triclinium.

3. Nos commenda trinitati,
Sanctae patris bonitati
Filiique pietati,
Spiritus benignitati.

Cod. Palat. Vindobonen. (ol. Campen.) 883. saec. 14/15.

85. De sancto Spiritu.

1. Gaude, quam sanctus spiritus
In ventre matris primitus
Consecravit divinitus
Et sic replevit penitus.

2. Hinc devota humilitas,
Hinc tibi flagrans caritas,
Hinc fecunda virginitas,
Hinc virtutum fecunditas.

3. Nos purgatos a peccatis
Rore riga sanctitatis,
Gratia sancti pneumatis
Et ardore caritatis.

4. Memento, cur eligeris
Vel cur mater efficeris,
Quod vere si perpenderis,
Homini misereberis.

5. Ex te carnem assumere
Elegit, ut redimere
Posset nos et educere
Christus de mortis carcere.

6. Mater Dei hinc vocaris
Et regina appellaris,
Coelo, terrae dominaris
Et a cunctis veneraris.

7. Nobis pro tanto munere
Debes jure succurrere
Et contritos suscipere
Deoque restituere.

8. Te ergo flexis genibus
Oramus ac gemitibus,
Ut in supernis sedibus
Jungamur coeli civibus.

9. Ubi felici gaudio
Dei ac tuo filio
Fruamur et haec actio
Nostra sit laus et visio.

Cod. Palat. Vindobonen. (ol. Campen.) 883. saec. 14/15.

86. Missa Sanctae Mariae Virginis.

Introitus.

1. Matrem Christi salutemus,
Opem ejus imploremus,
  Adsit ad introitum;
Benedictam hanc dicemus,
Trinitati inclinemus,
  Nobis det auxilium.

Kyrie eleison.

2. Jubilantes hinc angeli
Ordines novem coelici
  Laudent Deum in Sion,
Devoti quoque' famuli
Alternatim et singuli
  Dicant Kyrie eleison.

Laus angelica.

3. Sit gloria altissimo,
Pax quoque in hoc saeculo
  Bonis voluntatibus,
Cum cantico angelico
Patri, nato, paraclito
  Detur laus ab omnibus.

Collecta.

4. Sanitatem hinc famulis
Det mentis atque corporis
  Per virginis precamen,
Soluti a tristitiis
Fruamur coeli gaudiis,
  Ad quod dicamus Amen.

Epistola.

5. Ab initio saeculi
Creandam matrem Domini
  Prophetae praedixerunt,
De Sion monte fertili
Fructus est datus virgini,
  Quem omnes gustaverunt.

Gradale.

6. Sancta et venerabilis,
Virgo inviolabilis,
  Intacta permanseras,

Es mater generabilis,
Qui est interminabilis,
  Deum in te clauseras.

Alleluja.

7. Alleluja hinc resonat,
Virga Jesse floruerat,
  Castum germen cum fiore,
Ima summis conciliat,
Quae virgo sancta generat
  Virgineo virore.

Tractus.

8. Nunc virgo mater gaudeat,
Quod haereses interimat
  Verbis credens angeli;
Post partum virgo manserat,
Pro nobis interveniat
  Prece sua supplici.

Evangelium.

9. Constat, quod evangelium
Ventrem, qui gessit Dominum,
  Beatum clamat esse;
Quicumque audientium,
Verbum Dei tenentium,
  Beati sint, necesse.

Credo.

10. Tenentes fidem fortiter,
Per quam credimus firmiter
  Deum natum virgine,
Passum pro nobis acriter,
Surgens scandit alacriter
  In coelorum culmine.

Offertorium.

11. Es Mariavirgo grata,
Quae portasti illibata
  Ipsum, qui te fecerat,
A quo cuncta sunt creata,
Per incensum illum placa,
  Veniam ut tribuat.

Secreta.

12. Mariae intercessio,
    Dei propitiatio
      Proderit fidelibus,
    Pia nostra oratio,
    Exigua oblatio
      Volet in coelestibus.

Praefatio.

13. Alte libet exclamare,
    Deum semper collaudare
      In honore virginis,
    Voluit hanc obumbrare
    Dono sancti flatus clare
      Matrem veri luminis.

Sanctus.

14. Rite inde subsequatur
    Terque Sanctus decantatur
      Sabaoth Deo summo,
    Benedictus acclamatur,
    Nomen Dei invocatur,
      Hosanna alto sono.

Canon.

15. Igitur patrem omnium
    Per Jesum Christum Dominum
      Suppliciter rogemus,
    Pro statuque fidelium
    In terris hic viventium,
      Memoriam tenemus.

Communicantes.

16. Et Maria eximia,
    Sanctorum quoque agmina
      Intercedant sedule,
    Ut nostra sint servitia
    Accepta et familia
      Ne damnetur misere.

Silentium.

17. Verbo panis conficitur,
    In corpus Christi vertitur
      Vinumque in sanguinem;
    Hinc passio recolitur,
    Christus surgens regreditur
      Ad coelorum apicem.

Supra quae.

18. Intuere, pater clare,
    Et dignare acceptare
      Puram nostram hostiam,
    Quondam patres immolare
    Solent et sacrificare,
      Hanc signabant victimam.

Supplices.

19. Rogamus omnes supplices,
    Per angelum suscipies
      Vota tui populi
    In sublimi, quo resides,
    Altaris fac participes
      Corporis dominici.

Memoria defunctorum.

20. Gementes quoque petimus
    Memoriamque facimus
      Pio desiderio
    Pro animabus omnibus
    In Christo quiescentibus,
      Sint in refrigerio.

Nobis quoque.

21. Insuper peccatoribus
    Pie in te sperantibus
      Dona partem gratiae
    Cum sanctis tuis omnibus,
    Apostolis, martyribus,
      Hos cum illis insere.

Oratio Dominica et Agnus.

22. Nunc pater coelis residens
    Et regnum suum tribuens
      Nos a malis liberet,
    Agnus peccata auferens,
    Et pacem nobis largiens
      Sibi nos incorporet.

Communio.

23. Intret nostra praecordia,
    Quem portaverunt viscera
      Gloriosae virginis,
    Expellat cuncta crimina
    Et maneat cum gratia
      Donis replens coelicis.

Complenda.

24. Sumpta tanta subsidia
Per virginis precamina
Nostrae prosint saluti,
Ad coelos missa hostia
Nos protegat per omnia
Sic erimus securi.

Orat. ms. Lehninense anni 1518. Cod. Berolinen. IV° 29. — Dies Lied
ist keine liturgische Messe, nicht ein Mefsformular für den Celebrans, sondern
ein solches für den der Messe Anwohnenden. Wäre es statt für die stille
Andacht für den Gesang bestimmt gewesen, so hätten wir in ihm das
älteste Beispiel einer sg. Singmesse.

87. Alphabetum archangelicum
in laudem BMV.

1. Arca deitatis,
Aula summae majestatis,
Fons totius bonitatis.

2. Balsamo suavior,
Angelis laude dignior,
Tu cunctis sanctis sanctior.

3. Convallis lilium,
Nobis post hoc exsilium
Ostende tuum filium.

4. Dulcis mellis unda,
Duc de faecis me profunda,
O fecunda, me fecunda.

5. Evae liberatrix,
Creaturae reparatrix,
Cordium illuminatrix.

6. Fulgens solis cella,
Tu splendida maris stella,
Mater simul et puella.

7. Gemma pretiosa,
Gelu non attrita rosa,
Virga Jesse fructuosa.

8. Hamus caritatis,
Plenitudo pietatis,
Tu me munda a peccatis.

9. Inventrix gratiae,
Et genitrix laetitiae,
Tu speculum munditiae.

10. Karitate plena,
Fons signatus, vitae vena,
O quam dulcis et serena.

11. Lumen angelorum,
Expugnatrix vitiorum,
Miseratrix miserorum.

12. Mater Jesu Christi,
Verbum verbo concepisti,
Serva me a morbo tristi.

13. Nubes pluviosa,
Coeli porta, lux jocosa,
Imperatrix gloriosa.

14. Ortus voluptatis,
Flos et fructus suavitatis,
Radix immortalitatis.

15. Parens absque pari,
Ne in mortis torculari
Me permittas condemnari.

16. Quae es vitae via,
Dulcis, clemens, casta, pia,
Spes reorum, o Maria.

17. Rubus visionis,
Vellus madens Gedeonis,
Sponsa prudens Salomonis.

18. Stella luminosa,
Caritate radiosa,
Florens vitis generosa.

19. Templum trinitatis,
Tu sigillum castitatis,
Tu lucerna claritatis.

20. Virginum regina,
Rosa sine culpae spina,
Es doloris medicina.

21. Xristi praenotata,
Virgo mater illibata,
Super coelos exaltata.

22. Yesse flos pudoris,
Florens vitis, vas honoris,
Fons dulcoris, stilla roris.

23. Zyma veri David,
Auster lenis te perflavit
Et perflando fecundavit.

24. Et hoc alphabetum
Tuae laudi est completum,
Fac me, virgo, semper laetum.

25. Mihi fer ducatum,
Plasmatorem fac placatum
Faciendo me beatum.

Orat. ms. Lehninense anni 1518. Cod. Berolinen. IV° 29. — 1, 1 Ave
arca deitatis gegen das sonst beobachtete Versmafs; vermutlich ist dies „Ave"
vor jeder Strophe zu ergänzen. — 1, 3 Et fons totius.

88. Aliud Alphabetum.

1. Ave, rosa vernans fiore,
Virgo praegnans coeli rore,
Bysso candens plus nitore,
Mater facta miro more.

2. Conditorem per suave,
O Maria, gignens Ave,
Dextram tende, votis fave,
Culpae tollens onus grave.

3. En ab uno vix respiro,
Bino fixus morsu diro,
Forma vitae, quam suspiro,
Me intende, te requiro.

4. Gemens precor sub peccatis
Nudus veste caritatis,
Horrens formam foeditatis
Fontem peto puritatis.

5. In te cunctis, o Maria,
Exoranda mente pia,
Karitatis patet via,
Lex virtutum et sophia.

6. Laxa nodos peccatorum,
Christi causa miserorum
Mater facta, quo reorum
Sis asylum, laus honorum.

7. Nunc justorum adsis laudi,
Peccatorum fletus audi,
Opem ferens nos exaudi,
Ne mens ulli cedet fraudi.

8. Pelle moesta, confer laeta,
Mundi regna sint quieta,
Quo letali cura spreta
Sit vitalis vitae meta.

9. Reple sancto nos timore,
Fide recta, spe, amore,
Sis tutela mortis horae
Acherontis a terrore.

10. Tuum nomen mihi foedo
Perpes mentis sit dulcedo,
Vitiorum nam, ut credo,
Omnis cedet sic nigredo.

11. Xristi luce me beari
Da, quam lingua nequit fari,
Ymmo jungens laude pari
Fac electis conlaetari.

12. Zelo pestis crucietur,
Homo per te quod salvetur,
Et ut Deus hinc laudetur,
Perpes nobis regnum detur.

Psalt. ms. Lirense saec. 14. Cod. Londinen. Add. 16975.

89. Meditatio de BMV.

1. Ave, sacrum vitae fiumen,
Paradisi purum lumen,
  Nos clementer respice,
Intra domum ubertatis
Nos torrente voluptatis
  Abundanter refice.

2. Ave, clara stella maris,
Disciplina salutaris,
  Nos emunda vitio,
Te permittas nunc apprendi
Per exemplum te sequendi,
  Ne nos tangat ultio.

3. Ave, domus castitatis,
Templum purum sanctitatis,
  Dei plena gratia,
Nostram offer Deo precem,
Cordis nostri munda faecem
  Delictorum venia.

4. Ave, virgo mons electus,
In quo Deus carne tectus
  Elegit quiescere,
Qui nec dolum unquam egit,
Nec pudoris claustra fregit,
  Cum te fecit parere.

5. Ave, virgo quam invenit
Puram Deus et praevenit
  Benedictionibus,
Cujus caput pater unxit
Et ornavit et distinxit
  Virtutum lapidibus.

6. Ave, virgo, fructu cujus
Et sapore fructus hujus
  Recreatur populus,
Facta virga florem dando,
Mortem hostis effugando
  Facta tamquam baculus.

7. Ave, virgo, fons signatus,
Quam signavit Christus natus
  Vultus sui lumine,
Dum in ortu salvatoris
Stat illaesus flos pudoris
  Obumbrante flamine.

8. Ave, virgo, pro me roga,
Te produxit synagoga
  Sicut spina lilium,
Dereliquit te Judaeus
Et assumpsit sponsus Deus
  In throni consortium.

9. Ave, templum Dei sanctum,
Peccatoris audi planctum
  Et cordis suspiria;
Dei coelum, Dei sedes,
Duc et rege nostros pedes
  Ad coeli sedilia.

Orat. ms. Tegrinsense saec. 15. Clm. Monacen. 20110 A. — Orat. ms. Eberspergense saec. 15. Clm. Monacen. 6053. B. — 1, 1 vitae lumen B. — 6, 1 fructus AB.

90. Jubilus de singulis membris BMV.

1. Ave, Maria, virgo pia,
Vita dia, lux et via,
  Omni plena gratia,
Angelorum imperatrix,
Coeli, terrae dominatrix,
  Tu sola dans solatia.

2. Salve, sacrum Dei templum,
Tu virtutis es exemplum
  Et speculum munditiae,
Tu lilium castitatis,
Viola humilitatis,
  Flos candens pudicitiae.

3. Te saluto corde laeto,
Opem tuam supplex peto,
O mater benignissima,
Me dignare te laudare,
Laudes tuas decantare
Mente sincerissima.

4. Scio, quodsi lingua foret
Omne, quod sub coelo floret,
Te digne non exprimeret,
Omnis quoque creatura
Corporalis atque pura
Laudare non sufficeret.

5. Tu coelorum ornamentum,
Tu virtutum documentum,
Tu decus es ecclesiae,
Tu fidei firmamentum,
Vere pacis condimentum,
Tu firma es spes veniae.

6. Nulla pars est caritatis
In te neque pietatis,
Sed es tota caritas;
Fons tu vivus pietatis,
Fons totius amoenitatis
Atque omnis pietas.

7. Tu mater integerrima,
Tu virginum pulcherrima,
Tu prole fecundissima,
Tu corpore sanctissima
Et spiritu mundissima
Ac mente lucidissima.

8. Nulla virgo tam formosa
Fuit nec est speciosa
Ut Hierusalem filia,
Quae verum regem generavit,
Deum et hominem pavit
Decorum super lilia.

9. Tu, Maria, stella maris,
Medicina salutaris
Es corporum et cordium.
Fons signatus, clausus hortus,
Via pacis, vitae portus,
Pauperum refugium.

10. In hac valle lacrimarum,
In hoc loco tenebrarum
Contra fraudes hostium

Nos custodi et defende,
Sis adjutrix et impende,
Quod est utilissimum.

11. Gloriosa Dei mater,
Cujus natus est et pater
Patris unigenitus,
Cujus alvum fecundavit,
Praeaptavit, praeoptavit
Virtus sancti spiritus,

12. Intercede pro peccatis
Apud fontem pietatis
Atque misericordiae,
Fac nos vere poenitentes
Commissa nec non deflentes,
Dum tempus est veniae.

13. Jesu, fili summi patris,
Christe, nate sanctae matris
Et intactae virginis,
Qui de coelo descendisti
Et descendens induisti
Veri formam hominis,

14. Genitricis pia prece
Nos a luto et a faece
Peccatorum ablue
Et largire vitam puram
Atque pacem permansuram
Et salutem animae.

15. Salve, thorus virginalis,
Cella flagrans et regalis,
Thronus sapientiae,
Lectus florens Salomonis,
Vellus madens Gedeonis,
Thalamus justitiae,

16. De quo Christus tamquam sponsus
Carne tectus et absconsus
Processit temporaliter,
Sumens illud, quod non erat,
Manens semper perseverat,
Quod fuit aeternaliter.

17. O quam felix et quam mundus
Castus simul et fecundus
Uterus est virginis,
In quo mira commixtura
Fit cum deitate pura
Carnis atque sanguinis.

18. In hac reconciliata
Atque sic coufoederata
Terrigenis coelestia,
In hac vera justitia
Atque misericordia
Dederunt pacis oscula.

19. O Maria, mater pia,
Tu coelestis hierarchia
Immensae deitatis,
Mundissimum tu scrinium
Et nobile triclinium
Totius trinitatis.

20. Tu arca munda beatorum,
Ferens panem angelorum
Verae satietatis,
In quo candor atque sapor,
In quo decor atque odor
Omnis jucunditatis.

21. Nobis ventris tui florem,
Nostrum pium redemptorem
Festina mitigare,
Ne pro commissis vitiis .
Tartareis suppliciis
Nos velit commendare.

22. Ave, salve, cor insigne
Matris piae ac benignae,
Mariae semper virginis,
In quo mellis est dulcedo,
Lactis candor nec nigredo
Nec ulla nota criminis.

23. Virgo mater et regina
Coeli, nobis hic proprina
Tui cordis dulcedinem;
Cordi meo fer medelam,
Contra hostes da tutelam,
Da mentis aptitudinem.

24. Ave, cor immaculatum,
Cor dilectum, cor beatum,
Cor plenum omnis gratiae;
Salve, vera salus mundi,
Tollens carmen pereundi,
O vas misericordiae.

25. Vas repletum cunctis donis,
Patens malis atque bonis,
Dans pacis beneficia,

In hoc vase me conclude,
Dulcis mater, nec exclude
A tua grata gratia.

26. Ave, cor, quod Simeonis
Ensis transit passionis
Mortis in articulo
Jesu Christi salvatoris,
Mundi omnis qui moeroris
Nos solvit a periculo.

27. Ave, pectus venerandum,
Ad quod nunquam deflorandum
Peccantis manus subiit,
Semper manet illibatum
Pectus sacrum, Deo gratum,
Pudoris munus obtulit.

28. Salve, felix puerpera,
Cujus sacra ubera
Praedulci plena lacte
Dei lactarunt filium,
Qui venit in exsilium
Sed sponte non coacte.

29. Maria, tua ubera
Felicia sunt munera,
Cum quibus decoratur
Humilitas et castitas,
Sanctorum his societas
Plus vino delectatur.

30. Hae sunt gemelli hinnuli,
Duo conversi populi
Ad fidem trinitatis,
Quos virgo lacte debrias,
Dum ab errore revocas
Ad fidem veritatis.

31. O Maria, mater pia,
Nos certantes in hac via
Materno vultu respice;
Dulcis Jesu, per mamillas,
Quas suxisti, me per illas
In hora mortis adscipe.

32. Caput tuum ut Carmelus,
In quo verus Helisaeus,
Aeterna salus, scanderat,
Dum te matrem pietatis,
Caput omnis sanctitatis
Virtutibus repleverat.

33. Ave, caput delicatum,
Membris sacris decoratum,
    Quae digna sunt praeconio;
Salve, dulcis et benigna,
Mater pia, sola digna
    Coeli testimonio.

34. Salve, vultus generosus,
Quem rex forma speciosus
    Prae cunctis adamavit,
Omnes jure venerantur
Vultum hunc et deprecantur,
    Quos Christus liberavit.

35. Morte sua tam amara,
Quam in sancta crucis ara
    Pro nobis sponte pertulit,
Dum se ipsum munus gratum,
Sacrosanctum, illibatum
    Aeterno patri obtulit.

36. O regalis tuus vultus,
Mater pia, quam incultus
    In illa hora cernitur,
Dum ex crebris lacrimarum
Guttis a te effusarum
    Flebiliter perfunditur.

37. O imago trinitatis,
Fons totius bonitatis,
    Tuere me propitius,
Pia mater, me defende
Tuum vultum et ostende
    In hora mei exitus.

38. Manus sanctae, vos avete,
Cunctis donis adimpletae,
    Nunquam reclusae miseris,
Sed apertae et extentae
Semper manent et repente
    Dant dulces opes muneris.

39. O quam plures sunt referti
Donis tuis et experti,
    Maria dulcissima,
Quos a justa Dei ira
Opem ferens arte mira
    Nam trabis promptissima.

40. O dextera manus, ave,
Genitricis Dei, qua vae
    Mundi sublatum creditur;

Holofernes hac truncatur
Dextra, Satan debellatur,
    Serpentis caput teritur.

41. Haec est sacra manus ista,
De qua rex atque psalmista
    Dulci psallit cithara:
Meam manum tenuisti
Dextram et sic assumpsisti
    Me in tua gloria.

42. Salve, manus o sinistra
Dulcis matris, quae ministra
    Aeterni regis exstitit,
Dum hunc parvum contrectavit,
Lavit, pavit, bajulavit
    Ac dona quaeque praestitit.

43. Jesu Christi mater clemens,
Qui sub tuas fiens et gemens
    Palmas prorsus fugio,
Suavis mater, non evellas
Me a te neque repellas
    A dulci tuo gremio.

44. Mundi salus et dulcede,
O Maria, nunc accedo
    Ad tuos pedes propere;
Pedes sancti, vos saluto
Genu fiexo, corde tuto,
    Prostratus toto corpore.

45. O quam pulchri tui gressus,
Quam pudicus et incessus,
    Aeterni nata principis,
Cui vere te amanti
Et nil tibi deneganti
    Materno jure praecipis.

46. Ergo sacros tuos pedes,
Quae in summo throno sedes,
    Complector cum fiducia,
Petens, ut in mortis hora
Me defendas absque mora
    Ab hostium astutia.

47. O solamen singulare,
Noli pia tunc tardare
    Ad protegendum propera,
Funde preces salvatori
Et concede bene mori
    In hujus vitae vespera.

Conclusio.

48. O Maria, mater lucis,
Quae ad lumen caecos ducis
Esto mihi praevia,
Peccatoris preces audi,
Fac intentum tuae laudi,
Christo reconcilia.

49. Ora regem ex te natum,
Ut me multis implicatum
Curis et erroribus
Mundum reddat a peccatis
Et infundat veritatis
Lumen meis sensibus.

50. Cum virtute caritatis
Det amorem paupertatis
Et spiritum humilem,
Sanae legis intellectum
Spiritalem atque rectum
Animumque docibilem;

51. Mores pios ac jucundos,
Ilos ab omni sorde mundos,
Quos exornet castitas,
Appetitum aeternorum
Et contemptum terrenorum,
In quibus est vanitas.

52. Ut agendi donet nosse,
Velle simul atque posse,
Pro me simul postula,
Ut cum mortis solvam jura,
Vivam liber a pressura
Per aeterna saecula.

Cod. Carolsruhan. Augien. 36. — „Explicit jubilus S. Bernhardi abbatis
ad beatam Mariam de singulis ejus membris." — 9, 3 Esto corporum. —
32, 3 scenderat. — 43, 5 nec repellas. — Str. 1—8 stehen als eigenes Lied
bei Mone II, 403.

91. Super „Magnificat".

1. Ave, nostra spes in vita,
Maria sanctificata,
Digne appellaris ita,
Virgo mater ter beata,
Vera mundi margarita,
Nobis pro salute data,
Indulge nobis debita,
Cuncta largire rogata.

2. Magnificas propaginem,
Quae simul cuncta creavit,
Te ad similitudinem
Suam propriam formavit,
Te praeelegit virginem
In matrem et consecravit,
Ut hominum propaginem
Redimeret, quae peccavit.

3. Et merito et numero
Tu sola sanctificata
Atque a matris utero
Virgo semper conservata,

Castitatem Deo vero
Voves sibi consecrata
Ejusque salutifero
Dono gaudens es laetata.

4. Quia Deus munditiae
Tuae et humilitatis
Cernens, carnem miseriae
Sumpsit et humanitatis,
Portasti regem gloriae
Nil habens anxietatis,
Manente pudicitiae
Floreque virginitatis.

5. Quia mater genuisti,
Dicta es, virgo, beata,
Generosa exstitisti,
Quamvis ancilla vocata,
Vere digna tu fuisti,
Olim stirpe David nata,
Virgo, mater Jesu Christi,
Esto nostra advocata.

6. Et nunc summe creatoris
Sponsa gloriosissima
Atque mundi salvatoris
Mater pretiosissima,
Virgo insignita moris,
Stirpe generosissima,
Omnis laudis et honoris
Ex merito dignissima.

7. Fecit te, qui per te natus
Deus de Deo filius,
Sed pro nobis generatus
Apparuit propitius,
Circumcisus, tumulatus,
Surgens ascendit altius,
Ipse, mater, advocatus
Per te fiat atque pius.

8. Deposuit et posuit
Omnium iniquitates
Super se atque tribuit
Aeternas felicitates,
Sic erit, ut est et fuit,
Quando creans potestates,
In tempore dum induit
Nostras imbecillitates.

9. Esurientes cibavit
Ferculo substantiali
Atque corda illustravit
Lumine spirituali,
Verum panem se donavit
Suis more filiali,
Tua prece, quos creavit,
Salvet dono speciali.

10. Suscepitque supplicia
Propter hominum peccata,
Ut ejus beneficia
Sanarent mortificata,
Donarent quoque praemia
Nobis olim heu ablata,
Hunc placare, virgo pia,
Vera mater, cujus nata.

11. Sicut jam es in copia
Omnium deliciarum
Et larga das suffragia
Hac in valle lacrimarum,
Nostra dele contagia
Atque genera poenarum,
Ut pariter in patria
Te fruamur, jubar clarum.

12. Tibi honor et gloria
Nobis tuumque juvamen
Detur, virtus, victoria
Contra hostium conamen,
Ut sumptis a miseria
Pater, natus atque flamen
Nobis concedat gaudia
Hic et in aeternum. Amen.

Cod. Carolsruhan. Augien. 36. mit der Schlufsbemerkung: „Explicit laus angelica super Magnificat." — 5, 2 virgo ergänzt. — 6, 6 Stirpte. — 9, 8 Saltem dono. — 12, 4 hostium citamen.

92. Super „Ave Maris stella".

1. Ave maris stella,
Gloriosa puella,
Dei mater alma,
Florens velut palma,
Atque semper virgo
Pariens cum gaudio,
Felix coeli porta,
Ex qua lux est orta.

2. Sumens illud ave
Jucundum et suave
Gabrielis ore
Cum magno honore,
Funda nos in pace
Tua sancta prece,
Mutans nomen Evae
Ne dicamus: vae, vae.

3. Solve vincla reis
Culpam lavans eis,
Profer lumen caccis,
Mater verae lucis,
Mala nostra pelle,
Carens omni felle,
Bona cuncta posce,
Delictis ignosce.

4. Monstra te esse matrem
Placans Deum patrem,
Sumat per te precem
Donans nobis pacem,
Qui pro nobis natus
Nostros solvens reatus
Tulit esse tuus
Semper mancns Deus.

5. Virgo singularis,
Mater salvatoris,
Inter omnes mitis,
Nostrae spes salutis,
Nos culpis solutos,
Tua prece adjutos
Mites fac et castos
Tibique devotos.

6. Vitam praesta puram,
Deo placituram,
Iter para tutum
Atque impollutum,
Ut videntes Jesum
Placatum et laetum
Semper collaetemur,
Ipsumque veneremur.

7. Sit laus Deo patri,
Sit laus virgini matri,
Summo Christo decus
Cum genitrice ejus,
Spiritui sancto
Laus et benedicto,
Honor trinus et unus,
Quem unum colimus.

Orat. ms. saec. 15. Cod. Colonien. 18. — 3, 2 lavans ejus. — 3, 8 Et delictis. — 6, 6 Placantem. — 7, 8 Quem unum Deum.

93. Super „Regina Coeli".

1. Regina coeli, laetare,
Si quaeras, o virgo, quare,
Vox respondet angelica:
Quod meruisti portare
Passum Dei salutare,
Tuba psallens harmonica,

2. Jam a morte suscitatum,
Sicut erat praelibatum
Sua voce prophetica.
O mi mater, ora natum,
Ut per tuum nos rogatum
Ad regna ducat coelica.

Cod. Parisien. 3639. saec. 15/16.

94. Acrostichon super „Ave Maria".

1. Ave, coeleste lilium,
Ave, rosa speciosa,
Ave, mundi praesidium,
Ave, mater gloriosa,
Superis imperiosa,
Trinitatis triclinium,
Hac in valle lacrimosa
Da robur, fer auxilium.

2. Virgo pia sine pare,
Gabriele nuntiante
Quae meruisti portare
Jesum, sacro flatu flante,
Virgo partu, post ct ante,
Refugium singulare,
Hac in valle vacillante
Tuos servos consolare.

8*

3. Ecce, stupet humanitas,
   Quod sis virgo puerpera,
   Scire nequit fragilitas
   Tantae virtutis opera,
   Fides transcendens opera
   Confitetur et veritas,
   Ex te, mater Christifera,
   Carnem sumpsit divinitas.

4. Mater natum, patrem nata,
   Stella solem genuisti,
   Creatorem res creata,
   Fontem rivus emisisti.
   Vas figulum peperisti,
   Virgo manens illibata,
   Per te nobis, mater Christi,
   Est perdita vita data.

5. Almissima sunt viscera,
   Quae Domini sunt conclave,
   Sanctissima sunt ubera,
   Quae suxit, et lac suave,
   Quo lactatur; mater, ave,
   Quae regnas super sidera,
   Perpetuae mortis a vae
   Nos et a morte libera.

6. Rosa decens, rosa munda,
   Rosa recens sine spina,
   Rosa fiorens et fecunda,
   Rosa, gratia divina
   Facta coelorum regina,
   Non est nec erit secunda
   Tibi; reis medicina,
   Nostris coeptis obsecunda.

7. In scripturis figurata
   Multis locis ostenderis,
   Aenigmatibus monstrata,
   Sacris ut patet literis
   Testamentorum veteris
   Et novi; jure praelata
   Mulieribus ceteris,
   Super omnes elevata.

8. Ante mundi originem
   Te Dominus ordinavit,
   Coeli dum latitudinem
   Sapienter fabricavit;

Ex tunc mente sancta cavit
Per te matrem et virginem
Protoplasti, quo peccavit,
Expiare voraginem.

9. Gaude, virgo mater, gaude,
   Per te mundus restauratur,
   Cum civibus coeli plaude,
   Quibus honor tibi datur,
   Decus decens exsolvatur
   Tibi, majus omni laude,
   Quia per te liberatur
   Omnis homo victa fraude.

10. Rigans mundum novo rore,
    Novae prolis novitate
    Nova facis novo more
    Cuncta, mira claritate
    Ex divina bonitate,
    Fons ascendens in honore,
    Rigans terram caritate,
    Dei crescens in amore.

11. Arbor et lignum vitale,
    In paradisi medio
    Plantaris spirituale,
    Cujus fructus fruitio
    Replet omnia gaudio,
    Nunquam fuit nec est tale,
    Nec erit sine dubio
    Lignum ita commodale.

12. Casta virgo, te fluvius
    Voluptatis irrigavit
    Paradisi, dum filius
    Dei corpus habitavit
    Tuum; terra tunc donavit
    Nostra fructum uberius,
    Et naturam reformavit
    Nostram Deus in melius.

13. In paradisum posuit
    Deus hominem filium,
    Suum custodem tribuit,
    Tuum corpus egregium.
    Per Gabrielem nuntium
    Dum visitare voluit,
    Redemptorem eximium
    Nobis eum exhibuit.

14. Arcam Noe fabricavit
    Sed de lignis levigatis,
Fabricatam subintravit
    Cum uxore et cum natis,
De parentibus beatis
    Sibi matrem te formavit
Dominus et a peccatis
    Te subintrans conservavit.

15. Pactum suum antiquitus
    Deus promisit patribus,
Arcum suum divinitus
    Ostendendum in nubibus,
Qui foederis est omnibus
    Signum promissum coelitus,
A Deo pax hominibus
    Datur in eo penitus.

16. Labor et timor fugiunt
    Arcu monstrato foederis,
Spes et gaudium veniunt
    Peccatoribus miseris,
Qui de reatu sceleris
    Flentes arcum conspiciunt,
Per promissum de superis
    Se consolatos sentiunt.

17. Est in arcu caeruleus
    Color, qui virginitatis
Typum gerit et rubeus
    Etiam, qui caritatis
Formam notat, puritatis
    Tuae demonstrat aqueus
Notam et humanitatis,
    . Quam elegit in te Deus.

18. Nubibus coeli cerneris
    Arcus, qui nos illuminas,
Refulgens morum miseris
    Exempla cunctis seminas,
Haereses omnes terminas
    Et haereticos conteris,
In Christo quando geminas
    Naturas simul congeris.

19. Arcus insuperabilis,
    Arcus potens, arcus fortis,
Arcus dulcis, amabilis,
    Arcus patens coeli portis,

Post praesentis metam mortis
    Nobis inevitabilis,
Fac consortes tuae sortis
    Nos, virgo venerabilis.

20. Dormiens Jacob somnio
    Scalam vidit contingentem
Coelum, cujus confinio
    Deum vidit imminentem,
Angelorum descendentem
    Coetum vidit, promissio
Terrae sanctae per potentem
    Datur et benedictio.

21. O Maria, figuraris
    Scala, sed scalam superas,
Ab angelo salutaris,
    Deum hominem generas,
Super virtutes superas
    Per angelos collocaris,
Genus hominum liberas,
    Ergo longe plus bearis.

22. Mater, tua virginitas
    Rubo montis ostenditur
Horeb, cujus viriditas
    Per ardorem non uritur,
Sic nec tua corrumpitur
    Virginalis integritas,
Dum ventre tuo jungitur
    Humanitati deitas.

23. In vase manna positum,
    Ut servaretur, legitur,
Israelitis traditum,
    Neque vas manna frangitur;
In te Christus concipitur
    Virgo per sanctum spiritum
Neque tuae minuitur
    Virginitatis praemium.

24. Nobis manna mirificum
    Servasti mirabiliter,
Manna terminans typicum,
    Figuratum veraciter,
In te misericorditer
    Per illud manna coelicum,
Quod dabatur communiter
    Israel in viaticum.

25. Vetustum manna novitas
Tuae gratiae terminat,
Figurarum antiquitas
Fugit et lux illuminat
Nova, quos lex discriminat
Nova, cessat obscuritas,
Purgat, mundat, illuminat
Antiqua nova claritas.

26. Summus artifex omnium
Te providet, vas nobile,
Vas dignum, vas egregium,
Vas gratum, vas laudabile,
Vas cunctis venerabile
Famulis, ut edulium
Ministres delectabile
Panemque coeli civium.

27. Tu ministras hominibus
Verum panem angelorum,
Tuis natum visceribus
Pro salute peccatorum,
Hic est panis viatorum
Solis datus fidelibus
Hic est panis filiorum,
Qui non est dandus canibus.

28. Ecce, panis dulcissimus,
Ecce, panis amplectendus,
Ecce, panis pinguissimus,
Ecce, panis diligendus,
Ecce, panis recolendus,
Ecce, panis peroptimus,
Cibus cunctis praeferendus
Et prae cunctis gratissimus.

29. Cibus iste nos reficit,
Recreat et regenerat
Sibique mentem allicit,
Dirigit et confoederat,
Omne bonum exagerat
Et omne malum abjicit,
Vincit, regnat et imperat,
Auget, alit et perficit.

30. Vivus panis et vitalis,
Via veritas et vita,
Est hic panis immortalis
Et bonitas infinita,

Quo refulget praemunita
Nova sponsa spiritalis,
Synagoga definita
Perit et umbra legalis.

31. Manna cessat et coelicus
Nobis panis proponitur,
Panis verus vivificus
Nobis de coelo mittitur,
Christianis conceditur
Solis panis hic pisticus,
Quibus communis traditur
Verus panis angelicus.

32. Beatus tabernaculo
Moyses virgam posuit
Aaron, sed pro titulo
Sacerdotis quae fronduit,
Floruit, fructum habuit
Evidenti miraculo,
Sacerdotis obtinuit
Jus Aaron in populo.

33. Ecce, valde mirabilis
Res et miranda penitus,
Floret siccitas sterilis,
Gignit sicca sterilitas,
Parturit virgae siccitas,
Fructum portat et fertilis
Efficitur sterilitas,
Non fuit ante similis.

34. Notat virga florigera,
Quae naturae non opere
Efficitur fructifera,
Sed puro Dei munere,
Quod debebas concipere,
Virgo, nova puerpera,
Novum fructum et parere,
Post partum virgo libera.

35. Ecce, vere virgo parens
Germinasti campi florem,
Dei patris verbo parens
Mundi paris salvatorem
Puritatisque decorem
Non amittis, sorde carens,
Caritatis fundis rorem,
Quo rigatur mundus arens.

36. De Jacob nam oritura
Nova stella praedicitur,
Ex Israel nascitura
Virga nobis ostenditur,
Per quam Moab percutitur;
Te praesignat haec figura,
De qua virga producitur
Christus mirante natura.

37. Ista stella clarissima,
Quam non violat radius,
Luce nitens purissima,
Crystallo fulgens clarius,
Te significat verlus,
Virgo semper castissima,
Quam non violat filius
Nascens ex te, purissima.

38. Consurgens virga florida
Ex Israel, prophetice
Promissa, virgo nitida,
Diceris virga mystice,
Egrederis de radice
Jesse, potens et valida,
Florem profers mirifice
Virgo materque gaudia.

39. Tu es virgo, tu es stella,
Tu es gratiae fluvius,
Deitatis munda cella,
Genitrix, cujus filius
Flos dicitur et radius
Caritatis fundens mella,
Coelo lucens superius,
Mundum servans a procella.

40. Ave, virgo, fertilior
Universis arboribus,
Ave, stella, fulgidior
Universis sideribus,
Factis, dictis, operibus
Universis praestantior
Creaturis, hominibus
Custos et quies tutior.

41. Tu Gedeonis rorida
Concha coelestis diceris,
Rore manens et florida
Lana compressa velleris,

Divini dono muneris
Tu semper manens madida,
Solatium das miseris,
Sed terra manet arida.

42. Verus coelestis luminis
Tuam concham munditiae
Ros replevit, dum numinis
Sacri munere gratiae
Plena solis justitiae
Mater Dei et hominis
Fis, fiore pudicitiae
Vernans matris et virginis.

43. Implevit domum Domini
Superni regis gloria
Suo sacrata nomini
Salomonis industria,
Dum te superna gratia
Gabrielis affamini
Paventem, virgo Maria,
Replet dicatam numini.

44. Notat hic Dei filium
Salomon, rex pacifixus,
Qui fecit thronum regium,
Ut hic artifex coelicus
Et nuntius angelicus
Praeparavit hospitium,
Nostrae salutis pisticus
Verna deferens gaudium.

45. Maria, mater gratiae,
Mater et fons bonitatis,
Mater misericordiae,
Fons et fomes pietatis,
Triclinium deitatis,
Mater solis justitiae,
Perpetuae claritatis
Confers lumen et gratiae.

46. Uxor Nabal cum Davide
Pacem datis muneribus,
Nabal reformat solide
Benignissimis precibus,
Licet Nabal sermonibus
Dictis factisque stolide
Meruisset doloribus
Vitam finire turbide.

47. Larga Nabal. convivia
  Suo faciens tonsori,
Quaerendo temporalia,
  Gulae vacans et honori,
Comparatur peccatori,
  Dei danti convicia
Servis, unde morte mori
  Debet propter haec vitia.

48. Iste desiderabilis
  Vultu, David gratiosus,
Rex nulli comparabilis,
  Manu fortis, bellicosus,
Clemens, purus, amorosus,
  Christus est immutabilis,
Qui semper est gloriosus
  In sanctis et mirabilis.

49. Es Abigail sapiens,
  David deferens munera,
Nabal et David faciens
  Precibus tuis foedera,
Dum pia lactis ubera
  Christo dedisti nutriens,
Peccatoribus scelera
  Tuis meritis leniens.

50. Regina, virgo regia,
  De genere David regis,
Dei mater et filia,
  Christi parens Christum regis,
Nostra mater, nostrae legis
  Gaudium et laetitia,
Peccatorum fortis Aegis,
  Decus, bonor et gloria.

51. In te sola spes figitur
  Omnis humani generis,
Per te solam destruitur
  Adae peccatum veteris,
Vitae portus es miseris,
  Per te salus acquiritur,
Nescit reatum sceleris,
  Qui te devote sequitur.

52. Bonum est ergo subdere
  Sese tuae servituti,
Secundum te se regere
  Disponendo se virtuti,

Namque tui servi tuti
  Per te possunt ascendere,
Coelum, vitam assecuti
  Tecum semper et vivere.

53. Volens mundum sacvitia
  Principis Assyriorum
Subjicere nefaria
  Manu collecta virorum,
Magnam plebem Judaeorum
  Obsedit in Bethulia,
In mortem moestam eorum
  Mente delirans impia.

54. Sancta Judith pro populo
  Salvando se praeparavit,
Nocte surgens de lectulo
  Vocans abram praeparavit,
Holoferni praesentavit
  Se pro gentis periculo,
Necans eum liberavit
  Cives a mortis jaculo.

55. Est civitas Bethulia,
  Quam obsidet dissensio
Daemonisque perfidia
  Et haeresis deceptio,
Conjuncta tuo filio
  Nostra mater ecclesia,
Tuo tuta subsidio,
  Munita tua gratia.

56. Tu es Judith pulcherrima,
  Quae liberas ecclesiam
Holoferni acerrima
  Vi per divinam gratiam,
Haeresisque. perfidiam
  Confutans spe certissima,
Fundens super familiam
  Gaudia beatissima.

57. Benignus sapientiae
  Spiritus et dulcedinis,
Consilii, scientiae,
  Timoris, fortitudinis,
Lumen divini numinis,
  Omnis generis gratiae,
Te replevit, ut hominis
  Causa sis indulgentiae.

58. Edissa per connubium
     Assuero conjungitur,
   Thalamum subit regium,
     Coronatur, praeficitur;
   Suspecta Vasthi tollitur,
     Esther habet dominium
   Cunctis, Vasthi deponitur,
     Amittit regni solium.

59. Notat Esther cor humile,
     Cor contritum humiliter,
   Cor dulce, cor amabile,
     Cor diligens veraciter,
   Cor contemplans sublimiter;
     Vasthi notat, cor fragile,
   Exaltans se perniciter,
     Superbum et indocile.

60. Et te quid est humilius
     Per cuncta mundi climata,
   Dulcius, amabilius,
     Destruens cuncta schismata?
   Te, sacra probant dogmata,
     Nil esse generosius,
   Sacra probant aenigmata,
     Et te nil esse mundius.

61. Designat Esther igitur
     Te, qua nunquam humilior
   In creaturis legitur
     Fuisse nec suavior,
   Pulchrior, amabilior,
     Dulcior nulla dicitur,
   Et propter hoc sublimior
     Esse te nulla noscitur.

62. In Judaeos invidia
     Saevit Aman perversitas,
   Damnat eos perfidia
     Crudelisque dolositas,
   Mardochaei benignitas
     Esther scribit euprepia,
   Mutetur ut crudelitas
     Decreti regis impia.

63. Condolet Esther fratribus
     Totius sui generis,
   His auditis rumoribus
     Regem adit, qui foederis

Signum dedit pestiferis
  Morti datis complexibus,
Damnatur Aman sterilis
  Ejus notis criminibus.

64. Tu es Esther, perfidiam
     Aman reprimens gnaviter,
   Famulorum miseriam
     Exterminans benigniter,
   Regi summo feliciter
     Desponsata per gratiam,
   Coronata perenniter,
     Regni tenens potentiam.

65. Vere notat inimicum
     Aman humani generis,
   Dirum serpentem lubricum,
     Jure pulsum de superis,
   Condemnatum in inferis,
     Accusatorem iniquum,
   Quem tu calcas et conteris,
     Deum reddens pacificum.

66. Sicut pupillam oculi
     Salvos servas servos regis,
   Tu solamen es sacculi,
     Refugium tui gregis,
   Summa sponsa summi regis,
     Caput conteris zabuli,
   Tu es verus liber legis
     Et arcae tabernaculi.

67. Flos vernalis, flos lilii,
     Flos florum, decus virginum
   Diceris et auxilii
     Fons plenus, custos hominum,
   Cujus attraxit Dominum
     Et angelum consilii
   Dulcis odor, ut terminum
     Nobis daret exsilii.

68. Ramum ferens viventibus
     Ore columba proprio
   Foliis fluctuantibus
     Generali diluvio,
   Quos turbarat undatio
     Noe natis, conjugibus,
   Refovit eos gaudio
     Salutis intuitibus.

69. Una serpentem partica
 Deserto tulit aeneum,
Ut si virus, vis toxica
 Quemquam laeserat Hebraeum,
Sanaretur videns eum,
 Ope Dei mirifica
Propellente vipereum
 Virus virtute deica.

70. Columba tu simplicior
 Omni, turtur humilium,
Salus hominum tutior,
 Mundo tulisti gaudium
Enixa Dei filium,
 Omni veneno fortior
Medicina peccantium,
 Signo serpentis promptior.

71. Tu es porta, quae clauditur
 Apertionis nescia,
De qua propheta loquitur,
 Homini nulli pervia,
Qua Dei sapientia
 Ingreditur, egreditur,
Semota violentia
 Per egressum non frangitur.

72. Virginitas est janua,
 Qua coelo fulgens altius
Coeli non linquens ardua
 Messias, Dei filius,
Conceptus est, exterius
 Carne tectus exigua,
Corpus sumens perfectius
 Ex te, virgo praecipua.

73. Sicut sidus perluitur
 Infuso solis lumine,
Et ex eo lux mittititur
 Sine sideris fragmine,
Sic sine carnis crimine
 Christus in te concipitur
Et te manente virgine
 Supernaliter oritur.

74. Vidit Johannes mysticum
 Signum quoddam mirabile,
Quod in coelo propheticum
 Apparuit notabile,

Nunquam fuerat simile
 Prophetis aenigmaticum
Signum datum, quid utile
 Praetendens et mirificum.

75. Erat parens coelestibus
 Amicta solis lumine,
Mulier lunam pedibus
 Supponens, cujus culmine
Capitis pro tegumine
 Duodecim sideribus
Sertum fulgebat lumine,
 Suis plenis visceribus.

76. Nihil te magis proprie
 Per istam intelligitur
Mulierem, quae serie
 Prophetae nobis panditur,
In te namque concipitur
 Et oritur justitiae
Verus sol, unde sequitur
 Regnum coelestis curiae.

77. Tuis luna supponitur
 Pedibus et militia
Coeli tota protegitur,.
 Caput duodenaria
Patriarcharum gloria,
 Quae per te benedicitur,
Et bis sena victoria
 Apostolorum texitur.

78. Repletis plenitudine
 Generis omnis gratiae
Totaque multitudine
 Virtutum et potentiae,
Tu decus excellentiae,
 Tu lux carens fuligine,
Culpae tu splendor gloriae,
 Decorans mundum lumine.

79. In te totum perficitur,
 Quidquid verbis propheticis
De te, virgo, praedicitur
 Et legis aenigmaticis,
Sive quidquid angelicis
 Tibi verbis exprimitur,
Finitis verbis typicis
 Res manifesta cernitur.

80. Salve, solamen hominum,
Salve, munda stella maris,
Salve, purgatrix criminum,
Salve, virgo singularis,
Consortio carens maris
Concipis, paris Dominum,
Tu lapis es angularis,
Quae das figuris terminum.

81. Tu supra coeli solium
Ad dextram Dei sedes,
Juxta proprium filium
Coeli regina praesides,
Confirmans mentes desides,
Praestans eis auxilium
Et tuis servis provides
Impetrando subsidium.

82. Ubi namque sanctissima
Caro, quam Dei filius
Sumpsit ex te, mundissima,
Inthronizatur celsius,
Creatis gloriosius,
Ratio vult certissima
Esse te non inferius
Vel sede magis infima.

83. Ibi mater cum filio
Gaudes coelesti patria
Trinitatis consortio
Creata super omnia;
Tua benigna gratia
Felicitatis gaudio
Nos coronet et gloria
Beatorumque praemio.

Orat. ms. Coelestin. saec. 15. Cod. Parisien. 18571.

95. De M. Maria V.

1. Quot volucrum pennae, quot sunt super aethera stellae,
Quot fluvii pisces, volucres quot coeli habet arcus,
Quot flores prati et quot sunt gramina campi,
Quot glandes quercus, quot gestat semina tellus,
5. Quot frondes silvae, quot stillant igne favillae,
Quot mundi fontes, quot continet arida montes,
Quot species rerum quot sunt momenta dierum:
Tot tibi, sancta dei genitrix, nunc dico salutes,
9. Suppliciter rogitans, filii mihi stringe furorem.

Cod. S. Floriani XI 196. saec. 16. A. — Cod. S. Petri Salisburgen. b. VII 10. anni 1470. B. — 3. sunt fehlt AB. — 5. silvae, scintillas quot habet ignis A. — 7. sunt minuta dierum A. — Nach 7 schaltet B ein: Mille duodenas et quot mare fudit harinas. — 8. Totidem et plures tibi mando virgo salutes B.

96. De B. Maria V.

1. Quot coelum stellas, retinet quot terra lapillos,
Quot saltus ramos, folia, quot pontus arenas,
Quot pluviae stillas, quot fundunt nubila guttas,
Quot fluvii pisces, quot sunt in orbe volucres,
5. Quot flores prati et quot sunt gramina campi:
Tot, virgo beata pango tibi laudum salutes,
At tu me subleva mitis, quem premunt angores.

Cod. S. Petri Salisburgen. b VII 10. anni 1470. — 1. terrae. — 5. sunt fehlt.

97. De B. Maria V.

1. Quot sunt horae et quot morae,
Quot annorum spatia,
Quot sunt laudes et quot fraudes,
Quot in coelis gaudia,
Quot sunt visus et quot risus,
Quot virorum studia;

2. Quot sunt montes et quot fontes·
Et quot ignes aetheris,
Quot sunt apes et quot dapes
Et quot aves aëris,
Quot sunt metus et quot fletus,
Quot labores miseris;

3. Quot sunt lares et quot pares,
Quot per mundum fluvia,
Quot sunt boves et quot oves,
Quot in pratis gramina,
Quot sunt stillae et quot villae,
Quot villarum nomina;

4. Quot sunt leges et quot greges
Et quot frondes arborum,
Quot sunt valles et quot calles
Et quot umbrae nemorum,
Quot sunt manes et quot canes,
Quot momenta temporum;

5. Quot sunt formae et quot normae,
Quot in terris homines,
Quot sunt luctus et quot fluctus,
Quot in mari turbines,
Quot sunt grues et quot sues
Et quot vitae ordines;

6. Quot sunt stellae et quot velle,
Quot in castris milites,
Quot sunt rura et quot jura,
Quot in orbe divites,
Quot sunt fures et quot mures,
Quot in agris limites;

7. Quot sunt patres et quot matres
Et quot matrum pueri,
Quot sunt rogi et quot logi,
Quot metrorum numeri,
Quot sunt poenae et catenae,
Quot in Orco miseri;

8. Quot sunt mores, quot colores
Et quot rerum species,
Quot sunt vites et quot lites,
Quot bellorum acies,
Quot sunt mortes et quot sortes,
Quot malorum rabies:

9. Tot honores, tot favores
Et tot laudum titulos
Matri demus et cantemus
Dulces illi modulos,
Quae ut bona nos patrona
Recognoscat famulos.

10. Voce rauca dixi pauca,
Virgo grata, sumito
Meque Deo gratum meo
Tua prece facito,
Ne in necem vel in faecem
Mentis ruam subito.

Orat. ms. Tegurinum saec. 15. Clm. Monacen. 20001. A. — Clm. Monacen. (ol. Tegurin.) 19824. saec. 15. B. — 9, 3 Mariae demus AB.

98. Ad B. Mariam V.

1. Mater sancta Dei, fuga noctis, origo diei,
Luminis aetherei stella, memento mei.
Per te de sede sophia venit ad ima,
Hinc rursum sursum trabis infima tu, via prima.

2. Tu requies, species, facies et manna saporis,
Nutrix, adjutrix, tutrix in agone laboris.
Tu libanus, platanus, clibanus per fiamen amoris,
Balsamus et calamus, thalamus, spiramen odoris.

3. Hortus conclusus, perfusus, messis abundans,
   Fons illibatus, signatus, fiumen inundans,
   Fons saliens, indeficiens, stillans bonitate,
   Praesidium, pia virgo, tuum tribui precor a te.

4. Stella decoris, cella pudoris, mater honoris,
   Stella nitoris, gemma valoris, lima doloris,
   Ad venam veniae venio, veniam mihi quaero,
   Te portum, portans portantem sportula, spero.

5. Summe decor, te corde precor demissus in aequor,
   Mente nitor te, virgo, sequor, languentibus aequor,
   Cunctis sis grata, cunctis sata, non tibi nata,
   Gemmis gemmata, tua sunt sata cantica lata.

6. Tu Jaspis grata, cristallus, ebur, therebinthus,
   Chrysolythi pretium servans, pretiosa jacinthus,
   Cujus ad obsequium Cherubim dant et Seraphim thus,
   Cunctis praelata tu filia regis ab intus.

7. Sancta Dei genitrix, tu lapsorum relevamen,
   Taedia ne pariam, dabo sermoni moderamen,
   Quamvis peccator tibi fecerit hoc modulamen,
   Tu tamen esto sibi tutamen in omnibus horis.

Psalt. ms. saec. $^{11}/_{12}$. Cod. Princ. de Arenberg 4. add. saec. 14. A. — Cod. Londinen. Faust. A VI. B. — 2, 3 Tu fehlt B; libanus et platanus B. — 3, 4 tuum mihi quaeso para te B. — 4, 2 Stilla liquoris B. — 5, 4 cantica laeta B. — 7, 4 steht vor 7, 1 B. — A enthält folgende Angabe: „Infra scriptos versus in laudem gloriosissimae virginis Mariae [edidit?] illustris rex Ciciliae Rupertus tercius." Damit ist Robert von Anjou, zubenannt der Weise oder der Gute, König von Neapel, Jerusalem und Sicilien, gemeint, der den 19. Januar 1343 starb. Da dieser Fürst Dichter war, ist die Angabe wohl vertrauenswürdig.

99. De B. Maria V.

1. Ave, verbum ens in principio,
   Caro factum pudoris gremio,
   Fac, quod fraglet praesens laudatio
   Et placeris parvo praeconio.

2. Et tu, stella maris eximia,
   Mater patris et nati filia,
   Laude, precor, reple praecordia,
   Cum sis laudis mirae materia.

3. Virgo David orta progenie,
   Dola liguam hanc imperitiae
   In sonantis lyram placentiae,
   Ut jam psallat manu munditiae.

4. Prolis David parens eximia,
   Plectrum plices in laude propria,
   Laudis tuae docens magnalia,
   Quibus coeli resultant atria.

5. Salutata coelesti nuntio
   Gravidaris divino radio,
   Sed cum venter gravescit filio
   Laurearis vernanti lilio.

6. Quae conceptu sola non laberis,
   Partu poena nulla deprimeris,
   Vim naturae, virgo, transgrederis,
   Natum gignens vi casti foederis.

7. Ut aurora, virgo, progrederis,
   Solem tenens coelum efficeris,
   Paradisus praedigne diceris,
   Cum hunc vitae fructum protuleris.

8. Solem verum dum sinu retines,
   Dum regiras, moves et sustines,
   Omni coelo tu quia praemines,
   Centrum, sphaeram claudis et contines.

9. Florem foves, adolescentula,
   Quo reflorent venusta saecula,
   Flore fulgens, o virgo, virgula,
   Te tellurem prompsit haec primula.

10. Sertum tibi facis de lilio,
    Quod assumis de sinu proprio,
    Quorum cernens te lucis legio
    Veneratur supplex religio.

11. Eja, virgo, quae sic pro homine
    Deum trabis a coeli cardine,
    Nos sublimes de terrae turbine
    Infulando coelesti lumine.

12. Jesum ad nos cum ipsa traxeris,
    Nos ad ipsum recte conduxeris,
    Velis ergo, quod clemens poteris,
    Et aeternam laudem lucraberis.

13. Ipsum Deum fulgentem superis
    Vinctum, virgo, traxisti miseris,
    Et cum implet, quodcunque jusseris,
    Nonne dea deorum diceris?

14. Grates tibi, quae tuo munere
    Mihi dones ista recolere,
    Et indigno jam dignum dicere,
    Cujus coelum laus transit libere.

Orat. ms. Epternacense saec. 15. Cod. Luciliburgen. 1.

100. Ad B. Mariam V.

1. Ave, dulcissima
Cella deitatis,
Aula clarissima,
Domus honestatis,
Maria, maxima
Dulcedo turbatis.

2. Tu flos virgineus
Florens modo miro,
Tu vini putens,
Roris cujus gyro
Est murus aureus
Vallatus saphyro.

3. Tu nostra lancea
Inexpugnabilis,
Turris eburnea
Hosti terribilis,
Lampas aetherea
Valde mirabilis.

4. Gaudeto igitur,
Princeps dominarum,
Per quam tribuitur
Salus animarum,
Focusque clauditur
Inferni poenarum.

5. Nullam te majorem
Esse cognoscimus
Nec potentiorem
Post Deum credimus,
Per quam redemptorem
Jesum habuimus.

6. O pia dignitas
Tantae majestatis,
Duc me per semitas
Binae caritatis,
Ut vias inclitas
Sequar castitatis.

7. Ni me inveneris,
Virgo virtuosa,
In via sceleris
Perdar tenebrosa,
Plena mortiferis
Genteque dolosa.

8. Ergo mihi cito
Nunc propitiare,
Christo conquisito
Per crucis altare
Ac pro compedito
Jesum deprecare.

9. Ave, juvencula,
Disciplina morum,
Quam sine macula
Scio delictorum,
Disrumpe vincula
Malorum meorum.

10. Ave, vas electum,
Mundum interius,
Gemmis sacris tectum,
Pulchrum exterius,
In quo fecit lectum
Creantis filius.

11. O nostri foederis
Perauctrix puella,
Mentalis vulneris
Auctorem debella,
Ut me in miseris
Non tangant flagella.

12. Licet te laudare
Digne nusquam queam,
Tamen refutare
Noli laudem meam,
Sed gratificare
Tibi velis eam.

13. O venerabilis
Et prudentissima,
Sic mei fragilis
Expurges intima,
Quod lacus flebilis
Non intrer infima.

Orat. ms. Coelestin. saec. 15. Cod. Meten. 571. — 7, 1 Nisi me invenis. Hs.

101. Ad B. Mariam V.

1. Ad te matrem reclinamur,
Ut sub umbra protegamur
Tuae sanctimoniae,
In qua dolens non languescit,
Sed, si dolet, convalescit
Dono tuae gratiae.

2. Audi, audi, virga Jesse,
Nos gementes et fac esse
Semper tibi nos devotos;
Commendamus tibi notos
Et commissos ad regendum,
Totum clerum ad tuendum.

3. Me submersum in peccatis
Fac, ut plangam pro patratis
Scala poenitentiae,
Manum praebe poenitenti,
Condescende mihi flenti,
Vas unguenti gratiae.

4. Pro me, virgo dulcis, ora,
Mala pelle, mihi dona
Lacrimarum flumina,
Quibus munder a peccato,
Sic me redde tuo nato,
Patriarchae filia.

5. Casta, munda, clemens, pia,
Porta coeli, vitae via,
Paradisi viola,
Tu fons rigans paradisum,
Parens trinum indivisum
Sub carnis materia.

6. Quas reddamus tibi laudes,
Quae de nostra spe congaudes,
O silvarum virgula?
Super astra conscendisti,
Te prae cunctis sublimasti
Tuis participibus.

7. Sic in coelo dominaris
Et cum nato gloriaris,
Cui laus est infinita
Per aeterna saecula.

Clm. Monacen. 24804. saec. 15. — 5, 4 Zwischen diesem und dem folgenden Verse eingeschoben: Caeco cordi redde visum. — 7, 4 aeterna saeculorum saecula.

102. Ad B. Mariam V.

1. Regina coeli, laetare,
Quia virgo es et mater,
Istud donum singulare
Dedit tibi Deus pater.

2. Ob tuam humilitatem
Deus tibi magna fecit,
Qui per suam caritatem
Salutem nostram perfecit.

3. Omnia per te refecit
In magna sapientia
Hostesque mortis ejecit
Cum ipsorum familia.

4. Totus mundus mancipatus
Erat morti culpae gravis,
Sed est per te liberatus,
O Maria, vitae clavis.

5. Et vacuae coeli sedes
Hominibus jam replentur,
Per te, virgo, cujus pedes
Adorari promerentur.

6. Per te cuncta renovata
Sunt in terris et in caelis,
Remedia dantur grata
Percussis hostium telis.

7. Per te, certa spes veniae,
Mox parcitur poenitenti
Et palma multae gloriae
Datur mundum devincenti.

8. Numquid ergo non juvabis
Tibi sese commendantem?
Immo, si vis, liberabis
Quotidie me peccantem..

9. Qui perpetro quotidie
Mala nequam innumera,
Absolvas me, fons gratiae,
Tua prece vitifera.

10. Et in laude sancta Dei
Sic hodie proficiam,
Quod oculi fine mei
Videant ejus gloriam.

Orat. ms. Coelestin. saec. 15. Cod. Parisien. (Arsen.) 419. A. — Orat.
ms. Coelestin. saec. 15. Cod. Meten. 571. B. —

103. Ad B. Mariam V.

1. Ave, arca deitatis,
Aula summae majestatis,
Fons totius bonitatis.

2. Ave, balsamo suavior,
Angelis laude dignior
Et cunctis sanctis sanctior.

3. Ave, convallis lilium,
Nobis post hoc exsilium
Ostende tuum filium.

4. Ave, dulcis mellis unda,
De faece mea profunda,
O fecunda, me secunda.

5. Ave, Evae liberatrix,
Creaturae recreatrix,
Cordium illuminatrix.

6. Ave, fulgens solis cella,
Coeli splendor, maris stella,
Mater simul et puella.

7. Ave, gemma speciosa,
Gelu non attrita rosa,
Virga Jesse fructuosa.

8. Ave, hamus caritatis,
Plenitudo pietatis,
Tu me mundes a peccatis.

9. Ave, inventrix gratiae,
O genitrix laetitiae,
Tu speculum munditiae.

10. Ave, caritate plena,
Fons signatus, vitae vena,
O quam dulcis, quam serena.

11. Ave, lumen angelorum
Expurgatrix vitiorum,
Miseratrix miserorum.

12. Ave, mater Jesu Christi,
Verbum verbo concepisti,
Serva me a morte tristi.

13. Ave, nubes pluviosa,
Coeli porta, lux jocosa,
Imperatrix gloriosa.

14. Ave, hortus voluptatis,
Plenitudo pietatis,
Tu me mundes a peccatis.

15. Ave, parens absque pari,
Me in mortis torculari
Non permittas condemnari.

16. Ave, quae es vitae via,
Dulcis, clemens, casta, pia,
Spes reorum, o Maria.

17. Ave, nubes visionis,
Vellus madens Gedeonis,
Sponsa prudens Salomonis.

18. Ave, stella luminosa,
Caritate radiosa,
Florens vitis generosa.

19. Ave, virginum regina,
Rosa sine culpae spina
Et dolorum medicina.

20. Ave, Christo praenotata,
Virgo mater illibata,
Super coelos exaltata.

21. Ave, Jesse fios pudoris,
Pia proles, vas honoris,
Fons dulcoris, stilla roris.

22. Ave, zima veri David,
Auster lenis te perflavit
Et perflando fecundavit.

Brev. ms. Graecense 1464 saec. 14.

101. Ad B. Mariam V.

1. Ad te matrem re namur,
   Ut sub umbra pi egamur
   Tuae sanctimoi e,
   In qua dolens no languescit,
   Sed, si dolet, co dlescit
   Dono tuae grat e.

2. Audi, audi, virga esse,
   Nos gementes et c esse
   Semper tibi nos c otos;
   Commendamus til notos
   Et commissos ad gendum,
   Totum clerum ad uendum.

3. Me submersum in)eccatis
   Fac, ut plangam ro patratis
   Scala poenitenti,
   Manum praebe po itenti,
   Condescende mihi enti,
   Vas unguenti g iae.

4. Pro me, virgo dulcis, ora,
   Mala pelle, mihi dona
   Lacrimarum flumina,
   Quibus munder a peccato,
   Sic me redde tuo nato,
   Patriarchae filia.

5. Casta, munda, clemens, pia,
   Porta coeli, vitae via,
   Paradisi viola,
   Tu fons rigans paradisum,
   Parens trinum indivisum
   Sub carnis materia.

6. Quas reddamus tibi laudes,
   Quae de nostra spe congaudes,
   O silvarum virgula?
   Super astra conscendisti,
   Te prae cunctis sublimasti
   Tuis participibus.

Sic in coelo dominaris
Et cum nato gloriaris,
Cui laus est infinita
Per aeterna saecula.

Clm. Monacen. 24 4. saec. 15. — 5, 4 Zwischen diesem und dem folgenden Verse eingesch en: Cacco cordi redde visum. — 7, 4 aeterna
saeculorum saecula.

102. Ad B. Mariam V.

1. Regina coeli, laetæ,
   Quia virgo es et nter,
   Istud donum singure
   Dedit tibi Deus per.

2. Ob tuam humilitain
   Deus tibi magna fit,
   Qui per suam car tem
   Salutem nostram irfecit.

3. Omnia per te refet
   In magna sapienti.
   Hostesque mortis ecit
   Cum ipsorum famii.

4. Totus mundus maiipatus
   Erat morti culpae ravis,
   Sed est per te libatus,
   O Maria, vitae clais.

5. Et vacuae coeli sedes
   Hominibus jam replentur,
   Per te, virgo, cujus pedes
   Adorari promerentur.

6. Per te cuncta renovata
   Sunt in terris et in caelis,
   Remedia dantur grata
   Percussis hostium telis.

7. Per te, certa spes veniae
   Mox parcitur poenitenti
   Et palma multae gloriae
   Datur mundum devincenti.

8. Numquid ergo non invabis
   Tibi sese c
   Immo.
   Qu

9. Qui perpetro quotidie
Mala nequam innumera,
Absolvas me, fons gratiae,
Tua prece vitifera.

10. E in laude sancta Dei
S hodie proficiam,
Qod oculi fine mei
Vdeant ejus gloriam.

Orat. ms. Coelestin. saec. 15. Cod. P: ien. (Arsen.) 419. A. — Orat. ms. Coelestin. saec. 15. Cod. Meten. 571. 1.

103. Ad B. Mari m V.

1. Ave, arca deitatis,
Aula summae majestatis,
Fons totius bonitatis.

2. Ave, balsamo suavior,
Angelis laude dignior
Et cunctis sanctis sanctior.

3. Ave, convallis lilium,
Nobis post hoc exsilium
Ostende tuum filium.

4. Ave, dulcis mellis unda,
De faece mea profunda,
O fecunda, me secunda.

5. Ave, Evae liberatrix,
Creaturae recreatrix,
Cordium illuminatrix.

6. Ave, fulgens solis cella,
Coeli splendor, maris stella,
Mater simul et puella.

7. Ave, gemma speciosa,
Gelu non attrita rosa,
Virga Jesse fructuosa.

8. Ave, hamus caritatis,
Plenitudo pietatis,
Tu me mundes a peccatis.

9. **Ave,** inventrix gratiae,
O genitrix laetitiae,
Tu speculum munditiae.

10. Ave, caritate plena,
Fons signatus, vitae vena,
O quam dulcis, quam serena.

11. Ave, lumen angelorum
Expurgatrix vitiorum
Miseratrix m᷉

12. Ae, mater Jesu Christi,
Vrbum verbo concepisti,
Srva me a morte tristi.

13. Ae, nubes pluviosa,
Celi porta, lux jocosa,
Iperatrix gloriosa.

14. Ae, hortus voluptatis,
Penitudo pietatis,
T me mundes a peccatis.

15. Ae, parens absque pari,
Ne in mortis torculari
Nn permittas condemnari.

16. Ae, quae es vitae via,
Dlcis, clemens, casta, pia,
Ses reorum, o Maria.

17. Ae, nubes visionis,
Vllus madens Gedeonis,
Sonsa prudens Salomonis.

18. Ae, stella luminosa,
Critate radiosa,
Ferens vitis generosa.

19. Ae, virginum regina,
Rsa sine culpae spina
E dolorum medicina.

20. Ae, Christo praenotata,
Vgo mater illibata,
Super coelos exaltata.

Ae, Jesse flos pudoris,
P proles, vas honoris,
I ns **dulcoris,** stilla roris.

᷉. **zima veri** David,
᷉nis te perflavit

Brev. ms. Gr᷉

104. Oratio de V. M. matre Jesu.

1. Ave, arca deitatis,
Templum summae majestatis,
Et lucerna claritatis,
Fons totius bonitatis.

2. Ave, balsamo suavior
Et sole multo clarior,
Angelorum laude dignior,
Tu cunctis sanctis sanctior.

3. Ave, cedrus puritatis,
Lumen viae veritatis
Et sigillum castitatis,
Civitas divinitatis.

4. Ave, dulcis mellis unda,
Tua prece me emunda
De faece mea profunda,
Ne me laedat mors secunda.

5. Ave, Evae liberatrix,
Peccatorum consolatrix,
Cordium illuminatrix,
Mortuorum suscitatrix.

6. Ave, fulgens solis cella,
Coeli porta, maris stella,
Mater simul et puella,
Pro me natum interpella.

7. Ave, gaudium sanctorum,
Imperatrix angelorum,
Refugium peccatorum,
Advocata saeculorum.

8. Ave, hamus pietatis,
Oliva benignitatis,
Florens myrtus castitatis,
Palma immortalitatis.

9. Ave, inventrix gratiae,
Signaculum clementiae,
Spectaculum laetitiae,
Sacramentum justitiae.

10. Ave, caritatis vena,
Flagrans aurora serena,
Tota pulchra et amoena,
Tu lumine Dei plena.

11. Ave, lux jucunditatis,
Virgo magnae dignitatis,
Infinitae sanctitatis,
Civitas divinitatis.

12. Ave, mater Jesu Christi,
Verbum verbo concepisti,
Deum verum genuisti
Serva nos a morte tristi.

13. Ave, nubes pluviosa,
Munda, pura, luminosa,
Theotocos gloriosa,
Tu perfecta gratiosa.

14. Ave, omni laude digna,
Clemens, mitis et benigna,
Tu pelle cuncta maligna
Et me Deo reconsigna.

15. Ave, parens absque pari,
Me mortis in torculari
Ne permittas me damnari,
Per te spero me salvari.

16. Ave, quae es vitae via,
Praeelecta proles pia,
De qua dixit prophetia,
Spes reorum, o Maria.

17. Ave, stella matutina,
Ave, rosa sine spina,
Adoptata medicina,
Tu nos serves a ruina.

18. Ave, aula trinitatis,
Decus summae bonitatis,
Tu compages unitatis,
Paradisus voluptatis.

19. Ave, vera spes veniae,
Mater misericordiae,
Honor coelestis curiae,
Domna regina gloriae.

20. Ave, Christo praelecta,
Ab angelo salutata,
Virgo mater benedicta
Super coelos exaltata.

21. Ave, Jesse flos decoris,
    Mundissima stilla roris,
    Nobile tu vas honoris,
    Tu totius fons amoris.

22. Ave, arvum veri David,
    Auster lenis te perflavit
    Et perflando fecundavit,
    Ex te natus te creavit.

Cod. Lambacen. 476. saec. 15. — Nach 1, 4 folgt noch: Nobile triclinium. —
8, 1 homo pietatis. — 8, 3 virtus salvatis. — 9, 1 gratiae fehlt. — 15, 2 in
fehlt. — 16, 2 prolis. — 17, 2 Ave ergänzt. — 18, 3 Tu ergänzt. — 20, 3
virgo mater fehlt. — 21, 2 stella. — 21, 3 tu fehlt. — 21, 4 Tu sanctus fons.

105. Ad B. Mariam V.

1. Gloriosa mater Dei,
   Spes salutis, porta spei,
   Medicina cordis rei,
   Miserere, precor mei.

2. Vita turpis, sorde plenus,
   Culpae gerens omne genus,
   Peccatorum triste foenus,
   Porro pauper et egenus.

3. Fundamenta mortis jeci,
   Vix respiro, jam defeci,
   Sed abyssus cordis caeci
   Non resistit tuae preci.

4. Prece potes reparare,
   Quod horrescit mens amare,
   Nec reatus potest stare,
   Pro quo velis supplicare.

5. Horret quidem status mentis,
   Dignam videns se tormentis,
   Nostri vultum praesidentis
   Fletu placet et lamentis.

6. Sed reatus linguam ligat,
   Stuporatus cor fatigat,
   Rationis lux caligat,
   Nec ros bonus mentem rigat.

7. In profundum maris veni,
   Mergor aestu sub effreni,
   Ni respectus me sereni
   Consolatur aura leni.

8. Ergo, mater pietatis,
   Templum facta pietatis,
   Ne desperem sub peccatis,
   · Motum seda tempestatis.

9. Tempestatis seda motum
   Et coelesti rore lotum
   Fac me rursus Deo notum,
   Novans in me cor devotum.

10. Spiritalis medicina,
    Solve linguam, cor inclina,
    Ut resurgens a ruina
    Mens levetur ad divina.

11. Solvat laudem lingua cultus,
    Cor se fundat in singultus,
    Nec hostiles ad assultus
    Frangat ope tua fultus.

12. Sed in ore peccatoris
    Habet parum laus favoris,
    Nisi tergat vis amoris
    Mentis culpas, sordes oris.

13. Non hoc ego dignus bono,
    Spem profectus in te pono,
    Tuo Christus fiat dono
    Nostrae laudis laetus sono.

14. Sic detersa labe fraudis
    Hymnum dicam sacrae laudis,
    Audit Christus, quos exaudis,
    Aures claudit, quibus claudis.

15. Ergo, mater, roga natum,
    Ne nos damnet ob reatum,
    Sed post opus consummatum
    Finem ducat ad beatum.

Cod. Parisien. 3639. saec. ¹⁵/₁₆. Mit der Randbemerkung: „Philippi Abbatis."

106. Ad B. Mariam V.

1. Christi mater generosa,
   Sponsa regis speciosa,
   Quae es virgo gloriosa
   Et de partu gaudiosa.

2. Angelorum imperatrix,
   Super coelos dominatrix,
   Quae es vitae reparatrix
   Et a morte liberatrix.

3. Tu relucens margarita
   In corona regis sita,.
   Pietate es polita,
   Caritate insignita.

4. Sanctitatis disciplina,
   Facta mundi medicina,
   Servos levans a ruina
   Fraude lapsos serpentina.

5. Probitate singularis,
   Vita mundi, stella. maris
   Delicata puellaris,
   Aqua viva salutaris.

6. Fons signatus illibatus,
   Hortus clausus et vallatus,
   Fructu sacro cumulatus.
   Et pigmentis fecundatus.

7. Tu es salus infirmorum,
   Auxilium peccatorum,
   Fons signatus, fons hortorum,
   Terge sordes delictorum.

8. Ego miser et peccator,
   Legis sanctae violator,
   Veritatis depravator,
   Falsitatis praedicator.

9. Vitam meam inquinavi,
   Feci malum et tractavi,
   Crimen omne adamavi,
   Me in illis reclinavi.

10. Factus sum ut sus lutosa,
    Quae perquirit paludosa,
    Vita turpis, maculosa,
    Loca quaerit tenebrosa.

11. Vitam spernens electorum
    In sepulchro peccatorum,
    In cloaca vitiorum
    Collocavi mihi thorum.

12. Tali ego vivens vita,
    Quaerens semper illicita
    Sum effectus Moabita,
    Pejor omni sodomita.

13. Sed tu, domina regina,
    Mitis, simplex, columbina,
    Pia, dulcis et benigna,
    Summi regis mater digna.

14. Fac per guttam pietatis,
    Flamma cedat pravitatis,
    Ut de vena sanctitatis
    Fons erumpat castitatis.

15. Per amoris tui rorem
    Aufer a me hunc ardorem,
    Ne habeam damnatorem,
    Quem habui redemptorem.

16. Regem illum, tuum natum,
    Fac et mihi tu placatum
    Et in sede potestatum
    Praesta mihi praesulatum.

Clm. Monacen. (ol. Tegurin.) 19636 saec. 15. A. — Orat. ms. Tegurinum saec. 15. Clm. Monacen. 20001. B. — Clm. Monacen. (ol. Tegurin.) 19824. C. — Cod. Parisien. 3639 saec. $^{15}/_{16}$. D. — 1, 1 Ave mater generosa D. — 3, 3 expolita D. — 4, 3 lavans A. — 5, 1 Probitatis D. — 7, 1 sqq. lauten in D:

> Ave salus infirmorum,
> Tu solamen miserorum,
> Tu levamen prolapsorum,
> Tu juvamen peccatorum.

8, 4 propagator D. — 9, 2 Feci mala et peccavi D. — 9, 3 Omne crimen contrectavi D. — 9, 4 Nec ab illo mihi cavi D. — 10, 1 Effectus sum sus D. — 10, 2 latebrosa D. — 10, 3 turpis et caenosa D. — 11, 2 In profundo C. — 11, 4 Stabilivi mihi D. — 12, 2 fehlt D. — 12, 3 Effectus sum D. — 12, 4 Omni pejor D; nach 12, 4: Mea passim foetet vita D. — 13, 1 tu virgo

tu′regina D. — 14, 2 cadat D. — 15, 2 hunc dolorem AB. — 16, 1 Regem
nostrum D. — 16, 2 Tu fac mihi complacatum D. — 16, 3 sq. lauten in D:

> Ante cujus tribunatum
> Iter mihi praesta gratum.

Da das Gedicht in D unmittelbar auf das Lied Gloriosa mater Dei folgt,
mit dem es gleiche Form aufweist, dürfte sich die Bemerkung zu jenem
„Philippus abbas" auch auf dieses beziehen.

107. Ad B. Mariam V.

1. Ave, flos virginitatis,
   Dulcis mater pietatis,
   Miserorum auxilium,
   Virgo radix castitatis,
   Origo prosperitatis,
   Virtutis nostrae gaudium.

2. Transitus immunitatis,
   Pacis et felicitatis
   Nobile domicilium,
   Mons excelsae quantitatis,
   Turris magnae firmitatis,
   Sublimitas humilium.

3. Ante thronum trinitatis
   Advocata praesto gratis
   Pro pace te poscentium,
   O arca divinitatis,
   Cuncti bonae voluntatis
   Per te gustant fructum pium.

4. Fons horti jucunditatis,
   Fluvius amoenitatis,
   O ardoris solatium;
   Rosa speciositatis,
   Lilium nobilitatis,
   Conculcans omne noxium.

5. Civitas securitatis,
   Templum sanctae trinitatis,
   Peccatorum refugium;
   Hoc tempore siccitatis
   Copia fertilitatis,
   Egenorum subsidium.

6. O mensa sinceritatis,
   Esca vera invitatis,
   Dans aeternum convivium;
   Via verae aequitatis,
   Vita justae probitatis,
   Nutrix bonarum mentium.

7. Puerpera deitatis,
   Legifera veritatis,
   Forma virtutum omnium;
   Portus nautis fatigatis,
   Pelagus tranquilitatis,
   Tollens mundi naufragium.

8. Paradisus voluptatis,
   Balsamus suavitatis,
   Vera dulcedo dulcium;
   O columba lenitatis,
   Lucerna aeternitatis,
   Nostri boni principium.

9. Vas inclitae puritatis,
   Pincerna sobrietatis,
   Consolatrix fidelium;
   Medicina sospitatis,
   Cunctis praebens sauciatis
   Sanitatis remedium.

10. Imperatrix majestatis,
    Totius humilitatis
    Laudabile praesidium;
    O janua largitatis,
    Quae sacro fonte renatis
    Coeli reseras ostium.

11. Scala tantae summitatis,
    Quod ascensum dat purgatis
    Ad tui nati solium,
    Columna stabilitatis
    Gestans typum honestatis
    In tuum sanctum gremium.

12. Sidus nostrae novitatis,
    Stella lucis vitae datis,
    Salus in te sperantium;
    Amica fidelitatis,
    Conservatrix unitatis
    Secretorum coelestium.

13. O sponsa formositatis,
 Strenuae sagacitatis,
  Apparatu monilium,
 Lux tuae benignitatis
 Ad nostrae haereditatis
  Nos transfert desiderium.

14. Dominium libertatis,
 Servitute liberatis,
  Manumissis suffragium,
 Splendor nostrae caecitatis,
 Decor summae venustatis,
  Lumen, cunctorum gentium.

15. Cibo vetito cibatis
 Propter pestem vanitatis
  Reparas quodque vitium,
 Dans radios claritatis
 Divina luce privatis
  Per tuum ministerium.

16. Claudis portam egestatis,
 Reddis messem ubertatis
  Per tuum patrocinium,
 Succursus velocitatis,
 Aurora serenitatis,
  Cui dulce est proprium.

17. Per viscera caritatis
 Et merita sanctitatis
  Te deprecor per filium,
 Ut qui premor pro peccatis
 Non corruam cum damnatis
  In gehennae supplicium,
 Sed da frui cum beatis
 Gaudio perennitatis
  Post praesens exsilium.

Orat. ms. Coelestin. saec. 15. Cod. Parisien. 18571. — 4, 3 Omnis ardoris. — 5, 4 Nos tempore. — 13, 6 transfer.

108. Ad B. Mariam V.

1. Ave, fons clementiae,
 Virgo fecundata,
  Summae sapientiae
  Nutu fabricata,
 Radix pudicitiae
  Nunquam inquinata,
 Gaude, plena gratiae
  Regina beata.

2. Ave, spes fidelium,
 Fons humilitatis,
  Salutis exordium,
  Norma sanctitatis,
 Domini sacrarium,
  Templum deitatis,
 Dulce refrigerium,
  Flos virginitatis.

3. Ave, mel dulcedinis,
 Morum disciplina,
  Nitor pulchritudinis,
  Rosa sine spina,

 Lux beatitudinis,
  Stella matutina,
 Turris fortitudinis,
  Vitae medicina.

4. Salve, felix femina,
 Fulgens stella maris,
  Angelorum domina,
  Virgo singularis,
 Mundi mundans crimina,
  Portus salutaris,
 Cor meum illumina,
  Lux clara solaris.

5. Salve, vas munditiae,
 Continens unguentum,
  Veteris malitiae
  Comprimens fermentum,
 Origo laetitiae,
  Vitae fundamentum,
 Tuae nobis gratiae
  Confer incrementum.

6. Salve, pacis vinculum,
      Virgo generosa,
   Caritatis speculum,
      Ut sol luminosa,
   Christi tabernaculum,
      Mater gloriosa,
   Tuum serva servulum,
      Gemma pretiosa.

7. Gaude, laus et gaudium,
      Lux jucunditatis,
   Domini triclinium,
      Thronus majestatis,
   Rosa, flos et lilium,
      Domus ubertatis,
   Placa nobis filium,
      Mater pietatis.

8. Gaude, virgo nobilis,
      Mater salvatoris,
   Laus nostra laudabilis,
      Speculum decoris,
   Flos incomparabilis,
      Thalamus pudoris,
   Pia, mitis, humilis,
      Salus peccatoris.

9. Gaude, virgo virginum,
      Per quam lux est orta,
   Verus splendor ordinum,
      Felix coeli porta,
   Consolatrix hominum,
      Quaeso, me conforta,
   Sursum ante Dominum
      Precem meam porta.

10. O nova puerpera,
      Gratiae lucerna,
   Juvare me propera,
      Domina superna,
   A culpis me libera,
      Veniae pincerna,
   Me Christo confoedera,
      Me semper guberna.

11. O virtutum regula,
      Genitrix benigna,
   Florens Jesse virgula,
      Jugi laude digna,
   Solve culpae vincula,
      Me tibi consigna,
   Cuncta prece sedula
      Comprime maligna.

12. O coeleste gaudium,
      Puella decora,
   Mortis exterminium,
      Coelitus irrora,
   Tuum pro me filium
      Clementer exora
   Et culparum omnium
      Veniam implora.

Orat. ms. Coelestin. saec. 15. Cod. Parisien. 18571.

109. Ad B. Mariam V.

1. Ave, lumen gratiae,
      Virgo fecundata,
   Summae sapientiae
      Nutu fabricata,
   Radix sapientiae
      Nunquam inquinata,
   Fons misericordiae,
      Regina beata.

2. Ave, novum gaudium,
      Forma sanctitatis,
   Salutis exordium,
      Decus castitatis,
   Coeleste sacrarium,
      Templum deitatis,
   Amorisque gaudium,
      Hortus voluptatis.

3. Ave, vitae pabulum,
  Virgo gratiosa,
Pudoris signaculum,
Pulchrior quam rosa,
Quae salvasti populum,
Mater gloriosa,
Pariendo parvulum,
Porta speciosa.

4. Ave, beatissima
  Salus peccatorum,
Magna, major, maxima,
Praelata coelorum,
Consolatrix optima,
Patrona reorum,
Virgo beatissima,
Vera lux sanctorum.

5. Ave, fons dulcedinis,
  Gratiae piscina,
Nitor pulchritudinis,
Rosa sine spina,
Via rectitudinis,
Claritas divina,
Turris fortitudinis,
Culpae medicina.

6. Ave, stella fulgida,
  Speculum decoris,
Virga Jesse florida,
Vinculum amoris,
Gemma coeli nitida,
Medela languoris,
Labe carens sordida,
Mater salvatoris.

7. O felix puerpera,
  Gratiae lucerna,
Surge, veni, propera,
Domina superna,
Mea terge vulnera,
Gratiae pincerna,
Me Christo confoedera,
Me semper guberna.

8. O regina virginum,
  Per quam lux est orta,
Reparatrix hominum,
Felix coeli porta,
Virtus, splendor luminum,
Quaeso me conforta.
Surge, ante Dominum
Precem meam porta.

Orat. ms. Coelestin. saec. 15. Cod. Parisien. 18571. — Offenbar nur eine
Bearbeitung des vorigen. — 3, 8 Portus salutaris aus 108, 4, 6.

110. Ad B. Mariam V.

1. Ad supernae gremium
  Matris gratiarum
Sonet vox fidelium
Per orbem terrarum
Coeleste praeconium.

2. Verbi patris atrium,
  Vas provisum carum,
Pneumatis palatium,
Trium personarum
Simplex hoc triclinium.

3. Rosarum rosarium
  Aromaticarum,
Flos est haec convallium,
Fons deliciarum,
Coelibatus lilium.

4. Coelestis viventium
  Puteus aquarum,
Orphanorum bravium,
Tutrix viduarum,
Pauperis refugium.

5. Haec mundi dominium,
  Princeps reginarum,
Coeli privilegium,
Quies animarum,
Finis poenitentium.

6. Abrahae sacrarium,
  Lux ecclesiarum,
Vatum vaticinium,
Lex patriarcharum,
Foederis connubium.

7. Jacob sidus praevium,
   Virga fecundata,
   Jesse numen regium,
   Stirpe David nata,
   Virtutum collegium.

8. Haec per Dei nuntium
   Christo desponsata,
   Virgo vitae praemium,
   Verbo gravidata
   Parturivit gaudium.

9. Haec post puerperium
   Mansit illibata,
   Post offerens filium
   Templo, nunc praelata
   Juxta Christi brachium.

10. In coeleste solium
    Regnans exaltata,
    Muris innocentium
    Stans circumvallata
    Ordine coelestium.

11. Coeli, terrae, marium
    Victoria lata
    Tibi, dux errantium,
    Quae tollis peccata
    Prece supplicantium.

12. Ad Christi convivium,
    Dulcis advocata,
    Duc nos commensalium
    Ad regna beata
    Supernorum civium.

Orat. ms. Coelestin. saec. 15. Cod. Parisien. 18571.

111. Ad B. Mariam V.

1. O polorum dominatrix,
   Super sanctos imperatrix,
   Sis meritis hic adjutrix
   Et in coelis interventrix.

2. Tu es Christi Jesu mater,
   Ipse quidem tuus pater,
   Natum roga, pia mater,
   Nobis fiat clemens pater.

3. O Maria, maris stella,
   Pietatis digna sella,
   Pro me Christum interpella,
   A me pellat mundi bella.

4. Paradisi tu es porta,
   Per te salus est exorta,
   Calamitas est oppressa,
   Quae per Evam est ingressa.

5. O lilium convallium,
   Vide meum suspirium,
   Inter spinas, virgo, flores,
   Quam qui sentit, mutat mores.

6. Tu virginum principalis,
   Tu meriti singularis,
   O Maria, radix Jesse,
   Nobis vales sic prodesse.

7. Quem non capit orbis aula,
   Haec pro nobis dones naula,
   Tu moestorum solatium,
   Coeli tenens dominium.

8. Per te sumus nos redempti,
   Coeli sede reportati,
   Unde grates tibi damus,
   Hymnizantes exoramus.

9. Ave, virgo florens rosa,
   Cunctis pares speciosa,
   Salve, virgo praeelecta,
   Quae ab ipso es repleta.

10. Christi mater nos solare,
    Et quos venit liberare,
    Quod non valent impetrare,
    Quam dignum est te laudare.

11. Christiani, hanc laudate
    Et reginae decantate,
    Vos, qui laudes sibi datis,
    Sic meritis hic vivatis.

12. Audi preces humilium,
    Pium praebe praesidium,
    Miros praestas et odores,
    Malos perdis et foetores.

Psalt. ms. S. Fusciani saec. 12. Cod. Ambianen. 19. add. saec. 12. —
5, 4 Quos qui sentit. — 9, 4 Quod ab ipso. — 12, 4 Malos perdit.

112. Ad B. Mariam V.

1. O cunctis excelsior
   angelorum choris,
   Flos humani generis,
   lilium pudoris,
   Rosa patientiae,
   mater salvatoris,
   Audi quaeso, domina,
   vocem peccatoris.

2. Deus te prae omnibus
   collocavit secum,
   Cum primatum teneas,
   pium est et aequum,
   Ut tu pia facias
   pietatem mecum,
   Tu es plena gratia,
   Dominus es tecum.

3. Ipse te constituit
   thronum regni sui,
   Nec in mulieribus
   est inventa, cui
   Detur privilegio
   tam excelso frui,
   Quia benedictus est
   fructus ventris tui.

4. Instar enim velleris,
   quod concepit rorem,
   Aridaeque virgulae,
   quae produxit florem,
   Praeter rerum seriem
   et naturae morem
   Virgo Deum procreas,
   orbis conditorem.

5. In te pneuma fabricans
   ollam nostrae spei,
   Naturas confoederat
   hominis et Dei,
   Manetque diversitas,
   utriusque rei
   Tamen personaliter
   haec unitur ei.

6. Servulos tu protegis,
   hostes du fatigas,
   Tu serpentem conteris
   et draconem ligas,
   Pharaonis obruis
   equos et quadrigas,
   Geminae substantiae
   natus ex te gigas.

7. Sancta virgo virginum,
   sancta mater Christi,
   Per quam lumen luminum
   mundo fulsit tristi,
   Per te fons laetitiae,
   quem tu protulisti,
   Verum fundat gaudium
   mihi vere tristi.

8. Me contristat miserum
   gravis poenitudo,
   Quae medullas animae
   sugit ut hirudo,
   Ago poenitentiam,
   sed affectu crudo,
   Et me ludi poenitet,
   tamen adhuc ludo.

9. Me ut jam salubrius
   poenitere sciam,
   Et ut via pateat
   per te vitae viam,
   Reo mihi filio
   sis in matrem piam,
   In domum refugii,
   per quam salvus fiam.

10. Non per sacrificium
    bovis aut vervecis,
    Sed per efficaciam
    tuae sanctae precis,
    Tormentis eripiar
    sempiternae necis,
    De lacu miseriae
    et de luto faecis.

Cod. Cantabrigen. Hh VI 11. add. saec. [13/14]. A. — Orat. ms. Cistercien. saec. 15. Cod. Darmstadien. 1228. B. — 2, 1 prae omnibus te B. — 2, 5 Ut tu prima facias A. — 2, 7 Quia tu es gratia B. — 2, 8 Plena et Deus tecum B. — 3, 2 sui regni B. — 4, 8 opus conditorem A. — 5, 3 Naturam B. — 7, 3 splendor luminum B. — 7, 4 Mundo fehlt B; fulsit fehlt A. — 8, 6 affectum B. — 8, 8 et tamen A; dum adhuc ludo B. — 9, 1 Sed ut jam B. — 9, 3 vita pateat B. — 9, 7 Et in domum B. — 10, 5 De tormentis eruar B.

113. De B. Mariam V.

1. Ave, venerabilis
   Mater pietatis,
   Maria mirabilis,
   Forma sanctitatis,
   Flos incomparabilis,
   Hortus puritatis,
   Splendor ineffabilis,
   Templum deitatis.

2. Ave, decus virginum,
   Speculum decoris,
   Consolatrix hominum,
   Vinculum amoris,
   Purgatrix peccaminum,
   Medela languoris,
   Verum lumen omnium,
   Mater redemptoris.

3. Ave, vas clementiae,
   Gratiae piscina,
   Verae indulgentiae
   Portus, medicina,
   Radix innocentiae,
   Stella matutina,
   Sedes sapientiae,
   Coelica regina.

4. Ave, vitae pabulum,
   Fons dilectionis,
   Pudoris signaculum,
   Vas electionis,
   Gloriae spectaculum,
   Rubus visionis,
   Foederis oraculum,
   Thronus Salomonis.

5. Ave, inter agmina
   Dei sublimaris,
   Angelorum domina,
   Virgo singularis,
   Cor meum illumina,
   Fulgens stella maris,
   Et ab hostis machina
   Semper tuearis.

6. O felix puerpera,
   Gratiae lucerna,
   Virgo salutifera,
   Veniae pincerna,
   Me juvare propera,
   Genitrix superna,
   Me Christo confoedera
   Me quoque guberna.

7. O cunctis remedium
   Puella decora,
   Dulce refrigerium.
   Coelestis aurora,
   Tuum sanctum filium
   Pro me nunc exora,
   Peccatorum omnium
   Veniam implora.

Orat. ms. saec. 15. Cod. Londinen. Ar. 203. — Verwandt mit 108 und 109.

114. Ad B. Mariam V.

1. Ave, Christi mater digna,
   Pia mitis ac benigna.

2. Ave, Christi sponsa cara,
   In virtutum vite clara.

3. Ave, Christi parens alma,
   In supernis patens palma.

4. Ave, Christi mater dicta,
   Super omnes benedicta.

5. Ave, Christi splendens stella,
   Mundo fulgens, nix novella.
6. Ave, Christi clara cella,
   Pro me Christum interpella.

Cod. Parisien. 3639. saec. [15]/[16].

115. Ad B. Mariam V.

1. O Maria piissima,
   Stella maris clarissima,
   Mater misericordiae
   Et aula pudicitiae.

2. Ora pro me ad Dominum
   Et Jesum tuum filium,
   Ut me a malis eruat,
   Bonis gaudere faciat,

3. A vitiis evacuet,
   Virtutibus corroboret
   Tranquillitatem tribuat
   Et in pace custodiat.

4. Cum venerit vitae finis,
   Veni, te praebe oculis,
   Ut tunc terrorem Satanae
   Per te queam evadere.

5. Conductricem te habeam
   Redeundi ad patriam,
   Ne callidus diabolus
   Viam pertubet invidus,

6. Subjiciendo plurima
   Et falsa quoque crimina,
   Donec reddar praeposito
   Michaeli archangelo.

7. Cujus constat officio,
   A maligno diabolo
   Dignos quosque eripere
   Et paradiso reddere.

Orat. ms. saec. 15. Cod. Mantuan. E I 27. A. — Orat. ms. Coelestin.
saec. 15. Cod. Meten. 571. B. — Orat. ms. S. Josephi Oenipontani 70 A.
saec. 14. C. — 2, 2 fehlt C. — 4, 1 Cum finis vitae venerit C. — 4, 2
Meis te praebe C. — 4, 3 tunc fehlt C. — 5, 2 Redeundo C. — 6, 1 Ob-
jiciendo C. — 6, 2 Falsa quaeque C. — 6, 3 reddas A. — 7, 3 Signos A;
quoque C.

116. Ad B. Mariam V.

1. Ave, virgo Dei mater,
   vera spes fidelium,
   Porta coeli, stella maris,
   recti cursus bravium,
   Summa legis, forma pacis,
   salutis exordium.

2. Ave virgo, ave feta,
   ave plena gratia,
   Ave sponsa, ave mater,
   ave Dei filia,
   Quae diversa facis unum,
   o omnipotentia.

3. Fons signatus, sacramenti
   summi conceptaculum,
   Scala Jacob, domus David,
   Salomonis ferculum,
   A leonis ore salva
   Christianum populum.

4. Turris, in qua pendet omnis
   armatura fortium,
   Rosa florens, sacra vitis,
   lilium convallium,
   Medicina peccatoris,
   virtutis donarium.

5. Uva dulcis, flos suavis,
   nardus odorifera,
   Virgo semper tu sublimis,
   gloriosa puerpera,
   Praebe nobis adoptivis
   pietatis ubera.

6. Orientis porta clausa,
   quam vidit Ezechiel,
   Mensa regis, ad quam dapes
   tulit ipse Gabriel,
   Quarum opem in leonum
   lacu sensit Daniel.

7. Tu sigillum libri vitae
   solidum in saecula,
   Cujus potest solus agnus
   solvere signacula,
   In hoc nostra precum stilo
   adscribe vocabula.

8. Miserere nostri, Deus,
   in personis trinitas,
   Miserere, miserere
   nostri, simplex unitas,
   Te spiritus omnis laudet
   sempiterna deitas.

Cod. Mediceo-Laurent. Conv. sup. C 8. 957. saec. 16.

117. Ad B. Mariam V.

1. Ave, virgo, Dei templum,
   Castitatis et exemplum,
   Ave, virgo, candens caelum,
   Inde lumen dans serenum.

2. Ave, virgo, juvans mundum
   Corruentem in profundum,
   Ave, virgo, quae infernum
   Vincis tenens jus supernum.

3. Ave, virgo, quae per natum
   Mortem sternis et peccatum,
   Ave, virgo, morti datum
   Tuum ora pro me natum.

4. Ave, clemens imperatrix,
   Terrae, coeli dominatrix,
   Ave, clemens et amatrix
   Et virtutum operatrix.

5. Ave, clemens vitae datrix,
   Vitiorum enervatrix,
   Ave, clemens miseratrix
   Peccatorum, non peccatrix.

6. Ave, clemens expiatrix,
   Culpae lapsis reparatrix,
   Ave, clemens mediatrix,
   Quaeso, mei sis salvatrix.

7. Ave, sponsa, florens vitis,
   Cujus fructus botrus mitis,
   Ave, sponsa grata cunctis,
   Pia vivis et defunctis.

8. Ave, sponsa salutaris,
   Dulcis rebus in amaris,
   Ave, sponsa singularis,
   Caecis splendens lux solaris.

9. Ave, sponsa potens satis,
   Me tuere a peccatis,
   Ave, tuis gemma lucens,
   Majus solis lumen ducens.

10. Ave, tuis decor splendens
    Et in noctem non offendens,
    Ave, tuis lux ostendens
    Claritatem et praetendens.

11. Ave, tuis sidus fulgens,
    Ut aurora mane surgens,
    Ave, tuis pacem ferens,
    Inimici vires terens.

12. Ave, tuis zelo degens,
    Vitam praebe nostra regens,
    Ave, mater speciosa,
    Albens manna, rubens rosa.

13. Ave, mater plus decora
    Sole, luna et aurora,
    Ave, mater absque mora
    Cuncta poscens omni hora.

14. Ave, mater rubes signis
    In figuram ardens ignis,
    Ave, pia meta mortis,
    Et coelestis lux cohortis.

15. Ave, via vitae portis,
    Paradisi flos in bortis,
    Ave, pia hora mortis,
    Da jus mihi primae sortis.

Cod. Parisien. 3639 saec. 15/16.

118. Ad B. Mariam V.

Adspice nos, mitis virtutum fulgida vitis,
Nos mitis salva, fraglans laus Jesse sacrata.
Fulgida laus Jesse, dulcedo coelica, virgo,
Vitis sacrata, refraglans virgo Maria.
Cella pudoris, flos pietatis, virgo Maria,
Stella decoris, dos puritatis, nos rege, dia.
Coeli reginae, tibi laus et honor sine fine.

Clm. Monacen. 4423. saec. 15. Mit dem Beifügen: „Haec ex Mellico rescripta sunt."

119. Ad B. Mariam V.

1. Ave, virgo fons salutis,
    Ave, plenum vas virtutis
      Omni carens carie,
    Ave, virens vitae vitis
    Ave dulcis, ave mitis,
      Ave lux ecclesiae.

2. Ave, rosa venustatis,
    Lux aeternae claritatis
      Et mortis exitium,
    Ave, fida spes peccantis
    Flos dulcoris, dux errantis,
      Potus sitientium.

3. Ave, turris confirmata,
    Ave, cedrus exaltata,
      Ave, proles regia,
    Tu es domus sigillata,
    Clavi nulla reserata,
      Cunctis tamen pervia.

4. Tu es aura cunctis grata,
    Tu es tellus non arata,
      Fructum dans eximium;

    Tu es meta scriptuarum
    Et abyssus tu aquarum,
      Puteus viventium.

5. Tu es scatens fons hortorum,
    Tu es arca secretorum,
      Arca dicta foederis;
    Tu es aula puritatis
    Et lucerna veritatis,
      Expiatrix sceleris.

6. Tu fidelis es patrona,
    Tu das juxta votum bona,
      Neminem abaudiens;
    Tu solamen es lugentis
    Tu es fidem offerentis,
      Non munus respiciens.

7. Tu es novae legis forma,
    Ver aeternum, morum norma,
      Sanctitatis semita;
    Tu es virgo singularis,
    Tu es nobis salutaris
      Ultra nostra merita.

8. Ave, decus mulierum,
   Cleri gemma, lux dierum,
   Ave, coeli gloria;
   Ave, summi regis nupta,
   Ave, parens incorrupta,
   Ave, plena gratia.

9. Super omnes o decora,
   Reus ego sine mora
   Ad te tremens propero,
   Dum peccata, quae commisi,
   Nec non bona, quae omisi,
   Flens ego considero.

10. Ad te curro, quam turbavi,
    Quam injuste laceravi
    Horrendis perjuriis,
    Quam ex corde non amavi
    Et quam parum honoravi
    Debitis obsequiis.

11. Ad te curro, me peccasse
    Recognoscens et errasse,
    Ut sit locus veniae,
    Me quam dure remordente
    Et ad istud compellente
    Verme conscientiae.

12. Curro factus jam non durus,
    Curro vulnus ostensurus,
    Medicantis opera
    A te sperans reportare,
    Ista cures ergo dare,
    Dum requirunt tempora.

13. Dum est recens vulnus, cura,
    Ne putrescat et jactura
    Causetur per vitia;
    Vulnus meum est peccatum,
    Tu purgare perpetratum
    Tua, mater, gratia.

14. Si peccavi, non excuso,
    Immo reum me accuso,
    Prosit haec confessio;
    Sed quod deest poenitenti,
    Purget, mater, in praesenti
    Tua intercessio.

15. Hoc instanter a te peto,
    Ne praeventus forte leto,
    Quod absit, ad inferi
    Domum mittar, ubi metus,
    Ubi dolor est et fletus,
    Ubi degunt miseri.

16. Jam plus loquens ne molestus
    Dici possim vel infestus,
    Non permittit ratio;
    Misereri potes mei,
    In hoc ergo, mater Dei,
    Nulla sit dilatio.

17. Tu me, cui non occultavi,
    Tu, cui causam revelavi
    Meam, mihi filium
    Placa tuum hora mortis,
    Ut justorum consors sortis
    Sim post hec exsilium.

18. Dicam tandem illative,
    Nil apponens exclusive
    Sed includens omnia,
    Quia salus es cunctorum,
    Sit per tempus saeculorum
    Tibi laus et gloria.

Orat. ms. Tegurin. saec. 15. Clm. Monacen. 20001. A. — Orat. ms. Tegurin. saec. 15. Clm. Monacen. 19824 B. — Clm. Monacen. (ol. Tegurin.) 19636 saec. 15. C. — 6, 5 fidei offerentis ABC.

120. Ad B. Mariam V.

I.

1. Gaude, virgo, stella maris,
Gaude, nascens consecraris
  Dulci Jesu, dulcis Maria.
Gaude, Sara singularis,
Sacro verbo fecundaris,
  Dulci Jesu, dulcis Maria.

2. Gaude, Martha famularis,
Ab Elisabeth laudaris,
  Dulci Jesu, dulcis Maria.
Gaude, vera Lia paris
Verum Deum et laetaris
  Dulci Jesu, dulcis Maria.

3. Gaude, Rachel, lux solaris,
Per pastores praedicaris,
  Dulcis Jesu, dulcis Maria.
Gaude, Esther veneraris
In Assueri donis caris,
  Dulci Jesu, dulcis Maria.

4. Gaude, parens expers paris,
Anna nova profers aris
  Dulcem Jesum, dulcis Maria.
Gaude, Jahel, occultaris,
Cedens hosti non orbaris
  Dulci Jesu, dulcis Maria.

5. Gaude, Ruth, flos salutaris,
Quaerens spicam consolaris
  Dulcem Jesum, dulcis Maria.
Gaude, Judith exemplaris,
Hostem sterne signis claris,
  Dulcis Jesu, dulcis Maria.

II.

1. Ave, mitis Sunanitis,
Flens post coenam nocte poenam
  Dulcis Jesu, dulcis Maria.
Ave, vitis, more litis
Spretas scisti laudes Christi,
  Dulcis Jesu, dulcis Maria.

2. Ave, pòrtus, mane tortus
Est confusus et illusus
  Dulcis Jesus, dulcis Maria.
Ave, verna lux, fles terna
Hora caesum, spinis laesum
  Dulcem Jesum, dulcis Maria.

3. Ave, grata commendata,

Et in sexta stans contexta
  Dulci Jesu, dulcis Maria.
Ave, digna tecum signa
Flent in nona mater bona
  Dulcem Jesum, dulcis Maria.

4. Ave, rosa radiosa
Sine spina, vespertina
Gyrat luce lux de cruce,
  Dulci Jesu, dulcis Maria.
Ave, myrthus, coeli virtus,
Sero nato tumulato
Nos per crucem duc ad lucem,
  Dulcem Jesum, dulcis Maria.

III.

1. Gaude, cella prolis diae,
Surgit stella, mors Goliae,
  Dulcis Jesu, dulcis Maria.
Gaude, melos melodiae,
Scandit coelos dux Eliae,
  Dulcis Jesu, dulcis Maria.

2. Gaude, donum prophetiae,

Mittit sonum harmoniae
Pneuma bonum turbae piae,
  Dulcis Jesu, dulcis Maria.
Gaude, legis mel sophiae,
Doctrix gregis et Messiae,
Veri regis Ezechiae,
  Dulcis Jesu, dulcis Maria.

3. Gaude, lumen galaxiae,
Transis flumen agoniae,
Petens numen theoriae
Per cacumen hierarchiae,
   Dulcis Jesu, dulcis Maria.
Gaude, signum symphoniae,
Sis benignum nostrae viae
Vitae lignum, mortis diae
Phase dignum fac Josiae,
   Dulcis Jesu, dulcis Maria.

Cod. Admonten. 383. saec. 14.

121. Ad B. Mariam V.

1. Ave, virgo Maria,
Ab omni miseria
  Me clementer erue
Ac per coeli principem,
Quaeso, fac participem
  Salutis perpetuae.

2. Ave, sidus fulgidum,
Me peccato languidum
  Per medelam visita
Exorando Dominum,
Ut cunctorum criminum
  Mihi laxet debita.

3. Ave, mater luminis,
Fac me sordem criminis
  Lacrimis abluere;
Antequam discutiar,
Per te cuncto mercar
  Resanari vulnere.

4. Ave, decus virginum,
Per abrupta criminum
  Me errantem corrige
Et a sorde scelerum
Tu, sanatrix vulnerum,
  Me clementer erige.

5. Ave, spes fidelium,
Quae per tuum filium
  Deles mundi crimina,
Fac, ut purus vitio
Tibi nec non filio
  Digne promam carmina.

6. Ave, mater gratiae,
Precor, pulchra facie,
  Te Christi sacristiam,
Fac me tuo munere
Semper digne sumere
  Sanctam eucharistiam.

7. Ave, morum speculum,
Quae perlustras saeculum
  Recto nitens tramite,
Fac ut morum gratia
Superna palatia
  Te pertingam comite.

8. Ave, dulcis, annue
Et hoc mihi tribue,
  Ut de carnis cellula
Nulla plaga vulnerum,
Nulla prorsus scelerum
  Mecum pergat macula.

9. Ave, fons clementiae,
Mihi nunc in acie
  Contra ictus daemonum,
Mater regis gloriae,
Aeternae victoriae,
  Tribue subsidium.

10. Ave, virgo florida,
Regi regum placida,
  Ne damner judicio,
Fac per tuam gratiam,
Ut me purum sentiam
  Mentis, carnis vitio.

11. Ave, florens virgula,
Charitatis regula,
   Cara coeli domina;
Fac perfecte diligam
Natum teque filiam
   Nunc et absque termino.

12. Ave, fulgens meritis,
In inferno positis
   Nullum est remedium;
Sed me modo corrige
Mihique nunc porrige
   Salutis subsidium.

13. Ave, mitis omnibus,
Fac me tuis precibus
   Terrena despicere
Ac per te Christicolam
Verae vitae regulam
   Constanter perficere.

14. Ave, pia, corpori
Et interno vulneri
   Medicinam conferas,
Malum, quo interius
Laedor vel exterius,
   Virgo mater, auferas.

15. Ave, mundi gloria,
Tua me memoria
   Salvet a supplicio,
Ne damner in infimis,
Mentem riga lacrimis,
   Quibus laver vitio.

16. Ave, virgo virginum,
Aufer a me daemonum
   Venenosa jacula,
Quae portasti Dominum
Ad salutem omnium
   Sine carnis macula.

17. Ave, salus animae,
Ut non hostis contra me
   Habeat victoriam,
Da per nati vulnera,
Ut nunquam per saecula
   In morte obdormiam.

18. Ave, clara saeculo,
Parva in crepusculo,
   Sana conscientiam,
Iram procul auferas
Et perfectam conferas
   Mihi patientiam.

19. Ave, sidus regium,
Mihi nunc per filium,
   Qui sustentat miseros,
Rectum confer spiritum,
Quo mortis interitum
   Evadam et inferos.

20. Ave, mundi domina,
Oculorum crimina
   Tuis lava precibus,
Mala visus dilue
Nec non cunctis tribue
   Medelam vulneribus.

21. Ave, templum gloriae,
Fac me tuae gratiae
   Interventu perfrui,
Terge, quaeso, vitium,
Vitii supplicium,
   Quod auditu merui.

22. Ave, virgo regia,
Tua fac ut gratia
   Pravum nihilominus
Ita gustum deleam,
Ut gustare valeam,
   Quam dulcis sit Dominus.

23. Ave, sancta femina,
Virtutum ad culmina
   Gratia paracliti
Me clementer provehas
Crimenque removeas
   Odoris illiciti.

24. Ave, coeli lilium,
Regina coelestium,
   Paradisi domina,
Meo nunc in corpore
Digneris abstergere
   Pravi tactus crimina.

25. Ave, quae vivificas,
 Per natum mollificas
  Corda dura saxea,
 Fac, ut tergam fletibus,
 Incedendo pedibus
  Quae commisi noxia.

26. Ave, morum regula,
 Nulla regnet nebula
  Intra carnis cellulam,
 Tuus per te filius
 Intus et exterius
  Omnem tergat maculam.

27. Ave, lux eximia,
 Lucis per obsequia,
  Fac, ut Christo placeam,
 Ut exutus corpore
 Bono plenus opere
  Coelo sumi valeam.

28. Ave, tuo munere
 Temporali verbere
  Mea terge vitia,
 Sidus maris inclitum,
 Sed nulla post obitum
  Me tangant supplicia.

29. Ave, dulcis omnibus,
 Tu virtutum floribus
  Me frequenter imbue
 Mihique per filium,
 Qui est spes fidelium,
  Finem bonum tribue.

30. Mea sine taedio
 Psallat nunc devotio
  Patri, nato, flamini,
 Virtutem, potentiam
 Laudemque perpetuam
  Piac matri virgini.

Orat. ms. Scotorum Vindobonen. 54 h 8. anni 1410. — 28, 1 Ante tuo Hs.

122. De B. Maria V.

1. Domine fac labia.
  reserari clausa,
 Ut pro nati gloria
  sint resonare ausa
 Mariae matri virgini
  Laudes sine pausa.

2. Deus in auxilium
  meum nunc intende,
 Domina subsidium
  mihi jam impende,
 Ut non in exsilium
  ruar, me defende.

3. Venite, mas et femina,
  jam tempus exsultandi,
 Exsurge laetissima
  modo jubilandi,
 Praeoccupando faciem
  Dei confitendi.

4. Quia magnus Dominus,
  Deus rex, plus quanto
 Quovis multiplicius,

  venerari tanto
 Cunctis difficilius,
  ipsum sed amato.

5. Singula, quae maris sunt
  et terrae, tuo ductu
 Reguntur et perficiunt
  abundanti fructu,
 Me, qui mare, aridam
  fundasti, pie duc tu.

6. Ut hodie concipiam
  et semper tua mira
 Et vocem tuam audiam
  concrepante lyra
 Jussaque perficiam
  fatiga sine dira.

7. Scio te praecipere
  parentes honorare,
 Hinc matrem tuam, Domine,
  desidero amare
 Et ei laudis carmine
  cordicitus sonare.

8. Ave, radix regia,
   concepta sine bumo,
  Designata mystico
   non conubusto dumo,
  Et crevisti subito
   humilitatis fumo.

9. In ramos fortilissimos
   plantatos Dei manu,
  In quibus sedent spiritus
   septem Dei manu,
  Dona per quae funditus
   es florens Dei manu.

10. O stilla nobilissima
   conceptus virginalis
  Pura tenuissima
   muditia finalis
  Purga immundissima
   malitiae brutalis.

11. Salve, nata typice
   figuris scripturarum,
  Tibi vox hymnidice
   dicta prophetarum,
  Es cunctis plus veridice
   Deo munus carum.

12. Te signat urna aurea
   et concha rore plena,
  Te notat scala coelica
   et virga sat amoena,
  Te ara thymiamatis
   et arca, o serena.

13. Stilla roris, odor floris,
   fons dulcis suavitatis,
  Nata sine crimine,
   flos vernae novitatis,
  Genitos de crimine
   jungito renatis.

14. Gaude, gaude inclita,
   Ave, salutata
  Voce ab angelica
   quasi tremulata,
  Pavens ista mystica,
   nunquam violata.

15. Mox est tibi gratia
   partus condonata,
  Sed nunquam tua viscera
   sunt vere onerata,
  Hinc potestas deica
   est magnificata.

16. Virgo, quae affabili
   sic verbo respondisti:
  Ecce, serva Domini,
   fiat, ut dixisti,
  Fac, simus prompti famuli
   concepti Jesu Christi.

17. Plaude de magnalibus,
   beata quia dicta,
  Montana sine gravibus
   quando es addicta,
  Elisabethque domibus
   sancte benedicta.

18. Partus tuus undique
   Sic salutabatur,
  Qui a te sola nullique
   cuiquam norabatur,
  Clauso partu denique
   tibi revelatur.

19. Vox tua, quae in utero
   infantem animavit,
  Dicat Jesu Domino,
   qui te in habitavit:
  Reum reconcilio,
   hinc Deus me creavit.

20. Laude plaude, salve, gaude,
   fecunda coeli nuntio,
  Perfecta in te dicta sunt,
   quia natum gremio
  Continens et vincla sunt
   soluta tuo genito.

21. O columna sanctitatis,
   quae gaudiosis manibus
  Fers columnam firmitatis,
   qua substat Deus omnibus,
  O tutela libertatis,
   laetemur tuis plausibus.

22. O medela sanitatis,
 quam magistralis medicus,
Sole ortus trinitatis,
 o coraula coelicus,
Fac gaudere lenitatis,
 mentem cura penitus.

23. Vale, consolaberis,
 moestissima dolore,
Cum filium perdideris,
 Certissima amore,
In templo hunc inveneris
 disputantis more.

24. O moesta, qui per triduum
 sic a te quaerebatur,
Dubia te nimium
 morte immolatur,
Nobis sacrificium
 sicque pascha datur.

25. Nunc, virgo, sis laetissima,
 natus jam resurrexit,
Frangens loca tristia
 et coclos ire dixit,
Pneuma sacrum dirigens
 sic suis benedixit.

26. Vale nobis, domina,
 demum es datura,
Cum post multa tempora
 sis hinc migratura,
Suspirans quasi languida
 filium post cura.

27. O quis funeralibus
 fratres interesse
Fecit, nisi Dominus,
 colligens in messe
Fructus mirabilius,
 det nobis tecum esse.

28. Virgo, mater regia,
 coelis fis invecta,
Rege nos egregia
 in via tuta recta,
Ut munda habitacula
 simus et electa.

29. De profundis, Domina,
 exaudi, qui clamamus,
Sis auribus propitia,
 qui vocibus rogamus,
Servatur si malitia,
 nescimus qua sistamus.

30. Sed propitiatio
 est apud te, speramus,
Hincque sustentatio,
 illuc spe curramus,
Ut tua deprecatio
 nos juvet, ut oramus.

31. Ab ortu solis Israel
 usque ad occasum
In te sperat Michael,
 salves ut occasum,
In quo friget Uriel,
 ne tendat ad occasum.

32. Concepta, nata, salutata
 Montana pergens gratitudo,
Assumpta, nata, hilarata,
 Aeterna regna speculando,
Accepta pacta tecum facta,
 In laude regulando,
Quosvis tua gratia
 Inducas te affando.

Cod. Graecen. 347. sacc. 14. — 1, 2 reserare. — 5, 1 Singulae. — 29, 5
Servatur s malitia. — 29, 6 nescimus qualicstamus.

123. Ad B. Mariam V.

1. Ave, mundi spes, Maria,
   Ave mitis, ave pia,
     Ave plena gratia,
   In te Deus semper tecum,
   Quaeso, esto semper mecum,
     Cor amore satia.

2. Ave, Deo desponsata,
   Reverenter salutata
     Gabriele nuntio,
   Verbum bonum et suave,
   Nam ex Eva format Ave,
     Sic fit mira junctio.

3. Mira quidem genitura,
   Quando contra carnis jura
     Natus est de virgine,
   Deus homo, virgo mater,
   Prolis cujus Deus pater
     Non carnis origine.

4. Ave, coeli restauratrix,
   Angelorum imperatrix,
     Salvans omne saeculum,
   Almi pneumatis serena
   Charismatum cella plena,
     Sanctitatis speculum.

5. Ave, mater, cujus fructus
   Fuga fuit nostri luctus,
     Vitae separatio;
   Eja, felix coeli porta,
   Ex te nobis lux est orta,
     Honor, exsultatio.

6. Ave, decus virginale,
   Semper ave, gaude, vale
     Summa ferens gaudia,
   Natum, decus firmamenti,
   Tu caliginosae menti
     Desuper irradia.

7. Ave, nobilis factura,
   Plus quam omnis creatura,
     Coeli, terrae domina,

Mater summae pietatis,
Libro vitae cum beatis
  Nostra scribe nomina.

8. Ave, templum majestatis,
   Opus summae dignitatis,
     Thronus regis gloriae,
   O sacrarium virtutum,
   Aditum fac nobis tutum
     Tantae regis curiae.

9. Ave, fulgens maris stella,
   Pulchra nobilis puella,
     Omnibus amabilis,
   Hester summo sponso cara,
   Coeli civibus praeclara,
     Cunctis venerabilis.

10. Ave, gemma claritatis,
    Thymiama sanctitatis
      Odoris salutiferi;
    Eja rutilans aurora,
    Nobis gratiam irrora,
      Signum salutiferi.

11. Ave, civitas illustris,
    Qua artificis industris
      Magnitudo patuit,
    Princeps universitatis
    Sedem suae majestatis
      In hac urbe statuit.

12. Ave, thronus Salomonis,
    Siccum vellus Gedeonis,
      Area coelo rorida,
    Porta tu Ezechielis,
    Lacus clausus Danielis,
      Virga Jesse florida.

13. Ave, paradisi hortus,
    Arca Noe, vitae portus
      Morte navigantibus;
    Eva laesit, tu sanasti,
    Haec clausit, tu reserasti,
      Aperi pulsantibus.

14. Ave, rosa caritatis,
Viola humilitatis,
Castitatis lilium;
Prolem gignis deitatis
Sub sigillo castitatis,
Nobis placa filium.

Scala coeli saec. 14. ex. Cod. Pragen. XIII E 3.

124. De B. Maria V.

1. Lux orientalis, amica Dei specialis,
Aula salutaris, genitrix pacis generalis,
Virgo triumphalis, persona magisterialis,
Regula moralis, regina imperialis,
5. Femina regalis, fidei calor effigialis,
Foedere sponsalis sed nulli connubialis
Nec naturalis usus pariendi jugalis,
Spes mea causalis, mediatrix sola vocalis,
Munere pluralis largaque manu venialis,
10. Hostia paschalis, cujus fuit alta sub alis,
Gloria vitalis, salvatio materialis,
Ops medicinalis, placatio subsidialis,
Mentio festalis, operatio prodigialis.
Sed neque ruralis se miscuit officialis,
15. Sic immortalis fuit actio spiritualis,
Nullaque carnalis corruptio foeda sodalis.
Flos rosa vernalis et fructu perpetualis,
Cujus odor suavis vitiis est exitialis,
Stella diurnalis, reverentia catholicalis,
20. Mentibus humanis non est laus ejus inanis.
Fons rationalis et Christi collateralis,
Plus quam regalis, quia non erat altera talis,
Nec fuit aequalis tam fortis et imperialis.
Mater ovans regis, in cujus lumine degis,
25. Nobilis, insignis, memorabilis, inclita, mitis,
Strenua, sublimis, sed tota potenter herilis,
Jure cluens prole, pariens tamen absque dolore,
Splendidior sole, coelesti plena decore,
Fac fore me curae sine fine tuae geniturae,
30. Laetitiae portus cujus mundo fuit ortus.

Cod. Vatican. 636. sacc. 13.

125. De B. Maria V.

1. Divinitatis hortus
Salutis est portus,
In te, virgo benigna,
Sunt dona infinita,
In te, virgo beata,
Sunt dona cumulata,
In te, virgo electa,
Sunt omnia perfecta.

2. Per te, virgo Maria,
Nobis dantur divina,
In te virescit satis
Cypressus puritatis,
In te candescit magis
Lilium castitatis,
Tu es mater Minorum,
Refugium peccatorum.

Cod. Mellicensis 932. saec. 15.

126. De B. Maria V.

1. Cum velarent montes aquae,
Arcam Noe circumquaque
Liniens bitumine
Te, Maria, figuravit;
Ave ergo, quam dotavit
Deus suo numine.

2. Licet brevis, licet parca,
Spem inclusis dedit arca
Vitandi diluvium,
Sic te duce tuo ductu
Per te dato vitae fructu
Datur vita gentium.

Orat. ms. Majoris Carthusiae saec. 14/15. Cod. Gratianopolitan. 181.

127. Ad B. Mariam V.

1. Rubus in te concrematur,
Tua carne dum velatur
Patri compar filius;
Ut nec rubus est minutus,
Sic nec Deus te indutus,
Nil hac re subtilius.

2. Ob hoc Deus in te regnat,
Suo flatu te impraegnat
Et perrorat gratia;
Ut sis nobis suffragatrix,
Desperatis sublevatrix,
Nos exaudi, domina.

3. In te fides est unita,
Nos defende, precor, ita
Hac in vita misera,
Ne damnemur post decessum,
Sed gaudere sit concessum
In coelesti patria.

4. Hac in valle lacrimarum
Tu, quae flos es dominarum,
Nostras preces suscipe,
Ut mundemur a delicto,
Ne ponamur in proscripto
Tuo coram filio.

5. Ab Aegypto liberamur,
A catena denodamur
Regis Babyloniae,
Juga regis relaxantur,
Per te nova reparantur,
Flos obedientiae.

6. Umbram dum virginitatis
Est agressus deitatis
Hinnulus meridie;
Quod quaesivit, adinvenit,
Per te Christus nos redemit
Pacem dans ecclesiae.

Clm. Monacen. 24804. saec. 15.

128. Ad B. Mariam V.

1. Ave, cujus ventris fructus
Morbos, pestes, iras, luctus
Trivit trito funere;
Ave bona, ave bonum,
Per quod Deus ultionum
Nobis egit libere.

2. Ave sola pollens tribus,
Si non quantis, dico quibus,
Fronde, flore, germine:
Frons obumbrat, flos demulcet
Germen pascit, ut conculcet,
Quod putet in homine.

3. Ave, parens sine pare,
Pariendo gloriare,
Partu parta gloria;
Ave, portus, ave, porta,
Hunc portasti, quo absorpta ·
Mors est in victoria.

4. Virgo, vitis, clavis, ave,
Per quam mortis fracta clave
Vita mortem abolet;
Aquis motis in piscina
Solve mentem a sentina,
Quae sentinam redolet.

5. Ave, pulchra et decora,
Cum te colam, me decora,
Ne culpa dedecoret;
Instat enim mihi reo
Hostis mihi tamquam leo,
Qui quaerit, quem devoret.

6. Ave, clemens et benigna,
Quae pudoris tenens signa
Facta es puerpera,
Cujus facti sacramentum
Omne pellit argumentum,
Nisi fallat litera.

7. Stilla favi, stillans ave,
Fove reum, reo fave,
Omni favo dulcior,
Dulcis rosa super favum,
Cladis meae rumpe clavum,
Quo clavatus crucior.

8. Praedotata de sublimi
Super primas, ave, primi
Mater et novissimi;
Ave, quia tu fovisti
Tuo sinu membra Christi,
Cara praecarissimi.

9. Ave semel, ave rursus,
Ave, per quam noster cursus
Promeretur bravium;
Ave, quia quod faex Evae
Longum fecit, nobis breve
Reddidisti stadium.

10. Sola solis fulgens more,
Ave, cujus in odore
Unguentorum currimus,
Generalis generosa,
Ave, quam in mortis hora
Reis piam novimus.

11. Ave, caput nostrae spei,
Spes colenda, mater Dei,
Nobile triclinium;
Ave, coelo fulgens luna,
Sed defectu carens una
Portans pondus omnium.

12. Hoc audemus de te fari,
Quod, si sancte majorari
Possit sancta trinitas,
Quarta tibi pars daretur,
Quod idcirco prohibetur
Ne fiat quaternitas.

13. Pia mater Jesu, ave,
Quam eversa mari nave
Nautae timor invocat;
Ave semel et secundo,
Cujus virtus in profundo
Mersos sursum revocat.

14. Super mites ave mitis,
Ave palmes, ave vitis,
Palmes vitem generans;
Hac de vite palmes venit,
Palmes vitem hanc praevenit,
Nil tamen praeposterans.

15. Ave, mundi necans necem,
    Cujus totum est, ut precem
      Fundas pro peccantibus;
    Ave, cujus favet voto
    Coeli turba nisu toto,
      Voluntate, viribus.

16. Ave, clemens o Maria,
    Mente Rachel, actu Lia,
      Hoc modo non aliter:
    Rachel, quia contemplaris,
    Lia, quia fecundaris,
      Tamen dissimiliter.

17. O Maria, matrum palma,
    Mater dulcis, mater alma,
      Cujus fisus nomine
    Confidenter cantat reus:
    Miserere mei Deus,
      Parce mihi, Domine.

18. Cum in coelis sis assumpta,
    Ave, tamen semper prompta
      Infirmis succurrere;
    Si rogeris puro corde,
    Rogans mundus fit a sorde,
      Verbum complens opere.

19. Quid centenis utens linguis
    Dicam, nisi quod exstinguis
      Virgo luxus hominum;
    Ave multum, ave plene,
    Quae doloris nostri poenae
      Posuisti terminum.

20. Hoc silebo, hoc loquarne,
    Quod de carne sine carne
      In te caro floruit?
    Unde semper et non raro
    Sit beata tua caro,
      Qua nostra refloruit.

21. Ave, virgo jubilea,
    Qua solvuntur reus, rea
      Et laxatur debitum,
    Ave rursus, et solutos
    Fac a mundi faece tutos,
      Vitam dans post obitum.

22. Si quid 'habent boni boni,
    Fit per bonum tui doni,
      Ave, donans jugiter,
    Non nobis te nostris bonis,
    Sed revera tibi omnis
      Laus in fine canitur.

23. Ave per quam summum ducem,
    Immo suam vidit lucem
      Populus in tenebris;
    Ut viderent lucem isti,
    Mortis somnum repulisti
      Ab eorum palpebris.

24. Piis bona, pia bonis
    Praemonstrata Gedeonis
      Madidato vellere;
    Ave, cujus ditioni
    Subdunt sua seque boni
      Mente, verbis, opere.

25. Loquens mane, loquens sero
    Vere minus erit vero,
      Quidquid de te dixero;
    Sed silere cum sit grave,
    De te tibi semper ave
      Dicam, quoad vixero.

26. Ave, cujus dulce nomen
    Gratus odor est et omen,
      Hilaris memoria;
    Ave, virga, quam de Jesse
    Egressuram nobis esse
      Sonuit historia.

27. Fertur virga floruisse,
    Florens statim fronduisse,
      Frondens dans amygdalum;
    Valet aegris fructus ille,
    Tuus solvit non a mille,
      Sed a cunctis scandalum.

28. Virga silex bis percussus
    Aquas fundit quasi jussus,
      Quibus gregem satiat;
    Sic Maria dura quidem
    Mundi mollit, ejus fidem
      Format, nutrit, ampliat.

29. Si de cruce loquar Christi,
  Ave, quia tu fuisti
    Caput hujus operis;
  Nunquam enim pateretur,
  Nisi de te nasceretur
    Descendens a superis.

30. Ave, quia sicut leo
  Caudam trahens delet eo,
    Quo vadit, vestigium,
  Sic et tuum intrans alvum
  Deus exit servans salvum
    Virginale gremium.

31. Ave, David illa turris,
  Quae sustentas et succurris
    Laesis hostis vulnere;
  Ave, quies et asylum
  Quae non solum sinis pilum
    Perire de capite.

32. In Judaea tantum notus
  Olim Deus per te totus
    Noscitur totaliter;
  Ave, mater castitatis,
  Cui prae cunctis favet castis
    Deus specialiter.

33. Si quid boni praedicatur
  De quo bono, tibi datur
    Salva nati gratia;
  Ave, cujus per obtentum
  Aes mutatur in argentum
    Et in aurum scoria.

34. Mundus mendis inundatus
  Per te mundam fit mundatus
    Nec tot immunditiae
  Mundo erant in errores,
  Quot mundati tibi rores
    Insunt et munditiae.

35. Quot arenas habet mare,
  Tot debemus Ave dare
    Tibi, plena gratia;
  Nec arenae tot sunt mari,
  Quot sunt, quibus commendari
    Debet tua gloria.

36. Ave, solis illa vestis
  Qua vestire solem gestis,
    Vestis, quam nil perforat;
  Solem vestis carne munda,
  Carnem tuam sol jucunda
    Deitate roborat.

37. Pro his, pro tot et pro tantis,
  Ave, virgo, vigor stantis,
    Lapsi resurectio;
  Omnis enim stans stat tibi,
  Si quis cadit, ades ibi,
    Ut sis relevatio.

38. Et quid dicam de te, mater,
  Ave, semel, bis, ter, quater,
    Ave, plena gratia;
  Ave, sanctum thymiama,
  Cujus solvit sola fama
    Natos a miseria.

39. Ave, cujus verbis favit,
  Aquam Deus dum mutavit,
    Dum vinum deficeret;
  Istud tibi plus adscribo,
  Sine qua potu nec cibo
    Convivas reficeret.

40. Rubus ardens incombustus,
  Quod cor, auris, lumen, gustus
    Non gustarunt, docuit;
  Quid? te, virgo, parituram
  Et post partum permansuram
    Virginem, ut decuit.

41. Quod Aegyptus spoliatur,
  Quod in mari suffocatur,
    Turba Pharaonica,
  Cum hoc donum per te datur,
  Ave, tibi duplicatur
    Et cum hymnis cantica.

42. Ave, quies ad quietem,
  In qua nostrum Moysetem
    Quievisse novimus;
  In quiete quies tota,
  Quies motu nullo mota,
    Quies, qua quievimus.

43. Omni grata, nulli gravis,
    Speciosa et suavis
     Tuis in deliciis,
    Oris nostri sumens Ave
    Nos defende mortis a vae,
     Lamento, miseriis.

Cod. Cantabrigen. Ff. VI 14. saec. 13. A. — Orat. ms. Coelestin. saec. 15. Cod. Parisien. 18571. B. — 5, 5 Hostis nequam B. — 6, 6 fallit B. — 7, 1 Stilla fumi A. — 7, 2 reum fove, fave A. — 8, 5 Sinu tuo B. — 8, 6 Praecara carissimi B. -- 13, 2 maris B. — 13, 4 sqq. fehlen A. — 14, 1 Inter mites A. — 19, 1 centenis mille linguis B. — 19, 5 Quac fehlt A. — 22, 1 Sed quid A. — 23, 5 Mortis noctem B. — 28, 4 durum quidem B. — 28, 5 Mundum B. — 29, 3 ipsius operis B. — 33, 1 Sed quid A. — 33, 2 De hoc bono B. — 34, 1 immundatus B. — 35, 4 avenae B. — 35, 5 quibus gloriari A. — 36, 1 Ave sola B. — 40, 4 Quod B. — 43, 1 Cunctis grata B. — Den Verfasser des Liedes nennt A: „Incipit rhythmus magistri Stephani Tornacensis ad laudem et honorem BMV."

III.

DE SANCTIS.

129. Litania Omnium Sanctorum.

1. Summe pater, sancte Deus,
Nunc te precor ego reus,
Pie mei miserere,
Ut digne queam deflere,
Quod commisi nequiter.
Si vis, potes me mundare,
Sine te non possum stare
Sed neque ad te transire,
Nisi mihi subvenire
Digneris celeriter.

2. Jesu Christe, verbum patris,
Qui carnem de carne matris
Homo factus induisti
Atque propter nos obisti
Crucis in patibulo,
Tuae, precor, memor mortis
Mihi sis adjutor fortis
Ac dono tuae virtutis
Auctor meae sis salutis
In omni periculo.

3. Amborumque pneuma sacrum,
Esto mihi nunc lavacrum,
Peccatorum sordes mundans
Atque meum cor fecundans
Spiritali gratia.
Si me laves, mox mundabor,
Nisi sanes, non sanabor,
Si non donas me mundare,
Nequidquam possum laudare
Deum cum fiducia.

4. Tu, qui trinus in personis,
Indivisus es in donis,
Unus es in deitate,
Deus pater, flamen, nate,
Unus in substantia,
Mentis meae pravitatem
Regens duc ad veritatem
Fidei, spel, amoris,
Totum me coelestis roris
Replens abundantia.

5. O Maria, stella maris,
Virgo mater singularis,
Speculum virginitatis
Et totius trinitatis
Nobile triclinium ;
Ora pro me, virgo pia,
Ut in hujus vitae via
Conversando sic incedam,
Ut non incidam in praedam
Hostibus fidelium.

6. Chori novem angelorum,
In Sion Deum deorum
Contemplando qui videtis
Et in ejus congaudetis
Jugiter praesentia,
Ipsum, precor, exorate,
Ut pro sua pietate
In me lavet, quidquid sordet,
Et remittat, quod remordet.
Tristem conscientia.

7. Johannes, baptista Christi,
Qui vocem patris audisti,
Ut vidisti descendentem
Spiritum clare nitentem
In columbae specie,
Ipsum ora baptizatum,
Ut peccatis emundatum
Me post temporalem mortem
Esse faciat consortem
Coelestis laetitiae.

8. O vos proceres bis seni,
Spiritali musto pleni,
Signis, factis et doctrina
Sacramenta qui divina
Edidistis libere,
Pro me ferte preces pie,
In illa tremenda die
Quando judex est venturus
Pius bonis, malis durus,
Justo reddens munere.

9. O vos sancti Christi testes
Qui vestras lavistis vestes
In hujus agni cruore,
Mundum qui suo livore
  Sanavit feliciter,
Vos nunc in conspectu Dei
Memores estote mei,
Ut post hujus vitae cursum
In coelum ascendam sursum
Ad laetandum jugiter.

10. Omnes sancti confessores
Quorum vita, verba, mores
Hic Christus sic approbavit
Et vos secum collocavit
  In coeli palatio,
Ne seductor animarum
In hac valle lacrimarum
Me in ulla parte laedat,
Pro me, precor, intercedat
Vestra supplicatio.

11. Cum decore virginali
Fide Christo spiritali
Quae ferventer adhaesistis
Et in ejus introistis
  Gaudenter poțentias,
Vestra prece pro me state,
Ut ipsius largitate
Conferatur mihi segni,
Ut apertis portis regni
Gradiar ad nuptias.

12. Omnes sancti cives coeli,
Precor mente vos fideli,
Qui cum Christo jam regnatis,
Ut meae calamitatis
  Memores miseriae
Oretis pro peccatore,
Ut a Leviathan ore
A peccatis absolutus
Ex hac valle vadam tutus
Ad tribunal gloriae.

Scala coeli saec. 14. ex. Cod. Pragen. XIII E 3. A. — Cod. Paulanus Hospitalen. cart. 326 saec. 15. B. — Orat. ms. Scotorum Vindobonen. 54 h 8 anni 1410. C. — Orat. ms. Carthusian. saec. 15. Cod. Capit. Treviren. 116. D. — Cod. S. Petri Salisburgen. b VI 3. saec. 15. E. — Cod. S. Petri Salisburgen. b II 30. saec. 15. F. — Orat. ms. Tegurinum saec. 15. Cim. Monacen. 20124. G. — Orat. ms. Tegurinum anni 1470. Clm. Monacen. 20021 H. — Cod. Carolsruhan. Augien. 36. saec. 14/15. I.

A hat (von anderer Hand) die Angabe: „Arnesti archiepiscopi primi Pragensis"; dagegen F: Letania Domini Alberti Magni. Et est in tono: Veni dulcis consolator, Tenebrarum illustrator etc." Erstere Angabe verdient Glauben.

1, 2 Peccatorum ego reus BC; Peccator ego atque reus EF. — 1, 3 Mei pie E; Mei precor BCF. — 1, 4 Ut sic digne queam fiere EF. — 1, 5 Quae commisi E. — 1, 6 me sanare B. — 1, 8 Sed nec ad te datur ire BCEFI. — 1, 9 Si non mihi I. — 2, 3 Factus homo B. — 2, 6 Ejus precor CEF; Hujus precor B. — 2, 8 Atque dono tuae EF. — 2, 10 Omni in F. — 3, 1 Utriusque pneuma BEFI; Sanctumque pneuma C. — 3, 3 sordes munda B. — 3, 4 fecunda B. — 3, 5 Speciali gratia C. — 3, 7 Nisi laves B; non curabor BCI. — 3, 8 Si non dones BCEF; mis orare B; nec orare EF; non orare I. — 3, 9 Nunquam possum nec laudare B; Quidquam possum vel laudare EF; Quidquam possum nec laudare I. — 4, 1 Tu es trinus C. — 4, 3 Deus pater, flamen, nate BCEFI. — 4, 4 Tres unus in deitate CEFI; Tres unum B. — 4, 5 Unum in C; Et unum in EF. — 4, 6 Meae mentis BC; Nostrae mentis EF; Horum mentis I; trinitatem BEFI. — 4, 7 ad unitatem BEF; Rege nunc in unitatem I. — 4, 8 Fidei, spei, caritatis A; spei et amoris EF; — 4, 9 Me totum EF; Auctor meae castitatis A. — 4, 10 Tua fecundet grația B. — 5, 1 O praeclara stella BCE. — 5, 9 Ut in praedam non incidam A. — 5, 10 Hostis fidelium A; Hostium infidelium B; Vincam infidelium I. — Str. 6 fehlt C. — 6, 4 Et de ejus qui gaudetis BI. — 6, 7 Ut sua cum BI. — 6, 8 Lavet in me I. — 6, 9 Et dimittat B; Et relaxet I. — 6, 10 Tristis conscientia A; Tristem conscientiam BEF. — 7, 3 Et vidisti B. — A peccatis C. — 7, 9 Faciat esse C. — 8, 1 Et vos proceres E; O vos proceres BI. —

8, 2 Dei caritate pleni E. — 8, 4 quo divina I. — 8, 5 Docuistis libere E. — 8, 6 Ferte pro me EF. — 8, 7 Ut illa tremenda A. — 8, 9 Piis mitis BI. — 8, 10 Justo vivens munere A; jungens munere C; urgens munere I; Me dextris velis jungere EF. — 9, 1 O beati Christi BCEFI. — 9, 2 Qui lavistis vestras BCI; Vestras qui lavistis E. — 9, 3 In ejus agni I. — 9, 4 Suo mundum qui BCEFI. — 9, 9 conscendam BCEFI. — 10, 3 Hic sic Christus B. — 10, 4 Quod vos secum E; secum nunc locavit I. — 11, 2 Christo EF; speciali BI. — 11, 3 Cui ferventer A; Qua ferventer EF. — 11, 4 Et laetanter introistis BCEFI. — 11, 5 In cujus potentias B; In ejus potentias CEFI. — 11, 6 Mihi vestris obtinete ABI. — 11, 7 Precibus ut cum quiete ABI. — 11, 8 Ego miser ac solutus A; Contritus poenitens, confessus B: A peccatis absolutus I. — 11, 9 Ex hac valle vadam tutus A. Purus meus sit acceptus B; Liber vadam atque tutus I. — 11, 10 Ad coeli delicias A. Ad coelestes nuptias BCI. — 12, 1 Universi cives coeli BCEFI. — 12, 2 Mente precor BEF; vos mente C. — 12, 3 nunc regnatis BCEF. — 12, 4 Sitis meae calamitatis A. — 12, 5 et miseriae ACEF. — 12, 6 Orate A. — 12, 8 Ego liber ac solutus BCEFI. — 12, 9 hac vita BCEF. — 12, 10 Ad coelestes nuptias A.

130. Litania Omnium Sanctorum.

1. Istam dicas humili
   voto letaniam,
   Pro te et pro reliquis
   aurem pulsans diam,
   Ut nos Christus dirigat
   in salutis vitam
   Et possitis carpere
   summam hierarchiam.

2. Qui plasmasti hominem
   mirum per emplastrum,
   Et discernis singulum
   per discrimen astrum,
   Qui evellis frutices
   nec per ferri rastrum,
   Nos avulsos vitiis
   duc ad tuum castrum.

3. Patris unigenite,
   bone Jesu Christe,
   Patri tuo pontifex
   pro nobis adsiste,
   Ut det nobis gaudium
   auferat et triste,
   Ne nos ad interitum
   ducat mundus iste.

4. Amor indeficiens
   et patris et prolis,
   Intus nos illumina
   igne summi solis,

Aufer nobis taedium
cujuscunque molis,
Ut simus pervigiles
in sanctorum scholis.

5. In personis trinitas,
   qui es Deus unus,
   Nobis supplicantibus
   hoc largire munus,
   Ut, quod datur miseris,
   transcendamus funus,
   Et nobis petentibus
   da coelorum munus.

6. Maria, quam satanae
   non infecit fucus,
   Nec sollicitaverant
   opes, ager, lucus,
   Sed templo servaverat
   Deus nec eunuchus,
   Fac, ne nos adficiat
   infernalis bruchus.

7. Sancta Dei genitrix
   fundens orbi lucem,
   Quam ad regnum perditum
   jam habemus ducem,
   Dum surgit a mortuis
   Christus, scandit crucem,
   Hunc roga, quod deprimat
   nostrum hostem trucem.

8. Sancta virgo virginum,
   quae mundo tulisti
Gaudia, dum Dominum
   nostrum peperisti,
Cujus fortitudini
   non potest resisti,
Fac nos ejus, petimus,
   ante thronum sisti.

9. Qui draconem visceras
   in monte Gargano,
Michael, spiritui
   fraenum fac vesano,
Esto nobis obviam
   in salutis plano,
Ut migremus ad Jesum
   cum conductu sano.

10. Per quem plena, Gabriel,
    virgo fit inventa
Flatu, per quem peperit
    Christum, qui tormenta
Pro nobis pertulerat
    praestans levamenta,
Ne tangamus, petimus,
    Orci pavimenta.

11. Raphael, qui nuntias
    nostra vota caelis
Et Tobiae fueras
    in via fidelis
Et per fel pisciculi
    caecitatis telis
Tobiam salvaveras,
    nos sanare velis.

12. Angeli, archangeli,
    potestates, throni,
Cherubim et Seraphim
    senesque coloni,
Ad orandum Dominum
    prece sitis proni,
Ut simus participes
    sempiterni boni.

13. Prophetarum maxime,
    Johannes Baptista,
Apud Christum Dominum
    orans pro nobis sta,

Ne nos prendat miseros
    priscus agonista,
Sed fruamur gloria
    spolia post ista.

14. O dilecti Domini
    sancti patriarchae,
Quos salvavit Dominus
    per tutelam archae,
Fundite precamina
    Domino jerarchae,
Ut coelestis patriae
    simus commonarchae.

15. Futurorum scioli,
    vos sancti prophetae,
Qui cum Deo famini,
    preces jam praebete,
Veteris ut aucupis
    transvolemus rete,
Carpentes confugium,
    cujus non sunt metae.

16. Petre, coeli claviger,
    qui potes ligare
In terra ac solvere,
    pro nobis precare,
Ut nobis peccamina
    velit condonare,
Qui tibi condoluit,
    cum fleres amare.

17. Vas electum Domini,
    o beate Paule,
Cum: quid me persequeris,
    dixit, Saule, Saule,
Christus, ejus factus es
    agnus sanctae caulae,
Coeli nobis impetra
    mansionem aulae.

18. O per crucem redimens
    gaudium Andrea,
Plebem firmans triduo
    suspensus in ea,
Roga tuum Dominum,
    criminis ne rea
Segregemur anima
    sanctorum chorea.

19. Johannes apostole,
    Christo praedilectus
    Et in coena recubans
    ejus supra pectus,
    Hunc roges, qui latus est
    lancea transjectus
    In cruce, ne perimat
    nos Satan dejectus.

20. Praetoris officium
    gerens theloneo,
    Matthaee, apostolus
    vocatus a Deo,
    Roga, qui vocavit te,
    advocemur eo,
    Quo nos non afficiat
    lupus neque leo.

21. O sancti apostoli,
    qui per mundum missi
    Praedicastis gaudii
    jacturam amissi
    Nec per ullam haeresim
    exstitistis fissi,
    Nos transferri facite
    fluvium abyssi.

22. O Christi discipuli,
    qui mundum sprevistis
    Et salutis monita
    jugiter audistis
    Et audita reliquos
    digne docuistis,
    Facite, ne premat nos
    Orci turba tristis.

23. Baptizati sanguine
    sancti innocentes,
    Quos Herodes necuit
    ubera lactentes,
    Et, quocunque ierit,
    agnum jam sequentes,
    Hunc pro nobis petite
    ad thronum canentes.

24. Gloriose Stephane
    lapidantes passus,
    Nec pro lapidantibus
    orans cras lassus

Atque Christum cernere
    coelo stantem fassus,
    Non sit pro petentibus
    sermo tuus cassus.

25. Oswalde, rex inclitus
    et martyr insignis,
    Eja, Christum rogita
    precibus benignis,
    Ut nos a spiritibus
    conservet malignis,
    Ne nos ardor opprimat
    infernalis ignis.

26. Laurenti, craticulae
    coronate lauro,
    Dispersis pauperibus
    opibus et auro,
    Roga Christum, servet nos
    a nequam centauro,
    Ut fruamur denique
    coelesti thesauro.

27. Cui fontem innuit
    agnus pede, Clemens,
    Cujus festis singulis
    maris unda vehemens
    Refugit, ut quaerant te
    claudus, caecus, demens,
    Fac, sit nobis proximus
    Agnus Dei clemens.

28. O pastor egregie,
    Archipraesul Thoma,
    Christo praebens victimam
    carneum in coma
    Ad altare Domini
    et sub ejus doma,
    Da pro nobis Domino
    precatus aroma.

29. O vos sancti martyres,
    effuso cruore
    Coronati gloria
    laudis et honore,
    Satiari facite
    nos coeli dulcore,
    Angelos qui reficit
    consueto more.

30. Praesul par apostolis,
     o sancte Martine,
   Ad Deum et homines
     viae sequax binae,
   Cui non nocuerant
     infestantes minae,
   Roga Deum, salvet nos
     a lapsu ruinae.

31. Nicolae pontifex,
     qui tres liberasti
   De mortis angustia
     et tres maritasti
   Inconsultas virgines,
     preces summo plasti
   Funde, quod ab ore nos
     servet lacus vasti.

32. Benedicte nobilis,
     monachorum lumen,
   Qui compescens Satanam
     carnis per legumen
   Asperum, oraveras
     trinitatis numen,
   Roga Deum, et nos non
     comprimat alumen.

33. O confessor nobilis,
     pontifex Edmunde,
   Pro Christi ecclesia
     perferens abunde
   Damnum et exsilium,
     preces Deo funde,
   Ne morti post obitum
     tradamur secundae.

34. Sequax castimoniae,
     sancte praesul Hugo,
   Quem non inquinaverat
     titilans lanugo,
   Fac, quod nostra rasa sit
     criminis ferrugo,
   Ne post mortem animam
     corrodat aerugo.

35. Recusantes terrea
     sancti confessores,
   Contemplantes coelica
     carnis contemptores,

Facite, quod conterat
  nostros subversores
Christus, qui nos redimens
  sustulit dolores.

36. O vos, sancti monachi,
     laudibus adstantes,
   Pro nobis et ceteris
     vota Deo dantes,
   Per vestra suffragia
     sitis nos salvantes,
   Ne hoc mari fluido·
     simus naufragantes.

37. O fugaces hominum
     mites eremitae,
   Habitantes eremum,
     ut sepulta lite
   Toti sitis compotes
     contemplantis vitae,
   Per vos hostis careat
     nostra Sunamite.

38. Contemplatrix coelicae
     vitae Magdalena,
   Laudanda peccantibus
     dulci cum camoena,
   Ubi sonant organa,
     cantat philomena,
   Per te nos suscipiat
     Christus ad amoena.

39. Quae vicisti rhetores
     quaestione mota,
   Katharina, ferrea
     quam torquebat rota,
   Pro nobis supplicibus
     Christo funde vota,
   Ut sit a tortoribus
     anima semota.

40. Virgo fide stabilis,
     Sancta Margareta,
   Hostem spernens invidum,
     virtute repleta,
   Rogita clementiam,
     cujus non est meta,
   Ut iniqui judicis
     salvet nos a theta.

41. Deo carnem offerens,
    Agnes dire torta,
Dum spernis conjugium,
    duceris ad scorta,
Quo lux necans impios
    coelitus est orta,
Fac, sit nobis patula
    jam coelestis porta.

42. O sancta Caecilia,
    facie venusta,
Sed fide venustior,
    Mundo, Deo justa,
Quod uterque petit dans,
    pro supplicibus sta
Nobis, ne nos noceat
    barathri locusta.

43. Sectatrix munditiae
    virginum caterva,
Agno sine macula
    preces coacerva
Et virtutem zabuli
    precibus enerva,
Ne nos truculentia
    deprimat proterva.

44. O matronae nobiles,
    coelorum matronam
Exorantes petite
    jam per mentem bonam,
Ut per eam Dominus
    det nobis annonam,
In coelis restituens
    centuplam coronam.

45. O puellae nubiles,
    o vos defloratae,
Matrem Dei petite,
    Magdalenae date
Preces, ut ad Dominum
    plenum pietate
Instantes pro nobis sint
    in necessitate.

46. O vos omnes coelibes
    Christi speciales,
Vos pulsate, petimus
    Aures divinales,
Ut regni participes
    simus nos sodales,
Ne nos tandem terreant
    larvae stygiales.

47. O Deus omnipotens,
    a quo cuncta. cerni
Constat et, antequam sunt,
    ideas discerni,
Amnis, ignis, aeris,
    telluris, falerni,
Serva tuos famulos
    ab imbris Arverni.

48. Jam lector amplecteris
    finem letaniae,
Dicas sic ad Dominum
    voto mentis piae:
Nos et hunc, qui scripsit hoc,
    unicus Mariae
Filius custodiat
    in suprema die.

Cod. Oxonien. Rawlins. C. 510. saec. 13. — 28, 4 Lies Carneum in-coma? oder cerebrum in coma? oder carncam in coma? — Dafs diese Litanei von einem englischen Dichter herrührt, braucht wohl nicht bemerkt zu werden.

131. De Omnibus Sanctis.

1. Ave, summa trinitas,
    Omnis per te sanctitas
      Mihi Largiatur,
Ave, virgo virginum,
    A me per te criminum
      Culpa deleatur.

Virtus mihi Michael,
    Gabriel et Raphael,
      Per vos dirigatur,
Per cunctosque spiritus
    Divos mihi coelitus
      Salus augeatur.

2. Ave, apostolica
   Cohors et prophetica
     Et patriacharum ;
   Adsit quoque medicus
   Chorus et theoricus
     Evangelistarum,
   Adsint et discipuli,
   Contemptores saeculi
     Et rerum cunctarum,
   Omnes pro me fundite
   Preces et me cingite
     Donis gratiarum.

3. Ave, innocentium
   Turba morientium
     Pro Christo, beata
   Turba, ave, niveo
   Candore et rubeo
     Martyrum ornata.
   Per vestra martyria
   Mater est ecclesia
     Pulchre purpurata,
   Pro vestra victoria
   Mihi dentur gaudia
     In coelis optata.

4. Ave, o pontificum
   Cohors et mirificum
     Agmen monachorum,
   Adsint eremicolae
   Et omnes deicolae
     Legis confessorum;
   Occurrant et virgines,
   Viduarum ordines
     Et conjugatorum,
   Omnes me attendite,
   Pro me preces edite
     Principi coelorum.

5. Ave, turba omnium
   Civium coelestium,
     Qui regnant cum Deo ;
   Propter mea vitia
   Ad vestra suffragia
     Supplex ego fleo,
   Pro me intercedite
   Placatumque reddite
     Deum mihi reo,
   Sim in coeli solio
   Vobiscum in gaudio
     Et cum Jesu meo.

Cod. Mellicensis 932 saec. 15. A. — Cod. Carolsruhan. Augien. 36. saec. [14]/15.
B. — 1, 3 Mihi fehlt A. -- 1, 6 Culpa fehlt B. — 1, 8 et fehlt A. — 1, 10
que fehlt A. — 1, 11 Dives A. — 1, 12 Semper augeatur A. — 2, 4 Adsit
quoque fehlt B; modicus B. — 2, 11 me ungite B. — 3, 1 innocentia A. —
3, 2 morientia. — 3, 4 Ave turba B. — 3, 5 Candoreque B. — 2, 7 bis
9 fehlen B. — 2, 11 Nobis dentur A. — 4, 4 Adsint et heremicolae B. —
4, 5 Omnesque B. — 4, 7 Occurantque B. — 5, 3 Regnat quae cum B. —
5, 5 Placatumque B. — Das Lied steht bei Mone III, 8 sq., aber lückenhaft,
weshalb es hier wiederholt ist.

132. Litania Omnium Sanctorum.

1. Clemens pater, verbi sator,
   Christe, saecli reformator,
   Paraclite consolator,
   Deus, clemens miserator,

R°. Da ut omnis plebs sanctorum
   Te imploret atque horum
   Audi voces, rex coelorum.

2. O decore rex coelestis,
   Da solamen vitae maestis,
   Ut post hujus finem pestis
   Intersimus tuis festis.

3. O Maria, florens rosa,
   Virgo Jesse fructuosa,
   Nobis prece gloriosa
   Regna pande liliosa.

4. O phalanges angelorum,
   O custodes viatorum,
   Inter odas beatorum
   Nos transferte gaudiorum.

5. O praecones summi regis,
   Servatores scriptae legis,
   Patriarchae cum prophetis,
   Nobis pie suffragetis.

6. O praecusor claritatis,
   O baptista veritatis,
   Te poscentem pro peccatis
   Ora fontem pietatis.

7. Sancte Petre, pastor bone,
   Summo gregi nos appone,
   Paule doctor, orbis lumen,
   Coeli nobis placa numen.

8. O coelorum senatores
   Atque orbis decursores,
   In extremis adjutores
   Sentiamus, non tortores.

9. O cruore purpurati,
   Christo duce laureati,
   Vestra prece decorati
   Collaetemur coronati.

10. O beati confessores,
    Mundanorum contemptores,
    Paradisi per vos flores
    Consequamur et honores.

11. O decorae et prudentes,
    Castitate redolentes,
    Opem ferte, repellentes
    Impudicae vitae sentes.

12. Omnes sancti, vos rogamus,
    Ut oretis, supplicamus,
    Ne confusi pereamus
    Sed vobiscum gaudeamus.

13. O sanctorum rex benigne,
    Sempiterna laude digne,
    Vitiorum nos ab igne
    Munda, sacro replens igne.

14. Pater, Verbum, sanctum flamen,
    Electorum tu juvamen,
    Nobis pium da solamen
    Et aeternum regnum.   Amen.

Cod. Cantabrigen. Ff. VI 14. saec. 13. — 1, 5 bis 7 kehren als Rund-
reim nach jeder Strophe wieder. — 4, 2 custodes beatorum. — 5, 3 a
prophetis. — 14, 2 Electorum in juvamen.

133. Litania Omnium Sanctorum.

1. Deus pater, qui creasti
   Mundum et illuminasti,
   Suscipe me poenitentem
   Et illustra meam mentem.

2. Fili Dei, Jesu Christe,
   Ad te venit reus iste,
   Qui in coeli sedes arce,
   Supplicanti mihi parce.

3. Sancte, spiritus, tuorum
   Consolator miserorum,
   Respice me peccatorem
   Infundens tuum amorem.

4. Deus unitas superna
   Trinitasque sempiterna,
   Ut intendam tuae laudi,
   Meos gemitus exaudi.

5. Dei genitrix, Maria,
   Virgo clemens atque pia,
   Ora pro me peccatore,
   Ornans me virtutum flore.

6. O Maria, Deo cara,
   Stella lucens et praeclara,
   Confer mihi caritatem
   Necnon et humilitatem.

7. Fac me tibi deservire
   Et in te vitam finire,
   Ut per te justificari
   Possim, per te et salvari.

8. Michael, victor draconis
   Pietatisque praedonis,
   Volentem mihi nocere
   Fac omnino non valere.

9. Gabriel, nuntie Christi,
   Cujus ortum praedixisti,
   Obsecro, mihi dignare
   Mortem meam nuntiare.

10. Raphael, medicamentum,
    Tu salus atque fomentum,
    Medere meo languori,
    Ut sim gratus salvatori.

11. Ad tua nunc praesidia
Cordis levo suspiria,
Cujus mihi custodia
Datur superna gratia.

12. Toto mentis conamine
Precor te, sancte angele,
Ut tuo sim juvamine
Securus et solamine.

13. O vos omnes angelorum
Conventus. sanctissimorum,
Precor, ut me animetis
Et in bono confortetis.

14. O Johannes, praeco regis,
Primus testis novae legis,
Fac, ut parem viam Christi,
Quam docere voluisti.

15. O celsi patriarcharum
Ordines et prophetarum,
Apud coeli regem Christum
Excusate reum istum.

16. Signifer apostolorum,
Petre, princeps ceterorum,
Dilue mea peccata
Potestate tibi data.

17. Paule, doctor veritatis,
Lux totius pietatis,
In me, si placet, intende
Et auxilium impende.

18. Andrea, crucis amator,
Sanctitatis praedicator,
Ut laborem non in vanum,
Laboranti praesta manum.

19. Johannes, Christi dilecte,
Ipsius matrem inflecte,
Ut audiat meas preces,
Diluens immundas faeces.

20. Sancte Dei Martialis,
Munda me a cunctis malis,
Ut possim placere Christo,
In cujus conspectu sisto.

21. Apostoli Jesu Christi,
Cui vos credo adsisti,
A malo me liberate
Et in bono confortate.

22. Stephane, culmen honoris,
Primus testis salvatoris,
Adjuva me laborantem,
Qui vidisti Jesum stantem.

23. Laurenti, fortis athleta,
Qui coelorum vides laeta,
Me confirma in virtute
Ut non priver hac salute.

24. Vincenti, strenue miles,
Qui de Christo nunquam siles,
Auxilium mihi praesta,
Ne me turbet mors infesta.

25. Sancte martyr o Quirine,
Apta me legi divinae,
A cohorte tu proterva
In aeternum me conserva.

26. Chrysogone, martyr alme,
Laureatus ramis palmae,
Christo, precor, me commenda
Hora mortis in tremenda.

27. Felix martyr o Castori,
Semper adstans creatori,
Praehe mihi sublevamen,
Quando ducar ad examen.

28. Testis Christi, sancte Vite,
Qui complesti legem rite,
Duc me post hunc incolatum
Ad felicitatis statum.

29. O vos omnes gloriosi
Martyres et pretiosi,
Adjuvate me captivum
Et sanate semivivum.

30. Jeronyme gloriose,
Ecclesiae bellicose,
Qui corruscas ut aurora,
Juva me in mortis hora.

31. Mitem me fac et humilem,
Da virtutes, fuga crimen,
Ut sequar, sicut fuisti,
Callem gressus Jesu Christi.

32. Martine, gemma pastorum,
Lucerna catholicorum,
Tibi supplico, dignare,
Pro me Deum exorare.

33. Nicolae, vir fidelis,
Tu praecellens es in caelis
Sicut fulges deitate,
Sic me dita pietate.

34. O beate Benedicte,
Gregis Dei dux invicte,
Perduc me ad viam rectam
Regionemque electam.

35. Omnes sancti confessores,
Legis Dei defensores,
Me juvate vos sequentem
Quasi jam deficientem.

36. O Maria Magdalena,
Pietate Dei plena,
Summo regi me praesenta,
Cui servis tam attenta.

37. Agatha tu et Lucia
Matre sancta cum Maria,
Ferte pro me Deo preces,
Ut peccati tollat faeces.

38. Agnes, virgo gloriosa,
Fulgens atque pretiosa,
Flecte mihi salvatorem,
Pro quo fudisti cruorem.

39. Caecilia Deo grata,
Rosis veris coronata,
Jesum flecte et exora,
Ut sim felix mortis hora.

40. O martyr Anastasia,
Ignes passa pro Messia,
Hunc, beata, roga Deum,
Ut emundet pectus meum.

41. Ave mea advocata,
Dorothea, sis rogata,
Ut defectus et peccata
Per te a me sint ablata.

42. O beata Margareta,
Coeli tenes quae secreta,
Firma me nunc vacillantem
Et firmatum tene stantem.

43. Ave, Barbara praeclara,
Jesu Christo semper cara,
Praebe Mihi auxilium,
Cum ducar ad judicium.

44. Sancta martyr Katharina,
Praefulgens Christi doctrina,
Deprecare sponsum tuum,
Ne condemnet servum suum.

45. Scholastica, sponsa Christi,
Grata semper cui fuisti,
Iter meum para tutum
Per orationis scutum.

46. Omnes virgines sacratae,
Regi magno copulatae,
Offerte me, quaeso, sponso,
Cum venerit in absconso.

47. Domine Jesu, tuorum
Propter merita sanctorum,
Ut sim totus mundus corde,
Munda me ab omni sorde.

48. Da gratiam in praesenti,
Da veniam poenitenti,
Gloriam da in futura
Vita, qua est pax secura.

49. Omnes in te baptizatos,
Per peccatum inquinatos,
Perduc ad confessionem
Conferque remissionem.

50. Requiem aeternam cunctis
Da fidelibus defunctis,
Ne damnentur in fornace
Sed requiescant in pace.

Cod. Mellicen. 932. saec. 15. A: Finit feliciter letania Domini Francisci Petrarchae de omnibus sanctis, poetae laureati, collecta in monasterio Lunaelacensi seu Monse post Saltzburgam per fratrem humilem S. W. de F. Anno Domini 1481.

Cod. Palat. Vindobonen. 4089 c. a. 1460. B. — Litania de omnibus sanctis Francisci Petrarchae, poctae laureati et eximii.

Cod. Palat. Vindobonen. 1855 saec. 15. C. — „Oratio sancti Petri de Luxemburg Cardinalis, qui obiit Avenione anno 1387, in qua rhythmica apostolorum postremus Martialis, Lemovicensium ille primus episcopus, medio demum saeculo 3. Roma missus, ita adpellatur: Sancte Dei Martialis etc." Denis I III p. 3130 sq.

Brev. ms. Arremarense saec. 15. Cod. Parisien. 1063 D: Oratio sancti Cardinalis.

Orat. ms. Tegurinum saec. 15. Clm. Monacen. 19353. E: Incipiunt psalmi
poenitentiales cum letania Francisci Petrarchae, poetae laureati et eximii.
Orat. ms. Tegurinum anni 1470. Clm. Monacen. 20021. F: Incipit litania
Francisci Petrarchae, poetae laureati et eximii.
Orat. ms. Tegurinum saec. 15. Clm. Monacen. 20124. G: Letania alia
dc omnibus sanctis Francisci Petrarchae, poetae laureati et eximii, solemnis.
Clm. Monacen. (ol. Tegurin. 19636 saec. 15. H: Litania Petrarchae
poetae laureati et eximii.
Orat. ms. Sangallense 520 saec. 15. I.
Orat. ms. saec. 15/16. Cod. Bruxellen. 10389. K: De sancto Petro
Lucemburgensi, wo de soviel heifsen soll als auctore.
Cod. Casanaten. D V 16 (884) saec. 17. L: Oratio beati Petri dc
Luxemburgo Cardinalis. Apud Avenionem requiescit.
Orat. ms. Gallicum saec. 15. Cod. Londinen. Burn. 336. M.
20, 1 Serve Dei Martialis K. — 21, 4 bono confirmate B. — 23, 3 Me
conforta B. — Die ersten neun Strophen fehlen A.

134. De Omnibus Sanctis.

1. Redemptor noster Domine,
Qui passus es pro homine,
Nostra peccata hodie
Dele pro tuo nomine.

2. Salve, regina virginum,
Quae genuisti Dominum,
Hunc pro salute hominum
Ora, mater omnium.

3. Salve cum tuis angelis,
Michael venerabilis,
Juvamen miserabilis
Plebs petit et instabilis.

4. Salve cum sanctis patribus
Omnibus atque vatibus,
Baptista, nos suavibus
Coelorum ciba dapibus.

5. Salvete terrae principes,
Venturi quoque judices,
Regni Dei participes
Nos faciatis pauperes.

6. Salve, felix societas
Martyrum, vestra dignitas
Nos protegat et pietas,
Ne maculet iniquitas.

7. Salve cum confessoribus,
Martine, et doctoribus,
Nos ab inferni foribus
Custodi et doloribus.

8. Salve, turba virginum,
Quae flores sicut lilium,
Precare Dei filium,
Ut tollat molem criminum.

9. Tota coelestis curia,
Salve, nos ab injuria
Eripe et a furia
Hostis, qui nutrit jurgia.

10. Et post hanc vitam labilem,
Brevem ac lamentabilem
Nos semper fac amabilem
Videre Dei faciem.

Orat. ms. Tegurinum saec. 15. Clm. Monacen. 20110. A. — Orat. ms.
Tegurinum saec. 15. Clm. Monacen. 20124. B. — Orat. ms. Tegurinum saec.
15. Clm. Monacen. 19636. C. — B hat folgende Bemerkung: „Alia pulcherrima oratio de omnibus sanctis; et est in nota: Christum laudemus
carmine, et est multum commendabilis."

135. De Omnibus Sanctis.

1. Ave, numen, verum lumen,
Summum bonum, tenens thronum,
Rex aeternae gloriae,
Qui es trinus et non minus
Deus unus, da hoc munus,
Tollas zima scoriae.

2. Eja Deus, Deus meus,
Me dignare visitare
Atque benedicere,
Promovere et fovere,
Conformando ac salvando
In meque adspicere.

3. Me convertens et avertens
Pestem diram, omnem iram,
   Summa, vera trinitas,
Fac me tibi hic et ibi
Gratulari, collaetari,
   Simplex una deitas.

4. Me, o Jesu, tui esu
Tisque truce morte cruce
   A malis eripias,
Tua arma mihi parma
Sint et scutum, flos virtutum,
   Tandem me suscipias.

5. O Maria, mater pia,
Parens Dei, mater spel,
   Sanctorum sanctissima,
Me curando, consolando
Praemunire, custodire
   Digneris piissima.

6. Turma cuncta Deo juncta,
Sempiterno in superno
   Mihi sis propitia,
Tuis alis me a malis
Protegendo, comprimendo
   Hostes, tolle vitia.

7. Atque tecum ut tu secum
Me dignare tunc regnare,
   Qui et suis largiter
Post hanc vitam hic finitam
Multa donat et coronat
   Laurea perenniter.

Scala coeli saec. 14. ex. Cod. Pragen. XIII E 3.

136. De sanctis Angelis.

1. Ad vos, coelestes spiritus,
Summi regis exercitus,
Humiliter confugio
Salutis desiderio.

2. Vos clari super sidera
Me sordidum per scelera
,Nolite, quaeso, spernere
A vobis nec repellere.

3. O Michael, prae ceteris
In arce fulgens aetheris,
Meis intende precibus,
Ut tuis instem laudibus.

4. Paradisi praeposite,
Christi bellator inclite,
Me semper muni debilem
In hostem invisibilem.

5. O Gabriel, coelestia
Qui detulisti gaudia
Per Dei fortitudinem
Ad illibatam virginem,

6. Te gloriosum praedico,
Ut me confortes, supplico,
Per tuam da clementiam
Maesto mihi laetitiam.

7. O medicina Domini,
Esto succurrens homini,
O Raphael benignitas,
Tua me sanat caritas.

8. Tobiae comes optime
Et custos fidelissime,
Me crebro lapsum erige
Gressusque meos dirige.

9. Ad tua nunc praesidia
Corde levo suspiria,
Cujus mihi custodia
Datur superna gratia.

10. Hucusque per carnalia
Me foedans desideria
Tibi parere nolui
Honorem nec exhibui.

11. Jam revertentem suscipe
Et poenitentem recipe,
A fauce diabolica
Virtute regens coelica.

12. Toto mentis conamine
Precor te, sancte angele,
Ut tuo sim munimine
Securus et solamine.

13. Omnes coetus angelici,
    Voce deposco supplici,
    Ut in conspectu Domini
    Juvare me dignemini.

14. Cum peccator convertitur,
    Ut manifeste legitur,
    De ejus poenitentia
    Vobis erit laetitia.

15. Sic ergo et vos agite
    Pro me sic intercedite,
    Ut mihi sit salvatio
    Et vobis exsultatio.

16. Emundatum a sordibus
    Ornate me virtutibus,
    Ut omni rectitudine
    Vestro firmer juvamine.

17. Ad metam cum pervenero,
    Quam transgredi non potero,
    Ibi mihi succurrite
    Et procul hostes pellite.

18. Per vos regina gloriae,
    Mater misericordiae,
    Quae potens est et humilis,
    Fiat mihi placabilis.

19. Hanc placando poteritis
    Obtinere, quae petitis,
    Et ejus me dignatio
    Salvabit absque dubio.

20. Honor et benedictio
    Tam purae matris filio,
    Regnanti sine termino
    Sit angelorum Domino.

Scala coeli saec. 14. ex. Cod. Pragen. XIII E 3. A. — Cod. Palat.
Vindobonen. 4076. saec. 15. B. — Cod. Palat. Vindobon. 4089 anni 1460.
C. — Orat. ms. Tegurinum saec. 15. Clm. Monacen. 20123. D. — Orat.
ms. Tegurinum saec. 15. Clm. Monacen. 19363. E. — Orat. ms. Lehninense
anni 1518. Cod. Berolinen. IV° 29. F.
2, 4 Nec a vobis B. — 4, 4 Contra hostem A. — 6, 3 Tua praestet
clementia B. — 7, 2 Aegroto succurrens homini CD. — 7, 3 O fehlt in allen
Hss. — 7, 4 Me tua sanet AD. — 8, 3 retro lapsum A. — 9, 3 Qui mihi
pro A. — 9, 4 In baptismi datus est gratia A. — 10, 2 Mea desideria A. —
10, 4 Nec honorem BC. — 11, 1 Nunc revertentem BC. — 11, 4 regnes A. —
12, 2 Benigne precor domine A. — 12, 3 juvamine BC. — 13, 4 Me juvare
B. — 14, 1 Malus cum converitur A. — 14, 2 Ut aperte legitur A. —
14, 3 Hujus de poenitentia A. — 14, 4 Vobis est A. — 15, 1 ergo nunc
vos A. — 15, 2 Et pro me intercedite A. — 16, 3 Ut fiat exsultatio A. —
16, 4. Vobis mea salvatio A. — 19, 1 placare B. — 19, 2 Obtinendo B. —
20, 1 Gloria benedictio A.

137. De sanctis Angelis.

1. Angelici spiritus
   omnes o beati,
   Novem in ordinibus
   mire collocati,

2. Ruentibus plurimis
   tute praeservati,
   Nobis in auxilium
   estote parati.

3. Et quia clementia
   vos sola divina
   Ab hac apostatica
   servavit ruina,

4. Merito pro gratia
   tanta creatori
   Et vestro in gloria
   fideli tutori

5. Estis in perpetuum
   sine fine grati
   Et in innocentia
   ita confirmati,

6. Quod peccare minime
   vultis nec potestis,
   Securi de gloria
   vestra semper estis.

7. De beatitudine
vitae vobis data
Et de certitudine
vobis hinc collata

8. Nequaquam valebitis
in aevum moveri,
Nec ullis poteritis
hostibus terreri.

9. Sicut infidelitas
in vobis et nulla,
Sic neque crudelitas
praevalebit ulla.

10. Omnes a principio
vos immaculati,
Fideles et incliti,
Deo copulati;

11. Sibi juxta placitum
laeti servientes
Et ejus in jubilo
faciem videntes,

12. Et cum ad nos pauperes
missi declinatis,
Ut nos a spiritibus
malis defendatis,

13. Nequaquam privamini
Dei visione
Nec ejus fraudamini
tunc fruitione.

14. Mente semper alacres
estis atque mundi,
Pulchri et amabiles,
juvenes jucundi.

15. Quam consolatorii
sitis et quam boni,
Opem et praesidium
conferre quam proni,

16. In tentationibus
nostris experimur,
Dum vestro juvamine
in pugna munimur.

17. Carne nostra fragili
cito vinceremur,
Si vestro munimine
non circumdaremur.

18. Heu, quam nostris cordibus
sumus obscurati,
Quod non vobis amplius
de his simus grati.

19. Sed vos patientiam
in hoc habeatis,
Opem nobis miseris
nunquam subtrahatis,

20. Nostras ante Dominum
preces praesentetis
Et Mariam virginem
pro nobis oretis,

21. Quae est mundi domina,
regina coelorum,
Hominum et omnium
rectrix angelorum.

22. Ut sic per angelicos
vos mediatores
Levemur ad coelicos
inhabitatores,

23. Ubi de terrigenis
multae sublevatae
Gaudent cum coelicolis
animae beatae.

24. Ibi gratitudinis
carmina canemus
Atque Deo gratias
de vobis agemus.

25. Bona nobis nuntia,
Gabriel, futura,
Sauciata, Raphael,
corda nostra cura.

26. Saeva, sancte Michael,
remove tormenta
Atque nostras animas
Deo repraesenta.

27. Benedictus Dominus,
qui vos sic creavit,
In beatitudine
taliter firmavit,

28. Ut vobis non opus sit
quidquam formidare,
Possitis et pauperes
nos hic adjuvare.

29. Laus, honor et gloria
    Deo sit deorum
    In omnia saecula,
    regi saeculorum.

Orat. ms. saec. 15. Cod. Colonien. 7.

138. De sanctis Apostolis.

1. O Petre beatissime,
   Apostolorum maxime,
   Me in fide catholica
   Tua prece consolida.

2. O Paule, mundi lilium,
   Praesta mihi auxilium,
   Spem firmam mihi impetra
   Contra mundi discrimina.

3. O Andrea piissima,
   Vota precantis suscipe,
   Et caritatis geminae
   Reple mentem dulcedine.

4. O Jacobe, accelera
   Mea piando scelera,
   Mundans dono justitiae
   A fermento malitiae.

5. O Johannes castissime,
   O tu Christo carissime,
   Dona mihi prudentiam
   Et castam conscientiam.

6. O Philippe, os lampadis,
   Erue me a tenebris
   Virtutum lustrans lumine
   Muni me fortitudine.

7. O Jacobe, Jerusalem
   Fac me poli participem
   Coronans temperantia
   Cum sanctitatis gratia.

8. O princeps apostolice,
   Bartholomaee domine,
   Mala mea mortifica,
   Quae bona sunt, vivifica.

9. O Matthaee, ne differas
   Fugare res mortiferas,
   Voluptates carnalium,
   Dans dona spiritalium.

10. O Thoma, tu qui vulnera
    Palpasti salutifera,
    Tu sana plagas pectoris
    Coelestis rore nectaris.

11. O Simon beatissime,
    Norma obedientiae,
    Da per precum potentiam
    Veram obedientiam.

12. O Juda Christum confitens,
    Cor mihi dona poenitens
    Cum fructu poenitentiae,
    In bonis permanentiae.

13. O Matthia, qui meritis
    Conjunctus es apostolis,
    A cunctis salva pestibus,
    Conjunge nos coelestibus.

14. Vos quemque singulariter
    Omnesque precor pariter,
    Ut pro meis excessibus
    Oretis horis omnibus.

15. Omnes sancti apostoli,
    Mei vos miseremini,
    Vestra sancta memoria
    Me collocet in gloria.

16. O quam beata merita,
    Christi frui praesentia,
    Cujus audire dulcia
    Solebatis colloquia.

17. Vos mundi de tumultibus
    Elegit sibi Dominus,
    Qui meruistis cernere
    Deum verum in corpore.

18. Vos estis mundi lumina
    Super solem lucentia,
    Per quos fulget ecclesia
    Ut sol et luna splendida.

19. Cum filio vos hominis
   Hunc mundum judicabitis,
   Me per vos salvum expeto
   In extremo judicio.

Orat. ms. Sitanstettense s. n. saec. 15. A. — Cod. S. Petri Salisburgen. a VI 35. saec. 15. B. — Orat. ms. saec. 15. Cod. bibl. Rossianae s. n. C. — Orat. ms. Augustanum saec. 15. Clm. Monacen. 7530. D. — Orat. ms. saec. 15. Cod. Londinen. Harl. 2894. E. — Orat. ms. saec. 15. Cod. Gandaven. 212 (37). F. — Orat. ms. Campense anni 1462. Cod. Darmstadien. 521. G. — Orat. ms. Coloniense saec. 15. Cod. Maguntin. II 343. H. — Orat. ms. Capit. Toletani 34—71. saec. ¹⁵/₁₆. I.

1, 3 Nos in fide B. — 2, 2 Praesta nobis B. — 2, 3 Et spem mihi D; nobis impetra B. — 2, 4 Contra fehlt B; Ante mundi CD. — 3, 2 precantum B. — 3, 3 germine B. — 3, 4 mentes B. — 4, 1 Mea dele scelera A; Mea mando [1: mundando] scelera B; pianda D; Tentata pelle bellica C. — 4, 3 Mihi dans dona A; Mundus domus B; Me a fumento malitiae C. — 4, 4 A fluento B; A fomento A; Scelera mundans dono justitiae C. — 5, 2 Ortu Christo B, Jesu Christo A. — 5, 3 Da mihi A; Da nobis B; Dona nunc C. — 6, 2 Evacua me a ABD. — 6, 4 me fehlt B. — Str. 7 und 4 vertauscht D. — 7, 2 Fac nos B. — 7, 3 Ornatus temperantia A. — 8, 3 Mala nostra B. — 9, 4 dona fchlt B. — 13, 3 salva precibus B; solve pestibus D; A fehlt C. — 13, 4 Conjunge nos B; hierauf folgt in AD:
   O Maria Magdalena,
   Gratia divina plena,
   Apostolorum apostola,
   Salutem nobis impetra.
In B trennt die nun folgenden Strophen die Aufschrift: „Alia oratio de apostolis." — Str. 14 fehlt C. — 14, 3 pro nostris B. — 15, 2 Vos nostri B. — 15, 4 Nos collocet B. — Str. 16 fehlt A. — 17, 2 Elegit pius Dominus A; Elegit fide Dominus C. — 17, 4 Verum Deum C; Dominum nostrum in A. — 18, 4 sol de luna B; fulgida D. — 19, 3 Me per vos salvum peto A; Per vos salvari postulo C.

139. Oratio ad omnes Apostolos.

1. Alme Petre, haerens petrae
   Qui petram aedificas,
   Me de poena mortis taetrae
   Trahe ac resuscitas.

2. Petrus, Cephas, Simon dictus,
   Firmus, capax, obediens,
   Per me semper benedictus
   Sit et me sit custodiens.

3. Petrus, firmans ecclesiam
   Suis magnis miraculis,
   Det mihi suam gratiam,
   Me tollens a periculis.

4. Petrus, forma sanctitatis,
   Me defendat a peccatis
   Et in regno claritatis
   Ponat et tunc erit satis.

5. O Petre, dux ecclesiae,
   Sordes meae miseriae
   Aufer, pastor egregie,
   Da mihi bona gloriae.

6. O Paule, doctor gentium
   Et speculum credentium,
   In coetum contemplantium
   Me duc et congaudentium.

7. O Andreas, Petri frater,
   Christi primicerius,
   Esto mei, quaeso, pater,
   Dans mihi cor purius.

8. Tu qui de fonte bibisti
   Omnis sapientiae,
   Et idcirco tu scripsisti
   Ordine scientiae,

9. Suscipi, Johannes, sine
   Preces meas, obsecro,
   Quia tibi sine fine
   Corpus meum consecro.

10. Jacobus, Johannis frater,
    Zebedaei filius,
    Sit istius domus pater
    Et custos egregius.

11. Philippus, lampas lucida,
    Haereticorum stimulus,
    Sit mihi stella fulgida
    Et gratiarum cumulus.

12. O Bartholomaee fortis,
    Magne Christi praedicator,
    Trahe me de portis mortis,
    Ut sim coeli habitator.

13. O Thomas, magister docte,
    Qui non cito credidisti,
    Tolle me de faecis nocte,
    Firmans me in fide Christi.

14. Homo lucis, o Jacobe,
    Alphaei clare fili,
    Fac, ut non loquar improbe,
    Sed cum modo subtili.

15. O Matthaee, scriptor Dei,
    Mundi qui sprevisti vana,
    Esto memor semper mei
    Atque mentem meam sana.

16. Fratres Simon et Thaddaeus,
    Vestro conjuncti agmine,
    Spiritus ut, prestent, meus
    Sit in superno cardine.

17. O Matthia, sorte datus
    Domini credentium,
    Fac, ut non sim elongatus
    A coctu gaudentium.

18. O Johannes, qui tinxisti
    Corpus Christi nitidum
    Et manum imposuisti
    Super caput lucidum,

19. Tinge, lava mentem meam
    Ab omni spurcitia,
    Ut laudare Deum queam
    Cum omni laetitia.

20. O Johannes, qui fuisti
    Jesu Christi praevius,
    Et Johannes, qui scripsisti
    Ceteris sublimius,

21. Gubernate nos studenter
    In hoc mundo labili
    Et portate nos laetanter
    In regno laudabili.

22. O Maria Magdalena,
    Speculum ecclesiae,
    Fac ut mea mens sit plena
    Odoris et gratiae.

23. Michael, qui pugil fortis
    Diceris et vincis bella,
    Me deduc in coeli hortis,
    Ut evadam mortis fella.

24. Gabriel, qui laetus venis
    Consolari flebiles,
    Esto mihi custos lenis,
    Ut sim inter humiles.

25. Raphael, qui medicina
    Diceris dominica,
    Plagas meas manu bina
    Sanans me laetifica.

26. Marce, fili Petri ducis,
    Nos alumnos, quos deducis,
    Redde fortes signo crucis
    Et consortes summae lucis.

27. O Lucas, lucis portitor
    Et animarum medice,
    Sis nobis lucis janitor
    Et cura nos pacifice.

Cod. Miscell. Patavin. (ol. S. Justinae) 1328 saec. 14/15. — 1, 4 resuscitas später korrigiert in succurras. — 7, 1 O fehlt. — 14, 1 o fehlt.

140. De sanctis Apostolis.

1. Petre, princeps fidei
   et apostolorum,
   Cui claves traditae
   sunt regni coelorum,
   Me, pater, a vinculis
   solve peccatorum,
   Per te ut introeam
   gaudia sanctorum.

2. Paule, doctor gentium,
   lux ecclesiarum,
   Peccatorum speculum
   et jubar praeclarum,
   Pater beatissime,
   fac me Deo carum,
   Quo me non absorbeat
   lacus tenebrarum.

3. Andrea mitissime,
   qui tormenta crucis
   Passus es viriliter,
   me consortem lucis
   Facias perpetuae,
   ut spretis caducis
   Rebus, dignus famulus
   fiam Christi ducis.

4. Jacobe, a Domino
   cum fratre vocatus
   Johanne, continuo
   fuisti paratus,
   Reliquisti omnia
   centuplum lucratus,
   Ora pro me, obsecro,
   Christo sociatus.

5. Johannes castissime
   cui commendavit
   Christus matrem virginem
   tibique donavit,
   Subveni misericors
   mihi, quem prostravit
   Satanae invidia
   atque subjugavit.

6. Thomas, dictus Didymus,
   Jesu tetigisti
   Resurgentis vulnera
   factusque fuisti

Fidelis et credulus,
me a nece tristi,
Pater mi, custodias,
mortem qui vicisti.

7. Jacobe justissime,
   filius Alphaei,
   Dictus frater Domini,
   custos esto mei,
   Longe fac hypocrisin
   a me pharisaei,
   Fac, quod nunquam separer
   a conspectu Dei.

8. Philippe, qui similem
   mortem salvatori
   Pertulisti moriens,
   mihi peccatori
   Obtine a Domino,
   quod, cum vado mori,
   Ab hinc me suscipiant
   angelorum chori.

9. Bartholomaee pie,
   qui excoriatus
   Hic pro Dei gloria
   es et decollatus,
   Per te judex omnium
   mihi sit placatus,
   Ne aeternos incidam
   inferni ploratus.

10. Matthaee, dominici
    germinis relator,
    De theloneario
    factus praedicator,
    Sanctus per te spiritus,
    dulcis consolator,
    Meorum sit sensuum
    clemens gubernator.

11. Simon, care Domini,
    dictus Cananaeus,
    Huic mundo genuit
    te pater Alphaeus,
    Mole pressus scelerum
    te exoro reus,
    Mihi sit propitius
    per te judex meus.

12. Thadaee, Abagaro
    regi praedicasti
    Et cum suo populo
    ad fidem vocasti
    Eosque baptismatis
    lavacro mundasti,
    Aufer a me, pater mi,
    culpam protoplasti.

13. Matthia, dignissime
    Judae substitutus
    In Christi apostolum,
    juva me, quod tutus
    Semper sim, ne devoret
    me Satan versutus,
    Tuoque praesidio
    semper sim adjutus.

14. Barnaba, a spiritu
    sancto es electus,
    Verbi Dei nuntius
    cum Paulo directus,
    Rogo te, qui vitiis
    multis sum infcctus,
    Fac, ut coram Domino
    simplex sim et rectus.

15. O patres ecclesiae,
    vestrum laudatorem
    Promovete precibus
    apud salvatorem,
    Quod per vos effugiat
    inferni dolorem
    Ac vobiscum sentiat
    coelicum ardorem.

Cod. S. Petri Salisburgen. a III 10. saec. 15. A. — Cod. S. Petri Salisburgen. b VI 3. saec. 15. B. — Cod. S. Petri Salisburgen. b II 30 saec. 15. C. — Orat. ms. Pollingense saec. 15. Clm. Monacen. 11917. D. — Orat. ms. Tegurinum saec. 15. Clm. Monacen. 19636. E. — Orat. ms. Lehninense anni 1518. Cod. Berolinen. IV° 29. F. — Orat. ms. Thosanum saec. 15. Cod. Bruxellen. 4948. G. — Orat. ms. Carthusian. saec. 15. Cod. Capit. Treviren. 116. H.

1, 1 Petre petra fidei AC. — 1, 2 Dux Christianorum AC. — 1, 3 Tibi claves F. — 2, 4 Jubarque F. — 2, 8 locus tenebrarum B. — 3, 1 sanctissime F. — 3, 2 tormentis F. — Str. 5 fehlt B. — 5, 1 carissime D. — 5, 4 Quando exspiravit F. — 5, 6 quod prostravit A. — 6, 2 Jesum ABCF. — 6, 8 Qui mortem BC. — 7, 1 justissimus A. — 7, 4 Memor esto BF. — 8, 6 ut cum F; vadam BC. — 10, 5 Sanctus pie A. — 12, 3 Et eum cum C. — Nach Str. 14 schiebt B ein:

> Lucas, scriptor virginis et evangelista,
> Fac, ut non decipiat fallax me sophista,
> Nec maligna vulneret ejus me balista,
> Christum ut in patria laudem cum psalmista.
>
> Marce, evangelii scriptor salvatoris,
> Fac, ut culpas abluam fletibus amoris,
> Tecum ut assideam sedibus praeclaris,
> Ubi cum coelestibus jugiter laetaris.

141. De sanctis Apostolis.

1. Hic sursum pedibus moritur pendens cruce Petrus,
   Hic moritur Paulus, gladio perdens caput ejus.
   Plangitur Andreas hic, quem crucifixit Aegeas,
   Mortuus excusso Jacobus minor est cerebello.
   Mittitur in fervens oleum doliique Johannes,
   Transfigitur Didymus Thomas gladio moriturus.
   Hic sunt tránsfixi Simon, Judas simul isti,
   Erectis manibus occiditur ense Matthaeus.
   Sancte Matthia, mori vis feriente securi.
   Offert, summe Deus, tibi pellem Bartholomaeus.

Est pro te, Christe, crucifixus sanctus Philippus,
Hic Jacobus magnus decollatur velut agnus.
Bartholomaee, crucis tua des mihi dona salutis,
Da spiritum vitae, da divitias sino lite,
Regnum coeleste post mortem da manifeste.

Cod. ms. Ducumburgen. 76. saec. 15.

142. De sancto Achatio.

1. Alme martyr, o Achati,
Cordi meo contumaci
 Pie fer subsidium,
Ut de digne salutare
Mercar et impetrare
 Tuum patrocinium.

2. Christi fortis o athleta,
Qui naturae mundi lacta
 Spernis cum complicibus
Alexandro nec non Marco
Praesuleque Hermolao
 Cum ter ternis millibus.

3. His cum mille Deo carus
Auctor militum praeclarus
 Jungitur Theodorus,
Sicque decies millenus
Stat perfectus atque plenus
 Sacer vester numerus.

4. Aquilis velociores,
Fortes Christi bellatores
 Alta poli scandere,
Lapidati, coartati,
Diris spinis coronati
 Portas coeli pandere.

5. Crucifixi, clavis puncti,
Pro baptismate peruncti
 Pretioso sanguine,
Et sic omnes Christi plene
Sunt illatae vobis poenae,
 O felices animae.

6. In extremis vestris horis
Signa mortis salvatoris
 Referuntur edita;
O constantes, o invicti,
Quanta vestra, benedicti,
 Sunt praeclara merita.

7. Vos ergo, dilecti Dei,
Precor, mementote mei
 In coeli palatio,
Ut mors Christi, matris planctus
Mihi sine fine sanctus
 Sit et consolatio.

8. Sit et vestrum per oramen
Mihi salus et tutamen
 Corporis et animae,
Ut quandoque possim clare
Vobis et coexsultare
 In aeterna requie.

Cod. Palat. Vindobonen. 1421. anni 1548. A. — Clm. Monacen. 4423. saec. 15. B.

143. De sancta Agatha.

1. Ave, pulchra Christi sponsa,
Agatha, quae sicut tonsa
Ovis feta scandens lota,
Nam explesti tua vota.
5. Clara nata parentela,
Valde prudens in loquela,

Inter Catanenses cives
Fama rebusque praedives,
Virgo facie venusta,
10. Sed ancilla Christi justa,
Ex illius servitute
Summe clara probas tu te.

12*

O quantus dulcor te fovet,
Quam a Christo nihil movet,
15. Quam non mutant blandimenta
Neque minae nec tormenta;
Spernens suasum impudicum,
Blandimenta meretricum,
Gaudes sic incarcerari
20. Quasi laute convivari.
Heu dolorem fers amarum
In tortura mamillarum,
Tyrannus in te destruxit,
Quod in matre ipse suxit.
25. Nuda super testes fractas
Volutaris igne tactas,
Dira haec et inconsueta
Pertulisti mente laeta.
Quantum places sponso tuo,
30. Probant in te signa duo:
Sanctus Petrus Christi cura
Te salvavit a laesura,
Quem de coelis ad te misit,
Et libenter te invisit
35. Ut dilectam suam natam,
Quasi sponsam regis gratam.
Angelorumque conventum
Misit ad te bene centum,

Qui te darent sepelturae,
40. Tantae eras sibi curae.
Pandunt mentis sanctitatem
Patriaeque libertatem,
Angeli per hunc honorem
Suam monstrant te sororem.
45. O patrona curialis,
Precor, serva mea malis,
Fac mamillas intellectus,
Cordis semper et affectus
Me servare incorruptas
50. Tamquam soli Deo nuptas.
Quibus omnes sensus meos
Pascam delectando eos,
Pulchrum Dei contemplando,
Jussa ejus auscultando,
55. Attendendo vitam Christi,
Ut conformis fiam isti,
Hunc gustando cum dulcore
Et tangendo cum amore,
Ut sic crescam in salutem
60. Ad aeternam juventutem;
In qua semper tu laetaris
Cum amicis Dei caris
Cantans dulce modulamen
In chorea Christi. Amen.

Orat. ms. Campense anni 1462. Cod. Darmstadien. 521. — 9. facies. —
31. Nam sanctus. — 46. Te precor serva.

144. De sancta Agnete.

1. Agneta, virgo nobilis,
Ingenua, spectabilis
Tam claritate corporis
Quam puritate pectoris,
Est cunctis gratiosa.
Grassantem mundi gloriam
Odivit et superbiam,
Ardenter Christum diligit,
Quam sequi martyr eligit
Ut sponsum amorosa.
2. Nequaquam cessit gladio,
Triumphat in incendio,
Fit sacculi spectaculum,
Turpatur ad · prostibulum
Nec constans superatur.

E coelo vestis mittitur,
Qua virgo nuda tegitur,
Ac locus turpitudinis
Fulgore coeli luminis
In sanctum consecratur.

3. Terrores, minas, verbera,
Catenas, probra, vulnera
Juvante vicit Domino,
Potitur mortis termino
Mucrone perforata.
Ad te clamamus anxie:
O sponsa regis gloriae,
Pro nobis Deum flagita,
Ut nostra nobis debita
Dimittat et peccata.

Orat. ms. Campense anni 1462. Cod. Darmstadien. 521.

145. De sancta Agnete.

1. Agnes ave gloriosa,
Virgo dulcis, generosa,
Digna laude speciosa;
Ex nobili stirpe nata,
5. Agnes merito vocata,
Agnes agno sponsa grata,
Agni zelo inflammata.
Ergo pia et decora,
Me exaudi sine mora,
10. Coram agno mortis hora
Nobis veniam implora.

Orat. ms. saec. 15. Cod. Bruxellen. 4955. — 2. Virgo fehlt Hs. —
6. sponsa fehlt Hs.

146. De sancta Aldegunde.

1. Gaude, felix Aldegundis,
Juventute quod recondis
Corde Dei monita.
Matris vultum non confundis,
Sed propositum abscondis
Spernens carnis libita.

2. Gaude, praesulum edocta,
Dictis sed intus excocta
Caritatis facibus;
Claustrum fabricas ancillis
Christi, sed ministras illis
Humilis humilibus.

3. Gaude, quod tu preces fundis,
Flumen .transis manans undis,
Siccis tamen pedibus;
Vultum lacrimis perfundis,
Carnem macerando tundis
Studens Dei laudibus.

4. Gaude, cujus vita digna
Declaratur per tot signa
Collata divinitus;
Tibi fert columba velum,
Novit terra, prodit coelum
In te dona spiritus.

5. Gaude, quia nunc jucundis
Compar es et laetabundis
Angelorum coetibus;
Hostis nostri furibundis
Per te ruptis vinclis condis
Nostris pacem cordibus.

6. Ergo maris in profundis
Nobis adsis, o patrona,
Servans a naufragio,
Ut promissa corde mundis
Dentur nobis vera bona
Patronae suffragio.

Orat. ms. Campense anni 1462. Cod. Darmstadien. 521. — 1, 2 A
juventute Hs. — 5, 4 sq. verraten den französischen Verfasser.

147. De Angelo Custode.

1. Ave, civis aulae Dei,
Cujus adstas faciei,
Pro me precare jugiter;
Inter astra matutina
Tu in laude stas divina
Hymnizans Deo dulciter.

2. Ave, nobilis factura
Apud Deum, vere pura,
Quo pascere, quo fruere;
Tu subtilis in natura,
Tu sublimis in figura,
Mecum ubique gradere.

3. Ave, comes praedilecte, .
   Semper ducens me directe
   Tuere ab interitu;
   Ave, custos spiritalis,
   Me obumbra tuis alis
   A peccatorum strepitu.

4. Ave, flos decore nimis,
   Flos de summis et de primis
   Paradisi floribus;
   Ave, semper salutande,
   Amplexande, osculande
   Pro bonis tuis omnibus.

5. Ave, vivens margarita,
   Mihi lucens in hac vita,
   O venerande juvenis;
   Summa prece pro me fusa
   Tu cum tuis hoc excusa,
   Quod in me foedum invenis.

6. Ave, meum consolamen,
   Firmamentum et tutamen
   In hoc mortali corpore,
   Tu pro statu interpellas,
   Pro reatu ne repellas
   Aut spernas ullo tempore.

7. Ave, bone mi patrone,
   Qui stas pro me in agone,
   Ut hostem removeas;
   Me post mortem tuo ductu
   Ab aeterno raptum luctu,
   Precor, ut Deo offeras.

Orat. ms. S. Albani Treviren. saec. 15. Cod. Treviren. 199. — 6, 4 pro meo statu.

148. De Angelo Custode.

1. Angele, qui mihi reo
   Deputatus es a Deo,
   Mei, quaeso, curam geras
   Et salutis opem feras.

5. Mei pro defensione
   Sume vires a leone,
   Qui leonem superavit,
   Sua morte mortem stravit,
   Ut ad plenum tuearis

10. Me, quem velut undis maris
    Intueris fluctuantem.
    Dormientem, vigilantem
    Me custodi, nec discedas,
    Sed virtute Christi caedas

15. Hostes, qui me persequuntur
    Meque perdere nituntur.
    Mecum, precor, ut perdures
    Et clementer hoc procures,
    Ut mundatus a peccatis

20. Cunctis hostibus prostratis
    Finem adipiscar bonum
    Et ad summum vitae donum
    Tuum veniam per ductum,
    Ut Mariae ventris fructum

25. Tecum valeam videre
    Cum electisque gaudere.
    Rogo Christi per virtutem,
    Meam semper ad salutem
    Die, nocte sis paratus,

30. Sis et efficax legatus
    Ad supernam regionem;
    Meam fer legationem
    Virginali matri Dei,
    Petens, ut sit memor mei.

35. Ducat, deprecor, ad mentem
    Tam amaram, tam ingentem
    Passionem suae prolis,
    In qua gladius doloris
    Cor maternum penetravit,

40. Dum eundem, quem lactavit,
    Cerneret in cruce mori,
    Cujus non est par dolori.
    Sui cordis per dolorem,
    Sui nati per cruorem

45. Cunctis me peccatis mundet
    Ac virtutibus fecundet,
    Spiritaliter informet
    Et saluti me reformet.

Eja, deam placa dictam,
50. Inter deas benedictam,
Ut me dulcis et amoena
Ab aeterna salvat poena,
Ut in morte me defendat,
Ne me daemon apprehendat,
55. Ne me tangant infernales
Nec exterreant larvales
Facies daemoniorum.

Sed per manus angelorumus,
Illa transferat ad pacem,
60. Ubi cum electis vacem
Semper laudibus divinis,
Quibus nullus restat finis.
Pater praestet haec et nat
Sacer utriusque flatus,
65. Trinus unus, qui cunctorum
Dominator saeculorum.

Orat. ms. Scotorum Vindobonen. 54 h 8. anni 1410.

149. De Angelo Custode.

1. Angelorum dominum,
Regem coeli gloriae,
Genus laudet hominum
Oris et memoriae
Devoto famulatu.

2. Non retardet reddere
Deo quisque exsulum
Grates, qui in carcere
Suum fovet populum
Sollicito conatu.

3. Gratum cuivis socium
Dedit in auxilio,
Angelum, qui taedium
Nostrum in exsilio
Soletur et laborem.

4. Eja, coeli accola,
Dux et vitae semita,
Hostis suasa subdola
Veteris praecipita,
Gravamen et terrorem.

5. Luxus carnis macera,
Pigritantem erige,
Non me trabant scelera,
Totam vitam dirige
Secundum tuum morem.

6. Vestem aptam nuptiis
Juva cito confici,
Ne sordentem vitiis
Me contingat projici
Praesentia divina.

7. Spreto mundo tendere
Coge me ad requiem,
Ut, quam cernis, cernere
Tecum possim faciem
Paternam sine fine.

Orat. ms. Campense anni 1462. Cod. Darmstadien. 521.

150. De Angelo Custode.

1. Ave, dulcis custos meus,
Angele piissime,
Cui me totum dedit Deus
Regi fidelissime,
Ne sim malae mortis reus,
Vivere sanctissime
Fac me semper, rector meus,
Et mori laetissime.

2. In me per te roboretur
Fides, spes et caritas,
In me semper dominetur
Tota sancta trinitas,
In me Christus operetur
Omne, quod est veritas,
In me tandem reveletur
Felix aeternalitas.

3. Sana pectus suspirantis
   Gemitu gravissimo,
   Educ vota supplicantis
   De corde purissimo,
   Ut sim gratus majestatis
   Jesu clementissimo,
   Cujus visu me formantis
   Fruar beatissimo.

4. Pastor bone, memor esto,
   Ovem tuam pascere,
   Illi semper sic adesto,
   Ut dum lupus rapere
   Temptat eam, tu sis praesto
   Mox illam eripere,
   Quo praesentes illi festo,
   Quod nequit deficere.

5. Ave, frater spiritalis,
   Amicorum intime,
   Comes, rex et dux vitalis
   Corporis et animae,

Esto mihi lux mentalis
Et a culpis exime
Atque me de cunctis malis
Hora mortis redime.

6. Doce linguam praedicare
   Verba sapientiae,
   Peccatores revocare
   Ad datorem gratiae,
   Poenitentes renovare
   Ad opus justitiae,
   Cunctos hostes debellare
   Cum palma victoriae.

7. Pie pater, me digneris
   Pio vultu cernere,
   In adverso recorderis
   Me nunquam deserere,
   Et cum erro, ne moreris
   Me cito reducere,
   Ne depascar ab inferis,
   Qui me volunt perdere.

Orat. ms. Gallicum saec. 15. Cod. Musaei Ferdinandaei Oenipontani. s.
n. — 3, 5 grata. — 3, 8 Fruat. — 4, 7 Quod praesentes. — 6, 5 revocare. —
7, 6 Me nunquam deserere.

151. Ad Angelum Custodem

oratiuncula.

Pacem prolis tu, tutor spiritus,
Rege, serva, damna propitius
Carnis luxum, hostiles machinas,
Mundi jocos, tristes delicias.
Dulcis labor, si post hoc saeculum
Christo jungas tuum depositum.

Orat. ms. saec. 15. Cod. Londinen. Harl. 211.

152. De Angelo Custode.

1. Ave, custos mihi datus,
   Cum per Christum sum vocatus
   Ad baptismi gratiam,
   Dulcis angele, procura,
   Ut ad gaudia ventura
   Te duce perveniam.

2. Fove, protege, defende,
   Arma, scutum apprehende,
   Meos hostes contere,
   In praesenti, in futuro
   Angele vallo et muro
   Me digneris cingere.

Orat. ms. Coloniense saec. 15. Cod. Maguntin. II 343.

153. Ad Angelum Custodem.

1. O angele dulcissime,
   Mi custos fidelissime,
   Me custodito miserum,
   Ne decidam in tartarum,

2. Nam sum figmentum fragile.
   Per nomen ineffabile
   Dei vivi te postulo,
   Ab omni me periculo,

3. Et corporis et animae
   Praeserves, hostes comprime.
   Dum vigilo, dum dormio,
   Sanctae crucis praesidio

4. Munitum me custodias,
   Tentationes noxias
   Fac me prudenter vincere
   Deoque digne vivere.

5. Corpus meum et animam
   Sub tua fidelissima
   Cura semper proficiant
   In Deum nec deficiant.

6. Sis dux et tutor misero
   Mihi, mori cum coepero,
   Protector, mi sanctissime,
   Tunc esto meae animae.

7. Adsis, virgo piissima,
   Maria benignissima,
   Ut vestro sic juvamine
   Jesu fruar dulcedine.

Cod. S. Petri Salisburgen. b I 25. saec. 15/16. A. — Cod. Palat. Vindobonen. 4089 anni 1460. B. — Orat. ms. Tegrinsense anni 1470. Clm. Monacen. 20021. C. — 3, 1 Ut corporis B. — 6, 4 esto fehlt AC; Tuncque C.

154. Ad Angelum Custodem.

1. O angele sanctissime,
   Mi custos amantissime,
   Te saluto voce, voto,
   Te deprecor corde toto.

2. Fer mihi tu auxilia
   Contra bella hostilia,
   Tu vivere me fac tute
   In hoc aevo cum salute.

3. O artifex mirifice,
   Mi consolator unice,
   Fac peccata confiteri
   Et dolore cordis teri.

4. O ducedo bonitatis
   Et amator castitatis,
   Da hymnos dulces promere
   Atque mundana spernere.

5. Tu defensor meus fortis
   Sis in hora meae mortis
   Et ad coeli duc examen,
   Ubi Christus regnat. Amen.

Cod. S. Petri Salisburgen. b I 25. saec. 15/16. A. — Cod. Palat. Vindobonen. 4089 anni 1460. B. — Orat. ms. Tegurinum anni 1470. Clm. Monacen. 20021. C. — 3, 4 tergi ABC. — 4, 4 Et mundana A. — 5, 1 Tu fehlt A.

155. De sancta Anna.

1. Ave, radix sancta Jesse,
   Ex te orta est expresse
   Virga, quae produxit florem,
   Qui salubrem dat odorem
   Dulcedinis mirificae;

Ave coelum, ex qua stella
Luxit, quae in sua cella
Clausit verum solem Christum,
Qui illustrat mundum istum
Interne ac mirifice.

2. Salve, arca urnam gestans,
Quae est manna verum praestans,
Vena fontis in Bethlehem,
Quem sitit rex Jerusalem
  Prae cunctis claris poculis.
Salve, benedicta tellus,
In qua requievit vellus,
In quod sicut ros descendit
Deus, pacem qui rependit
  Jucundam nostris oculis.

3. Gaude, stirps praeclara David,
Unde nobis pullulavit
Tam ingens, tam multus fructus,
Quo fugatur omnis luctus,
  Dans vitae dona suavia.
Gaude, namque beatorum
Quinque tu apostolorum
Atque Joseph, justi viri,
Sed et summi Dei miri
  Es avia carissima.

4. Eja, gaude summa laude,
Quia sanctae tuae plantae,
Tres Mariae, nobis piae
Hanc septenam Deo plenam
  Enixae sunt prosapiam.
Cunctis nuptis plus beata,
Infecundis plus dotata,
Inter natas mulierum
Nulla par est, hoc est verum,
  Huic, ut salutem capiam.

5. Fac me, Anna, dignum manna,
Adsta suavis, nulli gravis,
Me tuere, fac habere
Dulce omen tuum nomen,
  Quod idem est quam gratia.
O patrona pia, bona,
Cum tam grata stirpe nata
Me guberna ad superna,
Quo rex praepos tuus nepos
  Dat omnibus solatia.

Orat. ms. Lehninense anni 1518. Cod. Berolinen. IV°. 29.

156. De sancta Anna.

1. Felix Anna, Deo cara,
David filia praeclara,
Orta tribu de regali
Mixta cum sacerdotali.

2. Dum divine conversaris,
Gabriele nuntiaris,
Fore digna mater esse
Reflorentis stirpis Jesse.

3. Quae produxit mundo florem,
Jesum Christum salvatorem,
Fulgens arca testamenti,
Gestans urnam sacramenti,

4. Veri panis angelorum,
Cibi civium coelorum.
Lux primaeva novae legis,
Dulcis ava summi regis,

5. Eja, mitis veterana,
Aegras mente prece sana,
Cum Maria pia nata
Miserorum advocata,

6. Erga natam et nepotem.
Obtinere nobis dotem
Cura resurrectionis
Et glorificationis

7. Corporum et animarum,
Claritati beatarum
Jungamur jerarchicarum.

Cod. S. Petri Salisburgen. b VI 3 saec. 15.

157. De sancta Anna.

1. O praeclara mater matris,
Quae concepit verbum patris
Non commixtione maris
Sed ut virgo singularis,

5. Quem in utero portavit
Genitrix de stirpe David,
Invocantem te exaudi
Et studentem tuae laudi.

O parentis parens Dei,
10. Apud ipsum memor mei,
Quibus deprimor, meorum
Terge sordes peccatorum.
Et ipsa, quam genuisti,
Casta mater aula Christi,
15. Sua tecum sancta prece
Me ab omni purget faece.
Felix arca testamenti,
Quae Judaeae non credenti
Urnam continentem manna
20. Parturisti, clemens Anna,
Nec terrenum sed coeleste,
Omnes salva nos a peste,
Qui te sumus expetentes
Et ad te confugientes.
25. Ex auro virginitatis
Clara fulsit urna satis,
In qua panis angelorum
Fabricavit sibi thorum,
Ut lassatas, poenitentes
30. Anxiasque levet mentes
Hasque pascet carne sua,
Quam sumpsit de carne tua.
Ille rex propitiator
Mundo datus est salvator,
35. In quo nostra salus multa
Te juvante est exculta.
Terra sancta carnis Christi
De terra, quam coluisti,
Est assumpta, sicut patet,
40. Sacramentum hoc non latet.
O vas Anna gratiarum,
Tuum nomen, quam praeclarum,
Me laetificare solet
Et auferre, si quid dolet.
45. Quia gratia vocaris
Meritisque splendes claris,
Fac, ut juxta nomen tuum
Faciat rex opus suum
In me, sibi sic splendere,
50. Valeam ut complacere.
Figulusque, qui de limo
Fecit in parente primo,
Quod costa sublata viro
Fit virago actu miro,
55. Te formavit, ut formata

Hunc placares prece grata,
Sicque fleres multorum
Consolatrix miserorum.
Consolare me lugentem
60. Et conforta poenitentem
Et reduc ad vitae viam
Et videre da Messiam,
Quem venisse nescit rea
Sed venturum gens Hebraea
65. Adstruit et asseverat
Perfidaque est ut erat.
Tuis ergo, mater, votis
Cura favet sic nepotis,
Ut nil neget, si quid velis,
70. Repraesentas quod in caelis.
Igitur hunc interpella
Sitque tecum maris stella,
Et pro me Christum orate
Ambae matres Christo gratae.
75. Sensus per vos, precor, mei
Muniantur laude Dei,
Ut nil agant, quod horrescat,
Indignatio quo crescat
Quam benigni salvatoris.
80. Ergo me sub cunctis horis
Fac, Anna, parens beata,
Fac cum tua prole grata,
Ut me Christus, auctor vitae,
Sine rixa, sine lite
85. Sibi faciat praeclare
In hac vita militare.
Qui fons patens domus David
Peccatores multos lavit,
Per te lavet et expurget,
90. Quidquid in me scelus urget.
In Jerusalem qui manet,
Poscens, ut hunc Christus
sanet,
Hic in pacis visione
Dignus est redemptione.
95. Angelus est quasi Dei,
Quem illustrat sol diei
Luxque vacat creatoris
Ab errore seductoris.
In hoc fonte Petrus lavit,
100. Quod negando jam peccavit,
Et res partiens Zachaeus

Rapuitque, quod Matthaeus.
Et de Magdalo Maria,
Per exemplum vitae via,
105. Et latro pendens in cruce
Diluit se Christo duce.
Hocque David fonte lotus
Subjugavit, Christo potus,
Quae de ipso scriptus ante
110. Vidit spiritu dictante,
Nostram praedicans salutem
Veram Dei per virtutem.
Ergo inter coeli cives,

Anna felix, Anna dives,
115. Fac, ut vitam castitatis
Teneam cum candidatis,
Innocentiam professis
Et in prelo mundi pressis.
Ora pro me et pro cunctis,
120. Tam vivis quam et defunctis,
Ut nos lue peccatorum
Mundet auctor beatorum
Detque gaudia sanctorum
In saecula saeculorum.

Cod. Londinen. (ol. Wintonien.) Vitell. A XVII. saec. 12. ex.

158. De sancta Barbara.

1. Ave, Barbara praeclara,
Ave, virgo Deo cara,
Ave, gemma virtuosa,
Ave, martyr, vernans rosa.
5. Ave tu, quae puerili
Et aetate juvenili
Jesum Christum dilexisti,
Cui corde adhaesisti.
Licet nondum baptizata,
10. Tamen illi multum grata
Per servitia placebas
Nec non maxime studebas,
Patrem tuum hoc nescire,
Qui studebat his servire,
15. Quos tu caute respuisti
Et viriliter dejecisti.
Propter quae es verberata
Et ab eo vulnerata
Ac in cellulam detrusa
20. Sicque firmiter reclusa,
Te quousque praesentaret
Praesidi et supplicaret,
Ut excessus emendares
Idolisque immolares.
25. Quod tu respuens dixisti,
Nam diabolum vicisti:
Unum Christum fide colo,
Cui et servire volo.
Quem tu praeses nunc ignoras,
30. Proh dolor, et non adoras,
Eo quod est induratum

Tuum cor atque gravatum,
Daemonibus tuis servis.
Tunc iratus jussit nervis
35. Discerpi te cum taurinis
Et texturis cilicinis
Impius praeses fricari
Et post haec incarcerari.
Nocte illa confortata
40. Es a Christo et sanata.
Mane tandem praesentaris
Praesidi, per quem probaris
Diis te sanatam esse,
Propter quod tibi necesse
45. Est eis dare gratias,
Quod nisi cito facias,
Magnis poénis es tradenda,
Nullo modo redimenda.
Illud vero tu negasti,
50. Jesum Christum invocasti,
Quo sanatam te ostendens,
Deos falsos reprehendens,
Ipsos nunquam te juvare
Posse neque te sanare.
55. Praeses fremens hoc audito
Ut leo praecepit cito,
Caput malleis ferire
Lateraque aperire,
Quibus ignem adhiberi.
60. Christum tibi misereri
Puro corde supplicasti,
Quod tam cito impetrasti.

Tis mamillae abscinduntur
Gladiisque feriuntur
65. Tua membra fortiter
Flagris, et sic turpiter
Nudam te educi jubet
Impius praeses nec pudet
Per hanc totam regionem.
70. Tunc fecisti hunc sermonem:
Rogo, Domine te Deus,
Esto nunc protector meus,
Tege corpus, quod nudatur,
Ne a viris videatur
75. Iniquis nec non lascivis.
Post haec nempe vidit quivis
Angelum mox descendentem,
Stolam albam deferentem,
Qua operta tuearis,
80. Ne a viris videaris.
Quo a praeside sentito.
Famulis praecepit cito,
Ut per gladium trunceris
Et sic male consummeris.
85. Illud patri tunc praecepit,
Cum furore te recepit
Et permisit decollari,
Tuum caput amputari.
Hinc educta gratularis,

90. Speras finem, deprecaris
Sic pro cuncto peccatore
Coram tuo salvatore:
Jesu Christe, tu dignare
Pias aures inclinare
95. Ad omnes te in vocantes
Mihi atque supplicantes,
Pro me solvas a peccatis
More tuae pietatis.
Puram da contritionem,
100. Veram his confessionem
Facque eos manducare
Corpus tuum salutare.
Coeli vox auditur clara:
Veni, pulchra, veni cara,
105. Veni, veni, martyr pura,
Veni, semper regnatura,
Veni, his, pro quis rogasti,
Multa bona impetrasti.
In hoc capite truncaris
110. Et a Christo sublevaris
Ad superna coeli regna,
Ubi virgo nos commenda
Sponso tuo, ut sequamur
Atque coelis invehamur,
115. Tecum semper gavisuri,
Deo laudes canituri.

Cod. Lambacen. 463 saec. 14. A. — Cod. S. Petri Salisburgen. a VI 35. saec. 15. B. — Clm. Monacen. (ol. Altahen.) 9508. saec. 15. C. — Orat. ms. Tegurinum anni 1470. Clm. Monacen. 20021. D. — Orat. ms. Campense anni 1462. Cod. Darmstadien. 521. E. — 1, 1 Ave sancta Barbara BD. — 7. allexisti B. — 8. Et corde. C. — 16. Viriliterque BC. — 19. cellula C. — 27. Jesum Christum BC. — 28. et fehlt C. — 30. dolor, quem non B. — 40. Et a Christo es C. — 43. A suis dis sanatam B. — 45. His reddere B. — 46. Et nisi tu id facias B. — 47. sis tradenda B. — 49. Quos tu quoque sic B. — 51. A quo sanam B; ostendis C. — 52. reprehendis C. — 57. malleo B. — 60. Jussit sicque misereri. — 61. A Christo tu supplicasti B. — 62. O quam cito B. — 63. Mammae tuae B; Tibi mamillae C. — 65. Genera membrorum fortiter B. — 68. Malus praeses B. — 74. a vivis A. — 75. fehlt B. — 76. Mox de coelo missus venit B. — 77. Angelus qui te vestivit B. — 78 sqq. fehlen B. — 80. a vivis A. — 81. foetido C. — 83. truncaris A. — 84. consummaris A. — 85. pater A. — 87. Et praemisit A; Ut conatur B. — 89. A quo ducta B. — 96. Mihique A. — 100. Veramque B. — 107. pro quibus C. — 110 sqq. fehlen AC.

159. De sancto Bartholomaeo.

1. Excitare, o cor meum,
Laudando Bartholomaeum
Cum voce laetitiae,

Qui est potens apud Deum,
Ne me damnet suum reum
Rigore justitiae.

2. O Bartholomaee care,
O mi princeps, o praeclare
Dux magnificentiae,
Tu es magnum luminare,
Toti mundo salutare,
Mirae resplendentiae.

3. Tu ditator egenorum,
Propugnator peccatorum,
Hos Deo pacificans,
Liberator devotorum,
Ligator daemoniorum,
Haec urens mitificans.

4. Gaude, in apostolorum
Numero duodenorum
Vere stas dulciflue,
Quo tanguntur flores florum,
Penes arces musicorum
Sonando melliflue.

5. Nam octavus descendendo
Es et quintus ascendendo
Recte magistraliter,
Ex quo facto hoc perpendo,
Dulcem pium te essendo
Valde specialiter.

6. Quia chorda tensa bene
Dulcem sonum reddit plene,
Sic tu passus gravius;
Stricte corpus tensa lene,
Pellis, nervi sunt et venae,
Ergo sonas suavius.

7. Multis malis sum innisus,
Sed oro de te confisus,
Ut ab his excorier;
Circumquaque circumcisus
Hoc fit mihi paradisus,
Ut sic novus glorier.

8. O mi pater pietatis,
Adjutor necessitatis
Omni in periculo,
Hostes pelle pravitatis
Et me loca cum beatis
In mortis articulo.

Orat. ms. Campense anni 1462. Cod. Darmstadien. 521.

160. De sancto Benedicto.

1. Benedicte, legifer
et dux monachorum,
Qui nescisti lubricum
in delicto thorum,
Posce mihi veniam
scelerum meorum,
Tecum ut possideam
choros electorum.

2. Ex divini germinis
Irrigatus rore
Reliquisti saeculum
Puerili flore,
Viam Dei ambulans
In Christi timore;
Fac ut coeli videam
Regem in decore,

3. Nursiae provincia
Coelitus exortus
Factusque claustralium
Fluctuantum portus,
In Dei dilectione
Totus es absorptus;
Per te me laetificet
ex Maria ortus.

4. Etatem sic teneram
moribus transisti,
Voluptati animum
nullique dedisti,
Vastitatem eremi
puer introisti;
Fac, me ferre jugiter
suave jugum Christi.

5. Deus in te gratiam
   mundo declaravit,
   Quando tuis fletibus
   motus reparavit
   Fractum capisterium ;
   me, quem inquinavit
   Culpa, per te abluat,
   qui te coronavit.

6. In virtute Domini
   multos revocasti
   Satanae imperio,
   quos vivificasti
   Corpore et anima
   et eos salvasti;
   Fac, ne regno spolier
   cum regina Vasthi.

7. Cura semper de me sit
   tibi, pie pater,
   Ne in me praevaleat
   hostis meus ater ;
   Fac ut clemens mihi sit
   pia Dei mater,
   Ut dignus efficiar
   esse Jesu frater.

8. Tu in terra positus
   coelorum secreta
   Perlustrasti spiritu ;
   fac ut pompa spreta
   Seducentis sacculi
   Christi sim athleta,
   Cernens ejus faciem
   gaudens sine meta.

9. Uires a te postulo
   Indignus claustralis,
   Tuis me defendere
   digneris sub alis,
   Ut exutus omnibus,
   quibus premor, malis
   Jugiter permaneam
   Jesu subjugalis.

10. Sexto ante obitum
    die te portari
    Jubes in ecclesiam
    ibique humari;
    Fac me, pater inclite,
    tecum collocari
    In aeternis gaudiis
    tecumque laetari.

Orat. ms. Lehninense anni 1518. Cod. Berolinen. IV°. 29.

161. De sancto Benedicto.

1. Ave, pater et patrone,
   Monachorum ductor bone,
   Benedicte pater, ave,
   Mihi peccatori fave.

2. Preces meas admittendo
   Et obnixe deducendo
   In effectum, quidquid peto,
   Te accedo corde lacto ;

3. Supplicando studiose,
   Ut tu, pater gloriose,
   Intercedas apud Christum,
   Ne fallar per mundum istum ;

4. Et omne per me commissum
   Ne me mergat in abyssum,
   Sed ex toto poenitere
   In hac vita et deflere,

5. Fac et demum praecavere,
   Deum prae oculis habere ;
   Ne delinquam rursus prave,
   Cor ad Deum sursum trahe.

6. Corde, voce laudem Deum,
   Reflectendo super eum
   Omnes vires et conamen
   Suum exorando nomen.

7. Ut excessus sic deplangam,
   Ut non post hanc vitam longan
   Pro peccatis feram poenam,
   Invitari fac ad coenam,

8. Ubi nullus est defectus,
   Ut ibidem sim electus,
   Angelis conregnaturus
   Et a malo sim securus.

Orat. ms. Tegurinum anni 1470. Clm. Monacen. 20021.

162. De sancto Benedicto.

1. Salve, abba monachorum,
Vitae forma, decus morum,
Te decent praeconia,
Gnarus orbis reparator,
Salvandorum propagator
Christi in ecclesia.

2. Tu nostrum es spectaculum
Tutumque propugnaculum
Pio legis foedere,
Sacer auctor instituti,
Quo electi sunt imbuti
Digne Deo vivere.

3. Nam, ut doces, sic vixisti
Ac vivendo exstitisti
Vivax norma subditis,
Eja, sacer Benedicte,
Dulcis, clemens et invicte,
Mitis atque humilis,

4. Cunctorum vatum gratiam,
Archos, patrumque sophiam
Nactus es eximie,
Dum sophiae deputaris,
Jesum pie aemularis,
Doctus migrans nescie.

5. Natale solum deserens,
Vasti praerupta penetrans,
Fide signans Abraham,
Clam sub frutectis latitas,
Palam ut sol irradias
Densam mundi nebulam.

6. Futurus abbas plurium
Mox fugas omne noxium
Tui candoris spiculo,
Es virtutum pius sator,
Vitiorum exstirpator
Sanctitatis sarculo.

7. David mitis eluxisti,
Velut ille tu planxisti
Aemuli interitum,
Dum nat ferrum Helisaeus,
Helias, cum tibi Deus
Corvi dat solatium,

8. Et merum vincens toxicum
Vitale per signaculum
Compar tunc apostolis,
Nunc in coelo sublimatus,
Exinde glorificatus
Et es consors angelis.

9. Per te, pater generati
Sumus, sed heu depravati
Malis nostris actibus;
Refove nos, gloriose,
Christo Jesu viscerose,
Bonis praevalentibus.

10. Donec lumen increatum
Sit in nobis reparatum,
Precamur suppliciter,
Et in regno claritatis.
Tuo nutu pietatis
Colloca feliciter.

Orat. ms. Epternacense saec. 15. Cod. Luciliburgen. 1. — 3, 1 Jam ut.

163. De sancto Benedicto.

1. Almi Benedicti vita
Orbem illustravit ita
Velut sol irradians,
Qui jubare suae lucis
Sub vexillo sanctae crucis
Rutilat crepusculo.

2. O monarche Benedicte,
Nomen tuum sonat rite
In omni ecclesia,
Patriarcha monachorum,
Conservator es cunctorum,
Qui ad te confugiunt.

3. Coenobitis praebes normam
Anachoretisque formam
Vias vitae ingredi,
O archimandrita pie,
Quis non optet tuae viae
Prosequi vestigia?

4. Disertissimus interpres
Facundiaque locuples
Ordinando regulam;
Hoc Gregorius testatur
Stupor mundi, papa sacer
In suo dialogo.

5. Septus liliis duobus,
   Albo, rubo cum ambobus
   Corruscas in medio:
   Maurus candet sanctitate,
   Uterque virginitate,
   Placidus martyrio.

6. Regnant jam cum Deo pleni
   Quatuor et ter milleni
   In coelesti gloria,
   Quos Johannes duodenus
   Apostolicus serenus
   Ex archiviṣ prodidit.

7. De Romanis libris tulit,
   Quos exinde nobis fudit
   Sanctorum catalogo;
   Quisnam alter confessorum
   Secum ducit talem chorum
   Per coeli palatia?

8. Roga supplex tu pro nobis,
   Qui sanctorum sedis choris,
   Optime vexillifer;
   Pastor bone, tu catervam
   Ad vitam perduc aeternam,
   Ut cum sanctis gaudeat.

9. Tu conserva congregatam
   Sub Lunaco titulatam
   Undique familiam,
   Sed post mundi incolatum
   Duc ad verae vitae statum,
   Ubi tecum gaudeat.

10. Hanc trinus et unus Deus,
    Pius pater, amor verus,
    In cunctis adaugeat,
    Cui decus et majestas
    Semper exstat et potestas
    Per aeterna saecula.

Cod. Palat. Vindobonen. (ol. Lunaelacen.) 4089 anni 1460. A. — Clm. Monacen. (ol. SS. Udalrici et Afrae) 4423 anni 1481. B. — Cod. Mellicen. 932 saec. 15. C. — B ist Abschrift von A; beide haben die Notiz: Alia rescripta in Monte Casino. — 1, 1 Olim Benedicti AB. — 1, 4 Jubare qui C. — 2, 1 O fehlt C. — 3, 5 optet C. — 4, 5 sator AB. — 5, 4 und 5 umgestellt C. — 6, 2 und 3 umgestellt C. — 6, 4 und 5 desgl. C, und so fort bis zu Ende. — 7, 1 Te Romanus libris tulit C. — 9, 2 sq. ist in C also abgeändert:

   Cujus [lies: Hujus] loci Udal. Augustensis
   Gregem serva hunc, ne ensis
   Hostilis confodiat.
9, 4 sqq. fehlen AB. — 10, 2 amor meus C. — 10, 3 augeat AB.

164. De sancto Bernhardo.

1. A v e pater et patrone,
   Bernharde sanctissime,
   Es suavis in odore
   Sonans hoc ex nomine;
   Fragrans nardus es Bernharde,
   Odor namque coelitus
   Te a mundi traxit fraude
   Et replevit penitus.

2. Adhuc in matris utero
   Per catulum signatus
   In adversanti populo
   Acutos das latratus,
   Iluic mundo procreatus
   Eras bonae indolis,
   Cunctis placens atque gratus
   Es ad cuncta docilis.

3. Ab ipsa mox infantia
   Polles bonis moribus,
   Devitas, quae sunt noxia,
   Verecundus, providus,
   Ad salutis iter tendens
   Declinasti publica,
   Lignum vitae apprehendens,
   Quod fert dona plurima.

4. Clara natus parentela
   Caenosum fugis mundum.
   Conversando abs querela
   Tu tollis Christi jugum.
   Vitam amans spiritalem
   Intrasti coenobium,
   Ubi te ostendis talem,
   Quod es vitae speculum.

5. Salve, vas suavitatis,
   Bernharde mellifluc,
   Es in scriptis dulcis satis,
   Vincis mel dulcedine;
   Te qui legit, experitur,
   Se gustasse suavia,
   Sensus ejus aperitur,
   Et exsultant viscera.

6. Pietate redimitus
   Es virtutum scrinium,
   Naufraganti pandis litus,
   Iter praebens regium,
   Durus corporis castigator
   Subdens hoc spiritui,
   Disciplinae es amator
   Nihil ferens vitii.

7. Curam geris pastoralem
   Multis cum laboribus,
   Verbis, factis efficacem
   Reddis te in omnibus,
   Es lucrator animarum,
   Multos mundo subtrahis,
   Ad salutem tendens harum
   Dei verbo reficis.

8. Tu fidelis pastor eras
   Ovem portans humeris,
   Temetipsum impendebas
   Obvians periculis;
   O pater, sub te vivere
   Tutum valde fuerat,
   Nam, qui decessit, libere
   Coelum mox conscenderat.

9. Gaude, pater gloriose,
   Dei fultus gratia,
   Nam virtutes copiosae
   Facis et prodigia,
   Nardum tuum fundis late,
   Bonus odor saeculi,
   Totus flagrans caritate
   Dei atque proximi.

10. Ad odorem tantae nardi
    Confluebant populi,
    Caeci, surdi, muti, claudi
    Atque daemoniaci,

Per te, pater, hi curantur
Lactique abierant,
Deum laudant et mirantur
De his, quae audierant.

11. Quocunque loco veneras,
    Opem quisque flagitat,
    Miranda, quae patraveras,
    Quis effari valeat?
    Morbos sanas, desperatos
    Simulque freneticos,
    Discordantes facis gratos
    Persequens haereticos.

12. Columna tu ecclesiae,
    Contra graves impetus
    Subveniens angustiae,
    Gaudet omnis populus,
    Ordo Cisterciensium .
    Gaudet tuis meritis,
    Cunctorumque claustralium
    Vota nunquam despicis.

13. Vale, pater venerande,
    Mundum istum deserens,
    Plenus manens omni laude,
    Pondus carnis exuens,
    Sicut nardus fragrat late,
    Mundum hunc repleveras
    Et ad Deum, pater alme,
    Semper anhelaveras.

14. Vitae tuae complens cursum
    Es adeptus gloriam,
    Conscendisti montem sursum
    Ad plenam scientiam,
    De mundo isto sterili,
    Qui plenus est moerore,
    Ad Deum fructu fertili
    Conscendis cum honore.

15. Profecto nunc potentior
    Intrans in potentias,
    Ad impetrandum gratior,
    Quam in terris fueras,
    Te a mundo hoc sublatum
    Plangunt omnes populi,
    Et ad coelos te translato
    Jucundantur angeli.

16. Claravallis, tu laetare,
    Apud te est conditus
    Hic patronus, qui te clare
    Ditat nunc honoribus,
    Opem ejus implorare
    Omnis debet populus,
    Ipsum volens invocare
    Supplex dicat famulus:

17. O patrone, mi Bernharde,
    Meis adsis precibus,
    Me ab omni serva fraude
    Cunctisque sceleribus,
    Fac, ut Deo pura mente
    Serviamus singuli,
    Ope tua suffragante
    Simus semper fervidi.

18. Quidquid mali nos infestat,
    Amove celeriter
    Et, ad bonum quidquid spectat,
    Hoc adauge jugiter,

    Procul pelle temptamenta
    Mundi, carnis, daemonis,
    In adversis nos sustenta
    Servans a periculis.

19. Me, patrone, circumspectum
    Facias in omnibus,
    Da, ut sequar iter rectum
    Deo haerens artius,
    Ut sim fortis in agone
    Contra malos spiritus,
    Rogo, adsta, pastor bone.
    Fugans illos eminus.

20. Ex odore tuae nardi
    Animam refrigera,
    Deo, qui non potest falli,
    Ipsam reconcilia,
    Sursum illam trahe tecum
    In coelorum culmine
    Ad videndum vultum tecum
    Trinitatis sedule.

Orat. ms. Lehninense anni 1518. Cod. Berolinen. IV° 29.

165. De sancto Bernhardo.

1. Bernharde, pater inclite,
   Odorem tuae gratiae,
   Quam designas ex nomine
   In meo funde pectore.

2. Expelle cuncta crimina
   Et ad virtutes incita,
   Ut mens terrenis vacua
   Meditetur coelestia.

3. Rixa catelli prodidit,
   Quod mater, quae te peperit,
   In mundo talem protulit,
   Qui inimicos repulit.

4. Nardus, quae est herba humilis,
   Odore delectabilis,
   Signat, quod dono flaminis
   Refertus es in intimis.

5. Ad sancta exercitia
   Tendis a pueritia
   Relinquens haec terrestria
   Propter bona coelestia,

6. Religionem appetens
   Cisterciumque adiens,
   Virtutibus proficiens
   Ac Deo pure serviens.

7. Doctrina tua mellica
   Convertit dura pectora,
   A sacculi fallacia
   Erigens ad coelestia.

8. Ubique fama spargitur,
   Undique ad te curritur,
   Gaudium cunctis oritur,
   Aeger quisque sanabitur

9. Salus nostra, o Bernharde,
   Te laudantes in hac valle,
   Hos ab omni serva fraude
   Et coelesti junge aulae.

Orat. ms. Lehninense anni 1518. Cod. Berolinen. IV°. 29.

166. De sancto Bernhardo.

1. Salve, candens flos doctorum,
Irroratus coelitus,
Bernharde, vernans gemma morum,
Radians divinitus.

2. Castitatis ob decorem
Cum agno legis lilia,
Sanum tuis das odorem
Humilitatis viola.

3. Tua florida doctrina
Foeda mea separa,
Cum virtutum disciplina
Cor et corpus praepara.

4. Hunc effectum mihi praesta,
Mi patrone, prece pia
Ad agenda coeli festa
Cum dulci Jesu et Maria.

Orat. ms. Ambergense anni 1476. Clm. Monacen. 2990.

167. De sancto Bernhardo.

1. Salve, Bernharde praeclare,
Te nunc precor, supplicare
Prece cordis intime,

2. Ut amore me ferventi
Atque vita condecenti
Digneris instruere.

3. Ut ignitus caritate,
Adornatus honestate,
Verbo atque opere,

4. Intus Deo me ostendam,
Foris quemquam non offendam
Motu, statu, habitu.

5. Te me semper defensante,
Te nocte dieque stante
Meo in circuitu,

6. Securum post dirae mortis
Patefactis coeli portis
Duc me sine strepitu.

7. De potestate daemonum
In conventum beatorum,
Alme pater, ubi tu

8. In coelestis aula regis
Coronatus semper degis
Lactus absque gemitu.

Cod. Altovaden. 60. saec. 15.

168. De sancta Caecilia.

1. Ave, virgo gloriosa,
Toti mundo gaudiosa,
Beata tu Caecilia,
Rubens sicut florens rosa,
Tota dulcis et formosa,
Vincens candore lilia.

2. Digna nata es Romana,
Docta lege Christiana
Ab ipsis jam cunabulis,

Corde Christi verba sana
Gerens ut salutis grana
Despectis mundi fabulis.

3. Tuque saepe jejunasti,
Veste dura castigasti
Tuum corpus femineum,
Deum semper exorasti,
Cunctis sanctis commendasti
Tuum decus virgineum.

4. Matri Christi plus aequata,
Sponsis suis es praelata
   Cunctis in hoc articulo,
Nam es viro desponsata,
Manens tamen virgo grata
   In lecto, in cubiculo.

5. Qui attendit diligenter,
Admiratur vehementer
   Tam magnam in te gratiam,
Quod tam caute, tam prudenter
Superasti innocenter
   Saevi sponsi audaciam.

6. Duos sponsos habuisti,
Quorum mater et fuisti
   Terrenum atque coelicum;
Unum fide concepisti,
Hunc in altero genuisti
   Per dogma evangelicum.

7. O argumentosa apis,
Quae sunt Dei, bene sapis,
   In mel mutans fel mentium;
Multos ab inferno rapis,
Quos ad fidem Christi capis
   Es mater et egentium.

8. O salvatrix animarum,
Fortis victrix et poenarum,
   Novo gaude signaculo,
Tam pulchrarum coronarum,
Paradiso allatarum
   Angelico miraculo.

9. O electa institutrix,
Sis fidelis praelocutrix
   Contra hostem nequissimum,
Sis in morte mea tutrix,
Tu mei fortis sis adjutrix,
   Ad sponsum duc carissimum.

Orat. ms. Lehninense anni 1518. Cod. Berolinen. IV°. 29. A. — Orat.
ms. Carthusian. saec. 15. Cod. Capit. Treviren. 116. B. — Orat. Campense
anni 1462. Cod. Darmstadien. 521. C.

169. De sancto Christophoro.

1. Egregie martyr Domini,
Do laudes tuo nomini,
Quod contulit tibi Deus.
Tu vocabaris reprobus,
5. Nunc diceris Christophorus.
Progenie Cananeus,
Personae fortitudinem
Habens et longitudinem
Duodecim cubitorum,
10. Desiderabas quaerere
Et nequaquam deserere
Potissimum dominorum.
Primo potentis hominis
Servus eras, hinc daemonis,
15. Sed postea Jesu Christi,
Cui portando populum
Per fluminis periculum
Fideliter servivisti.
Quem tandem personaliter
20. Per fluvium realiter
In humeris transferebas,
Et in hujus signaculum

Tuum florere baculum
Cum fructibus tunc videbas.
25. Post haec in Samon veniens
Et linguam non intelligens,
A Domino impetrasti
Linguae intelligentiam
Et fidei scientiam,
30. Qua plurimos confortasti.
Fers risum, plagas judicis,
Arentem virgam efficis
Frondescere coram gente;
Sic octo millia hominum
35. Conversi sunt ad Dominum
Fideliter te docente;
Hinc quadringentos equites
Regis fecisti milites
Et martyres Jesu Christi.
40. Qui non audebant tangere
Te nec ad regem trabere,
Spontanee sed ivisti.
Te viso rex abhorruit,
Sic quod de sede corruit.

45. Qui denique te volentem
Incarcerans sororibus
Commisit, ut amplexibus
Inficerent tuam mentem.
Has Christo facis credere,
50. Prostibulum deserere.
Sic idolis praeconfusis
Aquilina suspenditur,
Ense Incena caeditur
Precatibus Deo fusis.
55. Tu caesus virgis ferreis,
Ustus ignitis galeis,
Hinc ferreo super scamno
Vinctus in igne poneris,
Quo liquefacto solveris,
60. Egrederis sine damno.
Ligatum sagittaverant
Tota die nec laeserant
Te milites quadringenti;
Suspendebantur aere
65. Sagittae, nec te tangere
Vis potuit instrumenti,
Sed retroversum spiculum
Excussit regis oculum.
Tu principi praedixisti,
70. Quod morereris crastino
Et a dolore pristino
Juvamine Jesu Christi
Ocellus sanus fieret,
Si rex eum perungeret
75. Cum sarguine, quem fundebas.
Sic fusis Deo precibus
Pro tibi servientibus
Mox gratiam obtinebas,
Ut a delicti sordibus
80. Et morborum doloribus
Te venerans liberetur,
Decollabaris denique,
Regis ocellus, undique
Dum sanguine liniretur,
85. Recepit visus gratiam,
Rex fidei notitiam
Promeruit dans edictum,
Ut gentes suae pariter
Christo credant fideliter
90. Vel subeant ensis ictum.
Ob hoc te gloriosius

Laudat scribens Ambrosius
Prodigia, quae fecisti
Per signa mirabilia.
95. Quadraginta octo milia
Gentilium convertisti
Sicque palmam victoriae,
Coronam quoque gloriae
A Domino recepisti.
100. Cui congaudens jugiter
Vernis tuis fideliter
Succurrere meruisti.
Christophore, mi domine,
Pro tuo sancto nomine
105. Te deprecor confidenter,
Ut Christi nomen colere,
Te laudibus extollere
Me doceas diligenter.
Da mihi fortitudinem
110. Vitaeque longitudinem,
A daemone me secura,
Me summum Deum quaerere
Semperque corde gerere
Fac removens nocitura.
115. Me peccatorem aridum
Virtutibus fac floridum
Et opere fructuosum;
Da sanam eloquentiam,
Devotam patientiam
120. Et judicem gratiosum.
Tu cum tuis sequacibus
Ab hostibus mordacibus
Me protege nec permittas
Malignorum perfidias,
125. Arma, minas, insidias
Me tangere nec sagittas.
Fac, ut me hostes metuant,
A vultu meo corruant,
Me captio non molestet
130. Nec noceat temptatio,
Sed fidei firmatio
Coelestia mihi praestet.
Plagas, ignes, supplicia,
Confusiones, vitia,
135. Non sinito me subire,
Da cuncta retrocedere,
Quae me deberent laedere.
Fac obitum me praescire,

Da sanitatem corporis,
140. Tranquillitatem temporis,
Fac exitum vitae bonum.
Tu posce vivis gratiam,
Defunctis culpae veniam,
Ecclesiae pacis donum,

145. Cunctis te venerantibus
Sis in necessitatibus
Solabile adjuvamen,
Ut ex Dei clementia
Futura et praesentia
150. Sint prospera nobis. Amen.

Orat. ms. Scotorum Vindobonen. 52 d 11. saec. 15. — 57 Hinc ferro
IIs. — 79 a dilecti Hs.

170. De ss. Cosma et Damiano.

O medici languentium,
Cosma cum Damiano,
Succurrite poscentium
Votis ore plano
Et populo Christiano
Sitis in adjutorium,
Ut nobis spiritu sano
Christus det suum gaudium.

Horae ms. ad usum Blesensem. saec. $^{15}/_{16}$. Cod. bibl. Rossianae.

171. De sancta Cuthburga.

1. Ave, virgo Deo grata,
Northumbrorum regis nata,
Cuthburga castissima,
Prece carnem carne degens,
Cor et corpus caste regens,
Carnis vincens vitia.

2. Coelibatus ob amorem
Mundi pompam et honorem
Respuisti penitus,
In virtute semper viva,
Vernans, virens ut oliva,
Inspirata coelitus.

3. Sponsa Christo desponsata,
Casta, constans et velata
Velo pudicitiae,
Rosa pulchra nunquam arens,
Sorde carnis semper carens,
Vasculum munditiae.

4. Ope sponsi tui Christi
Hostes trinos devicisti,
Mundum, carnem, Satanam;

Corpus servans illibatum,
Fame, siti castigatum,
Culpae tegens maculam.

5. O coelestis coenobita,
Ad coelestem nos invita
Coenam agni providi,
Ut purgati a peccatis
Jucundemur cum beatis
Stolis albis candidi.

6. Illis, qui te hic honorant
Opem tuam et implorant,
Cito fer auxilium,
Per te sentiant juvamen
Nunc et tandem consolamen
Vitae post exilium.

7. Benedicta o Cuthburga,
Peccatorum faeces purga
Dempta carnis scoria,
Tecum tandem ut locemur
In aeternum et laetemur
In sanctorum gloria.

Orat. ms. Cantuariense saec. 15. Cod. Lambethan. 560. — 1, 4 Preces
carnem. — 7, 2 preces purga.

172. De sancta Dorothea.

1. Dulcis ave Dorothea,
Post Mariam sola mea
Sportella rosigera,
Te pedissequam elegit
Singularem et collegit
Puella Christifera.

2. Ob hoc aevo puerili
Culta studio senili,
Informata coelitus,
Deos falsos respuisti,
Adamatrix Jesu Christi
De corde medullitus.

3. Rosa vernans, sic odorem
Tuum spargis et saporem
Longe, late dulciter;
Hinc a paganorum turbis
Tradita praefecto urbis
Es virgo ferociter.

4. O quam dire cruciata,
In catasta tua grata
Sunt distenta viscera,
Hinc in vultu fuste caesa,
Faculisque tua laesa
Sunt praeclara ubera.

5. Tandem revocantur tristes
Christe atque Kallistes
Per te, virgo nobilis,
Quibus igne concrematis
Et in coelo collocatis
Tu perstas immobilis.

6. Heu tandem tu decollaris,
Sed in coelis gloriaris
Transmittens Theophilo
Cum pomis vernantes rosas,
Speciosas, odorosas
Paradisi hortulo.

7. Eja, dulcis Dorothea,
De maligni me romphea
Hostis pie libera,
Fac ut plangam Christi mortem
Cum Maria semper fortem
Et haec adde munera.

8. A verenda paupertate
Et ab omni tempestate
Nec non ab infamia
Me custodi, me guberna,
O praeclara Christi verna,
Per aeterna saecula.

Orat. ms. Scotorum Vindobonen. 52 d 11. saec. 15. A. — Clm. Monacen.
(ol. S. Udalrici et Afrae) 4423 anni 1481. B. — 5, 2 Kristen atque Kallistes
AB. — 5, 6 Tu fehlt B. — 6, 1 Tu fehlt B. — 8, 1 berenda B.

173. De sancta Dorothea.

1. Dei sponsa inclita,
Virgo Dorothea,
Quae in coelis sequeris
Agnum, ad te mea
Heu peccatrix anima
clamat mortis rea:
Cor mundum et spiritum
rectum in me crea.

2. O martyr egregia,
ora Christum regem,
Quod me ovem perditam
reportet ad gregem,

Ut ejus sanctissimum
nomen nunquam negem,
Sed semper custodiam
sacram ejus legem.

3. Regni Cappadociae
impius praefectus
Te in sponsam petiit
specie illectus,
Sed effectu caruit
ipsius affectus;
Per te, beatissima,
sim Deo dilectus.

4. Odio Fabricii
   contra te furentis
Missa es in dolium
   olei ferventis,
Quod tibi non nocuit
   vi omnipotentis;
Serva me a gladio
   in throno sedentis.

5. Tenebroso carcere
   innocens locata,
Cibi alimonia
   tibi denegata,
Per sanctos es angelos
   Dei confortata;
Mea fiant opera
   per te Deo grata.

6. Hinc poenis equulei
   sancta cruciaris,
In mammillis faculis
   Igneis cremaris,
Ultimo sententia
   Capitis damnaris;
Me a malis omnibus
   clemens tuearis.

7. Extra muros duceris
   Instar Jesu Christi,
Pro cujus preconio
   mortem pertulisti,
Rosasque Theophilo
   scribae tu misisti
Et sic in palatia
   coeli introisti.

8. Adjuva, misericors,
   tuum laudatorem,
Respice, piissima,
   tuum oratorem,
Per te Jesum habeam
   pium adjutorem
Et contra diabolum
   jugem protectorem.

Orat. ms. Sigismundi Span de Bernstein 1477. Cod. Pragen. XIII Hs. 3 b.

174. De sancta Dorothea.

1. Ave, sancta Dorothea,
Consolatrix et spes mea,
Peccatorum de morphea
Sana me et justum crea.

2. Ave, virgo mitis tota,
Da, ut caritas sit nota
Mihi, per quem fracta vota
Scelerata forent lota.

3. Ave, sceptum Christi gratum
Liliumque delicatum,
Miseriae meae statum
Mihi verte in beatum.

4. Ave, vultu nimis clara,
Me pollutum mundum para,
Ut gens saeva et avara
Me non trahat ad amara.

5. Ave, coeli cornu digna,
Mater cunctorum benigna,
Christo, quaeso, me consigna,
Ne me tangat vis maligna.

6. Ave, gemma virtuosa,
Dorothea, vernans rosa,
Esto mihi gratiosa
In hac valle lacrimosa.

7. Ave, flos virginitatis,
Patens glosa sanctitatis,
Statum meae paupertatis
Vide vultu pietatis.

8. Ave, speculum pudoris,
Dorothea, vas honoris,
Me emunda intus, foris
De humore coeli roris.

9. Ave, rivus fluens melle,
Mea mala procul pelle
Et cor meum purga felle,
Ut sim gratus maris stellae.

10. Ave, pietate plena,
Coeli tu dulcoris vena,
Paradisi ad amoena
Me de faece duc terrena.

11. Ave, martyr eximia,
Dorothea, virgo· pia,
Cordi meo allevia,·
Quae hactenus, sunt gravia.

12. Ave, nutrix orphanorum
Consolatrixque moestorum
Et adjutrix afflictorum,
Me consortem fac lectorum.

13. Ave, mea spes sublimis,
Te deposco moestus nimis
Ut cum vitae erit finis,
Me ad Christum fer ab imis.

14. Ave, virtus virginalis,
Tuis pasce me sub alis,
Ne in finem jungar malis,
Sed sim justis coaequalis.

15. Ave, balsamus odoris,
Amygdalum clari floris,
Me sanctorum junge choris,
Ut te laudem cunctis horis.

16. Ave, lumen lucis merae,
Dorothea, miserere
Mei morbisque medere
Et sinistra cuncta tere.

17. Ave, laetitia vera,
Tu moestorum spes sincera,
Cordis mei tu sis sera,
Ne hoc intret vorax fera.

18. Ave, Christi disciplina,
Mitem mihi te inclina
Corque serves a ruina,
Hostis fiam ne rapina.

19. Ave, rutilans aurora,
Virgo fulgens et decora,
Jésum flecte et exora,.
Ut sim felix mortis hora.

20. Ave, consors angelorum,
Choris infer me sanctorum,
Deum laudem ut deorum
Cunctis horis saeculorum.

21. Ave, clemens et intacta,
Dorothea virgo sancta
Per te in me sint confracta
Scelerata quaevis acta.

22. Ave, quae es cordis rei
Ancora et forma spei,
Interventrix esto mei
In conspectu summi Dei.

23. Ave, sidus tu praeclarum,
Causas aufer ruinarum
Atque Christo fac me carum,
Qui est salus animarum.

24. Ave, mea advocata,
Dorothea sis rogata,
Ut defectus et peccata
Per te a me sint ablata.

25. Ave, domus pietatis,
Flos totius honestatis,
Dies praesta sanitatis
Meque serva a peccatis.

26. Ave, virgo dulcis famae,
Vitiosa aufer a me,
Ut culparum mihi squamae
Non sint cruciatus flammae.

27. Ave tu, quae scribam rosis
Paradisi speciosis
Reducis a falsis glosis
Salvans dictis gloriosis.

28. Ave, virgo Christi bona,
Te exoro voce prona,
Ut haec laudis meae dona
Tua perstent in corona.

29. Ave, palmes verae vitis,
Dorothea sponsa mitis,
Cum operibus contritis
Aufer cordis flammas litis.

30. Ave, cellula virtutum,
In extremis fac me tutum,
Tuum praebens mihi scutum,
Ne formidem tunc versutum.

31. Ave, agonista fortis,
Praesens sis in hora mortis,
Ne inferni jungar portis,
Sed in coeli laeter hortis.

32. Ave, victrix tormentorum,
Te exoro, ut meorum
Memor exstes amicorum,
Vivorum et mortuorum.

Orat. ms. Tegurinum saec. 15. Clm. Monacen. 20001. A. — Orat. ms. Tegurinum anni 1470. Clm. Monacen. 20021. B. — Cod. S. Petri Salisburgen. b VIII 1. saec. 15. C. — Cod. S. Petri Salisburgen. a VI 35. saec. 15. D. — I, 1 Ave sancta Katharina CD. — 6, 2 Katharina vernans CD; ebenso 8, 2; 11, 2; 16, 2; 21, 2; 24, 2; 29, 2. — 12, 4 fac beatorum CD; lectorum statt electorum. — 16, 1 lucis meae CD. — 19, 2 Refulgens et decora CD. — 21, 3 Pro te . . . sunt CD. — 22, 2 formosa spei CD. — 26, 1 Ave virgo egregia CD. — 26, 2 Aufer a me vitiosa CD. — Str. 27 fehlt, weil auf Katharina nicht anwendbar CD. — 28, 4 praestent ACD.

175. De sancta Dympna.

Ave, Dympna, virgo sanctissima,
Multa laude vere dignissima.
Ave, gratiosa et jucunda,
Agni sanguine rubicunda.
Ave, beata Christi virguncula,
Per quam tanta coruscant miracula.
Gaude, dulcis et benedicta,
Quae reorum deles delicta.
Vale, pia mater, per saecula,
Sis apud Christum pro nobis sollicita.

Orat. ms. saec. 15. Cod. der k. k. Fideikommissbibl. Wien 7977.

176. De sancta Erntrude.

1. Egregia Erentrudis,
Vernis tuis tu recludis
Aulam tuae gratiae,
Tui fontis dispensatrix,
Gazae coeli ac donatrix
Tu flos honorantiae.

2. Redimita auro poli
Et adjuncta vero soli,
O dulcis Christicola,
Refecta es delicate
Tui sponsi pietate,
Hierarchiae incola.

3. Normae verae observatrix,
Sanctae vitae legislatrix,
Aquae vivae situla.
Nos tu aqua illa riga,
Ut sedetur mortis briga,
Tu spes nostra patula.

4. Despondisti te sincero
Jesu Christo, sponso vero,
Regi regum omnium,
Dote cujus semper fruens,
Sine fine ipsum tuens
Deitatis filium.

5. Rosa florens, pulchra tota,
Caritatis igne fota,
Clarior sideribus,
Rectrix filiabus Christi
Sacrum dogma tu dedisti
Verbis et operibus.

6. Vitis vernans celebina,
Vina donans dulcorina
Te insuppetentibus,
Vera atque tu matrona,
Advocata semper prona
Iu necessitatibus.

7. Diademate ornata
   Virginali, Deo grata,
   Es in throno gloriae
   Ebriata tu amore
   Trinitatis ac dulcore
   O quam multifarie.
8. Ingens claritatis lumen,
   Totam te illuxit numen
   Sua claritudine,

Incliti es favus mellis,
   Relevatrix in procellis,
   Protectrix in turbine.
9. Salutaris nostri ortus
   Ac securitatis portus,
   Me audi benigniter,
   Suspiro ad te benignam,
   Ut hic vitam mihi dignam
   Dones et perenniter.

Orat. ms. Scotorum Vindobonen. 55 d 11. saec. 15. — 2, 4 Referta. —
3, 5 sedatur. — 8, 5 Revelatrix.

177. De sancto Floriano.

1. In hoc festo martyris,
   Fratres jucundemur,
   Ne fermenti veteris
   Faece praegravemur,
   Sinceres in azymis
   Simul epulemur
   Et praeclari palmitis
   Palmam veneremur.
2. Iste sicut lilium
   Palmes germinavit
   Et in aquis Siloe
   Vestes candidavit,
   Ut vernans in Jericho
   Rosa rutilavit,
   Nam in agni sanguine
   Stolam suam lavit.
3. Tractus ante judicem
   Litem contestatur,
   Se trinum Deum colere
   Non infitiatur
   Et mortis sententiam
   Pati gloriatur,
   Ut perenni gaudio
   Libere fruatur.
4. Ex Aegypti tenebris
   Postquam est translatus,
   Mox accinctus renibus,
   Pedes calciatus,

Spiritali baculo
   Fortiter armatus,
   Phase verum peragens,
   Transit immolatus.
5. Exiens de Jericho
   Hierusalem tendit,
   Unde quondam saucius
   Hic homo descendit
   Et palmae dulcissimos
   Fructus apprehendit,
   Cautus et ad lapidem
   Pedem non offendit.
6. Jam victor stelliferam
   Colit regionem
   Et compensat praemio
   Duram passionem,
   Nam de mensa percipit
   Benedictionem,
   Christum sibi computans
   Summam petitionem.
7. Nostram non ambigimus
   Catervam decere,
   Ut hoc festum studeat,
   Colere sincere,
   Sed hoc non sufficimus
   Decenter implere,
   Tu autem, o Domine,
   Nostri miserere.

Cod. S. Floriani XI 220. saec. 12. fol. 211 b. — Daraus mit einzelnen
Ungenauigkeiten bei Pez, Scriptt. rer. Austr. I, 53. — 3, 2 wegen Radierungen
undeutlich. — 3, 8 perfruatur.

178. De sancto Georgio.

1. Salve, martyr gloriose,
   Ave miles pretiose,
   Christi flos militiae,
   O Georgi gratiose,
   Germen stirpis generosae
   Gentis Kappadociae.

2. Salve, crucis vexillator
   Et virtute triumphator
   Coelestis signifere,
   Per quem sola regis nata
   Est a fauce liberata
   Draconis pestiferi.

3. Salve, miles summi Dei,
   Per virtutem sanctae spei
   Superans daemonia,
   Et pro Christo mente laeta
   Hujus mundi pompa spreta
   Despexisti omnia.

4. Salve, victor in tormentis,
   Fide constans verae mentis
   Spreta idolatria,
   Post tormenta decollatus
   Et cum sanctis exaltatus
   In coelesti patria.

5. Salve, martyr, spes Anglorum,
   Dux et decus bellatorum,
   Honor te colentium,
   Alme Christi proeliator,
   Sis benignus defensator
   In te confitentium.

6. Ora Christum, Christi care,
   Et Mariam deprecare,
   Ut devictis hostibus
   Hic possimus triumphare
   Et post mortem conregnare
   Tecum in coelestibus.

Orat. ms. saec. 15. Cod. Londinen. Harl. 2887. A. — Orat. ms. Trudonense saec. 16 in. Cod. Leodien. 395. B. — 1, 3 fehlt B. — 1, 5 sq. fehlen B. — 2, 3 solus A. — 3, 1 regis Dei B. — 3, 4 Et fehlt B; Christi A. — 4, 1 victor verae mentis A. — 4, 2 constans victor mentis A. — Str. 5 fehlt B. — 6, 3 de cunctis hostibus B.

179. De sancto Georgio.

1. Ave, Quiritum gloria,
   Ave, martyrum victoria,
   Ave, lux thronorum,
   Ave, dux patronorum,
5. Ave, inclite proeliator,
   Orthodoxe propagator,
   Inclitus et gloriosus,
   Nulla quippe labe rosus,
   Strenuitate fulcitus,
10. In latria sistens citus,
    Georgi sanctissime,
    Moribus gravissime,
    Tu illaesus permansisti,
    Dum virtute Jesu Christi
15. Intoxicatum bibisti,
    Unde magum convertisti.
    O rex, spretor mundanorum,
    Frivolantur vires quorum,

    Quanta luce corruscasti,
20. Virginem dum liberasti
    Mortis ab exitio
    Fidei mysterio,
    Draconem interficiendo,
    Ob hoc regem convertendo.
25. Ex quo nobilissimus,
    Cunctis potentissimus,
    Certe nobilis equester,
    Inter me et hos tres hostes
    Coeli defende ut postes,
30. Carnem, daemonemque mundum.
    Fac me iter ire mundum
    Et sic jube militare,
    Coelum possim ut intrare,
    Tuo sancto sub vexillo
35. Locans nos tunc in tranquillo.

Scala coeli saec. 14. ex. Cod. Pragen. XIII E 3.

180. De sancto Georgio.

1. Fideles, huc attendite,
   Christi sanctum diligite,
   Mentibus lactis dicite:
   Georgi, martyr inclite,

2. Te decet laus et gloria,
   Praedotatum militia,
   Per quem puella regia
   Exsistens in tristitia

3. Coram dracone pessimo
   Te rogans corde intimo
   Salvata est et animo
   Se reddidit altissimo

4. Cum multis infidelibus.
   Fac ergo sic, ut civibus
   Tu nos reddas coelestibus
   Nostris ablutis sordibus.

5. Ut simul cum laetitia
   Tecum simus in gloria
   Nostraque reddant labia
   Laudes Christo cum gratia.

Orat. ms. saec. ¹⁴/₁₅. Cod. Bruxellen. 108 12—16. A. — Orat. ms. saec. 15. Cod. bibl. Rossianae s. n. B. — Orat. ms. saec. 15. Cod. Vatican. 3768. C. — Orat. ms. Anglicanum saec. 15. Cod. Parmen. Palat. 206. D. — Orat. ms. Anglicanum saec. 15. Cod. Parmen. GG I 124. E.

1, 1—4 fehlen CDE. — 2, 3 quam A. — 3, 2 sq. umgestellt D. — 3, 2 Te fehlt C; rogat A. — 3, 3 est a Domino. — 3, 4 fehlt C. — 4, 1 Nunc in crucis fidelibus B; Ut cum cunctis fidelibus C. — 4, 2 Fac ergo, ut cum civibus B; Coeli jungamur civibus C. — 4, 4 Mortis ablatis A.

181. De sancto Geraldo.

1. O Geralde, gaude, plaude,
   Vir virtutum dignus laude,
   Non sit, qui te sileat;
   Claraevallis hinc exsultet,
   Omnis ordo sic resultet,
   Ut nec unus taceat.

2. Huc venite et videte,
   Mecum, quaeso, congaudete,
   Tota coeli curia,
   Hic Geraldus, quem tenetis,
   Martyr factus, ut videtis,
   Sua tinxit lilia.

3. Erat heri candidatus
   Et en modo rubricatus,
   Flos in florem transiit;
   Flos in florem transmutatur,
   Liliumque decoratur,
   Cum in rosam prodiit.

4. Claraevallis nostrae coetus
   Vobis psallens atque laetus
   Mittit haec encennia;
   Heri virum dealbatum,
   Nunc habetis purpuratum
   In coelesti gloria.

5. Talem fructum ab Avernis
   Modo legunt in supernis
     Montibus coelicolae,
   Non diebus tantum vernis,
   Sed diebus sempiternis
     Cujus rubent violae.

6. Nunc ad virum revertatur,
   Qui sic suo decoratur
     Pretioso sanguine,
   Qui pro legis Dei jure,
   Quam tenebat ita pure,
     Est defossus inguine.

7. Caro fuit ferro caesa,
   Sed permansit mens illacsa
     Sub virili pectore,
   Carnem fodit et cucullam,
   Laesionem tamen nullam
     Mens sensit de corpore.

8. Parce mihi, sanctus dixit,
   Cum cultellum latro fixit,
     Parce mihi, domine,
   Ad hanc precem se non flexit
   Et magistrum non respexit
     Vel pro Christi nomine.

9. Non est flexus nec mutatus
   Homo nequam exoratus
     Tam misericorditer,
   Sed percussit virum magnum
   Et invasit lupus agnum
     Nimium abtrociter.

10. O Geralde sancte, vale,
    Cui nomen aeternale
      Dominus largitus est,
    Pro me, quaeso, deprecare,
    Ne me mergat mundi mare,
      Ubi nemo tutus est.

11. Ille ego tuus quondam,
    Modo cantor, cur abscondam,
      Quod est meum canere?
    Me misisti trans marina,
    Ne te praesens in ruina
      Vae, vae possim plangere.

Cod. Trecen. (ol. Claraevallen.) 1444. saec. 15.

182. De sancta Hedwige.

1. Hedwigis, praeclarissima
     Stirpe procreata,
   Ab adolescentia
     Summo regi grata,
   Pio es Poloniae
     Duci copulata,
   Mihi, mater, impetra
     praemia beata.

2. Exstingue, castissima,
     lubricum calorem
   In me tuo famulo
     castumque amorem
   Meis pete sensibus
     apud redemptorem,
   Ut castarum mentium
     vincam corruptorem.

3. Ducis tu Meraniae
     filia praeclara,
   Deo et hominibus
     Placens atque cara,
   Iter ad coelestia
     mihi tutum para,
   Ne me poena tartari
     cruciet amara.

4. Vulnera superbiae
     in me clemens cura
   Meaque peccamina
     dele prece pura,
   Quod evadam inferi
     tormenta tam dura
   Tecumque possideam
     gaudia ventura.

5. In praeclaro culmine
  et sic afflixisti
Diris cruciatibus,
  quod carnem fecisti
Servire spiritui
  nec non subjecisti,
Fac, ut corpus teneam
  sub rigore Christi.

6. Gloriosa trinitas
  sic te illustravit,
Quod per te miracula
  multa perpetravit,
Variis languoribus
  oppressos curavit,
Tua prece salvet me
  is, qui me creavit.

7. In lege conjugii
  carnem sic domasti,
Quod a viri thalamo
  thorum sequestrasti,
Nudis semper pedibus
  felix ambulasti,
Hunc me fac devincere
  hostem, quem calcasti.

8. Sub jugo altissimi
  fac me permanere
Et ejus imperio
  jugiter parere,
Quod fraus mihi Satanae
  nequeat nocere,
Ut possim in gloria
  tibi congaudere.

Orat. ms. Lehninense anni 1518. Cod. Berolinen. IV° 29.

183. De sancto Henrico.

1. Rex Henricus sis amicus
  Nobis in angustia,
Cujus prece nos a nece
  Salvemur perpetua.

2. Lampas morum, spes aegrorum
  Ferens medicamina,
Sis tuorum famulorum
  Ductor ad coelestia.

3. Pax in terra, non sit guerra
  Orbis per confinia,
Virtus crescat et fervescat
  Caritas per omnia.

4. Non sudore vel dolore
  Moriamur subito,
Sed vivamus et plaudamus
  Coelis sine termino.

Orat. ms. Trudonense saec. 16. in. Cod. Leodien. 395.

184. De sancto Hieronymo.

1. Dispensator scripturarum
  Jeronyme tu sacrarum,
    Doctorque eximie,
Protege me supplicantem,
  Serva tibi famulantem,
    Excelse Christicole.

2. Funde preces, flecte Deum,
  Ut illustret pectus meum,
    Ad te mentem erigo,
Ut sim salvus tuo dono,
  Totam in te spem repono
    Te patronum eligo.

3. Ecclesiac tuae electus
   Doctor factus et perfectus
     Et flos pudicitiae,
   Vagos stringe cogitatus,
   Per te salvus in me status
     Degat innocentiae.

4. Sensus frena fluctuantes,
   Hostes fuga conturbantes,
     Reprime daemonia,
   Doma mentem, iram frena,
   Confer pacem, cor serena,
     Aufer adversantia.

5. Doctor clare, tu dignare
   Delictorum impetrare
     Mihi Christi veniam,
   Ut sic possim respirare
   Excessusque emendare
     Consecutus gratiam.

6. Confer vitae sanitatem,
   Dona morum honestatem
     Et quieta tempora,
   Auge veram caritatem
   Pectorisque puritatem,
     Me languentem robora.

7. O lucerna, flos virtutum,
   Doctor tenens iter tutum,
     Stella lucens sedulo,
   Jubar tuae pietatis
   Me defendat a peccatis
     Tollens ab ergastulo.

8. Vitae meae rege cursum,
   Post hanc vitam tolle sursum
     Animam ad gaudia,
   Ubi Deum contemplari
   Justisque consociari
     Merear in gloria.

Cod. S. Petri Salisburgen. a III 10. saec. 15. A. — Cod. S. Petri Salisburgen. b II 30. saec. 15. B. — Clm. Monacen. (ol. SS. Udalrici et Afrae)
4423 anni 1481. C. — Cod. Palat. Vindobonen. (ol. Lunaelacen.) 4977. saec.
15. D. — Orat. ms. Palat. Vindobonen. 4106 saec. 15. E. — Cod. Palat.
Vindobonen. 2014. saec. 15. F.

Das Lied steht als Sequenz, was es ursprünglich keinesfalls ist, in Miss.
ms. Palat. Vindobonen. 1797 und mit verändertem Anfang: Dispensator
regularum, Benedicte, tu sacrarum, als Lied auf den hl. Benedict in Clm.
Monacen. (ol. Tegurin.) 20021 anni 1470.

1, 2 sanctarum AB. — 2, 5 spem pono AB. — 3, 2 Doctor perfectus-
que Dei amator AB. — 3, 3 Flos es pudicitiae AB. — 3, 6 Degant AB. —
4, 6 adversaria AB. — 5, 3 Christi fehlt AB. — 6, 5 que fehlt AB. —
7, 2 sternens iter C; cernens iter D. — 8, 6 Mereamur AB. — Man vgl.
das Lied Contemplator trinitatis, welches der Dichter dieses gebrandschatzt
hat.

185. De sancto Hieronymo.

1. Confessor almc Domini,
     Jeronyme beate,
   Nefando mihi homini
   De tua bonitate

5. Tuisque sanctis precibus
     Sincere confidenti
   Et peccatorum sordibus
     Crudeliter foetenti
   Digneris pius veniam

10.   A Deo postulare
     Per tuamque clementiam
   Eundem deprecare

   Pro tam indigno famulo
     Tuae sanctitatis,

15. Ut plasmati exiguo
     Suae immensitatis
   Ipse largitor gratiae
     Per suam pietatem
   Ob suac clementiae

20.   Immensam bonitatem
   Dignetur sinum gratiae
     Clementer aperire
   Ad statum innocentiae
     Praestetque pervenire,

25. Ut perseverans jugiter
  In vitae puritate,
  Conservet me fideliter
  In omni caritate.
  Ad virtuose vivere
30. Sis firmum adjuvamen
  Hostesque dona vincere,
  Per tuum sanctum nomen.
  O candor innocentiae
  Ac gemma puritatis,
35. O splendor pudicitiae
  Et norma sanctitatis,
  O flos florum vernantium
  Et speculum virtutis,
  Cunctorum te amantium
40. Tutamen es salutis.
  Tu sidus es irradians,
  Doctor sinceritatis,
  Ecclesiam illuminans
  Doctrina veritatis,
45. Tu lux et lumen saeculi,
  Tu stella claritatis,
  Te amant omnes populi,
  Qui tuae sanctitatis
  Noverunt magnitudinem
50. Ac merita laudanda
  Tuamque altitudinem
  Et vota admiranda.
  Per tuam te clementiam,
  Egregie doctorum,
55. Tuamque excellentiam,
  Eximie virorum,

Te deprecor, Jeronyme,
  O nimium beate,
  Ut peccatrici animae
60. Pro tua pietate
  Deus affectum satiet
  Et ne ullius ultor
  Se invenisse gaudeat.
  Esto fidelis tutor,
65. Et quem pus premit scelerum,
  Nunc et in hora mortis,
  Confundat ne jus divinum,
  Esto adjutor fortis.
  Per merita sanctissima
70. Et intercessiones,
  Quae sunt arma fortissima,
  Et consolationes
  Ipsum tremendum judicem
  Efficias placatum.
75. Iram ejus ne vindicem
  Propter meum reatum
  Sentiens mirabiliter
  Poenam experiendo
  Et zabulo finaliter
80. Cum ipso permanendo
  Associari merear
  Ab eo puniendus,
  Sed tua prece protegar
  Et tecum perfruendus
85. Aeternae vitae gaudia
  Laetus percipiendo
  Per saeculorum saecula
  Illic Deum laudando.

Cod. S. Petri Salisburgen. a II 10 saec. 15. A. — Cod. S. Petri Salisburgen. b II 30. B. — 13 sq. fehlen A. — 28. In vera et omni caritate B. — 59. Et peccatrici AB. — 62. Et ne lius ultor A; Et nullius ultor B; die Stelle ist verdorben. — 63. Sed invenisse B. — 65. premat A. — 71. arma sanctissima AB.

186. De sancto Hieronymo.

1. Ave, gemma monachorum,
  Jubar stellaque doctorum,
  Praedicator inclite,
  Expugnator perfidorum,
  Illustrator devotorum,
  O sancte Jeronyme,

2. Deprecare Jesum Christum,
  Ut post nequam mundum istum
  In coelesti culmine
  Donet nobis cum beatis
  Aeterne clarificatis
  Perenniter vivere.

Cod. Altovaden. 31. saec. 15.

187. De s. Johanne Baptista.

1. Gaude, Johannes baptista
   Qui in ventris clausus cista
   Congaudebas Domino,
   Fac nos tecum tu gaudere
   Simul atque congaudere
   Christo sine termino.

2. Gaude, nam tu nominatus
   Et ut Christus, nuntiatus
   Es eodem angelo,
   Nunc nos Christo fac conformes,
   Sic ut simus deiformes
   In futuro saeculo.

3. Gaude, quia te infante
   Nato gaudet plebs, ut ante
   Gabriel praedixerat;
   Per hunc plausum temporalem
   Plebi plausum perennalem
   Da, qui sensum superat.

4. Gaude, cujus fit soluta
   Lingua patris prius muta,
   Quando circumcideris,
   Nostras linguas nunc laxari
   Fac per laudem et laetari
   Nos fac post cum superis.

5. Gaude, quia prophetavit
   De te pater cum cantavit:
   Benedictus Dominus;
   Isto cantu consolemur
   Et a cunctis conservemur
   Mundi malis protinus.

6. Gaude, tenens strictum ritum
   Quoad victum et vestitum,
   Habitator eremi,
   Carnis vilis voluptatem
   Sanctam per sobrietatem
   Fac in nobis reprimi.

7. Gaude tantae sanctitatis,
   Quod in mulierum natis
   Major te non fuerat,
   Tu, amice Christi care,
   Nos cum eo fac regnare,
   Qui te talem fecerat.

Orat. ms. Altovadense XXXVII. saec. 15. A. — Orat. ms. saec. 15. Cod. Londinen. Harl. 2846. B. — Orat. ms. Anglicanum saec. 15. Cod. Londinen. Ar. 203. C. — Orat. ms. saec. 15. Cod. Coll. SS. Trinitatis Oxonien. 13. D. — Orat. ms. saec. 15. Cod. Bruxellen. 10776. E. — Clm. Monacen. (ol. Tegurin.) 19824. saec. 15. F. — Orat. ms. Tegurinum saec. 15. Clm. Monacen. 20001. G.

Das Lied kommt in einer längeren und kürzeren Fassung vor. Letztere, welcher die Verse 4, 5 und 6 der sechs ersten Strophen fehlen, bieten sämtliche Handschriften mit Ausnahme von CFG, welche die längere Form haben. 1, 1 Gaude Christi tu baptista FG. — 1, 2 in alvi clausus FG. — 1, 4 Fac me tecum hilarari FG. — 1, 5 Simul atque venerari FG. — 1, 6 Christum FG. — 2, 1 Gaude tu nam FG. — 2, 4 consortes FG. — 3, 4 Post hunc plausum C. — 4, 4 hic laxari FG. — 4, 6 Post civibus cum superis FG. — 5, 6 Mundi fehlt C. — 6, 5 Per sanctam C. — 7, 2 natis fehlt A.

188. De ss. Johanne Baptista et Johanne Evangelista.

1. Ave, Dei o gratia,
   Baptista, nobis spatia
   Des, vitam corrigamus;
   Divinae compar gratiae,
   Evangelista gloriae,
   Vos binos salutamus.

2. Gaude, Johannes nominatus
   Alvo matris nondum natus
   Gabrielis vocibus,
   Praeco Dei vocitatus
   Es propheta designatus,
   Baptista Christi praevius.

14*

3. Gaude, Johannes vocitatus,
   Aquila praefiguratus
   Ezechielis visibus,
   Prophetias es effatus
   Et apostolus dotatus,
   Evangelista coelitus.

4. Gaude, Johannes, vox clamantis
   Et lucerna perlustrantis
   Veri luce numinis,
   Patris vocem audis fantis,
   Lavas corpus conregnantis
   Unda visu flaminis.

5. Gaude, Johannes, verbum vocis,
   Eructabas multis locis,
   Quod verbum caro factum est,
   Patrem audis videns natum
   Corruscantem transfiguratum,
   Monte Thabor hoc actum est.

6. Gaude, Johannes, nepos Christi,
   Amicus ejus adfuisti
   Agnum monstrans digito;
   Ipsum multum dilexisti,
   In deserto praedixisti,
   Advenit prope saeculo.

7. Gaude, Johannes, nepos Christi,
   Christi care, tu vidisti
   Agnum Sion speculo,
   Praedilectus tu fuisti,
   Apocalypsim post scripsisti
   Pathmos in exsilio.

8. Gaude, Johannes, castitatis
   Exemplarque virginitatis,
   Praedicans poenitentiam
   Et salutem, baptizatis
   Pharisaeis reprobatis
   Affirmans indulgentiam.

9. Gaude, Johannes, Dei matris
   Custos nutu· deitatis,
   Virgo per excellentiam;
   Tu per verba veritatis
   Haereticorum pravitatis
   Superasti nequitiam.

10. Gaude, martyr, cujus lumen
    Venit limbo quasi numen
    Redemptorem nuntians,
    Bone martyr, vates, virgo,
    Morituro, quando pirgo,
    Sis reconciliatio.

11. Gaude, martyr sanctitatis,
    Avis, virgo puritatis,
    Vas ferventis olei
    Te non laedit, Christi sacrista,
    Nos conserves cum baptista,
    Valete, sancti gemini.

12. Vale, major hominum,
    Ora pro nobis Dominum,
    Johannes o baptista;
    Vale, qui prae ceteris
    A Christo plus diligeris,
    Johannes evangelista.

Orat. ms. saec. 15. Cod. Collegii SS. Trinit. Oxonien. 13.

189. De s. Johanne Evangelista.

1. Contemplator trinitatis,
   Speculum virginitatis,
   Johannes apostole,
   Protege me supplicantem,
   Serva tibi famulantem,
   Excelse coelicole;
   Funde preces, flecte Deum,
   Ut illustret pectus meum,
   Ad te mentem erigo,
   Ut sim salvus tuo dono,
   Totam in te spem repono,
   Te patronum eligo.

2. Virgo Dei es electus
   Et prae ceteris dilectus,
   Gemma pudicitiae,
   Vagos stringe cogitatus,
   Ut sit salvus in me status
   Dei continentiae,
   Sensus firma fluctuantes,
   Hostes fuga conturbantes,
   Reprime daemonia,
   Doma mentem, iram frena,
   Confer pacem, cor serena,
   Aufer adversantia.

3. Cum Jesu recubuisti
Super pectus, ebibisti
Dicta evangelica,
Dum in Pathmos relegaris,
Ad superna sublevaris,
Contemplaris mystica.
Praeelecte, tu dignare
Delictorum impetrare
Mihi Christi veniam,
Ut sic possim respirare
Et excessus emendare
Consequi et gratiam.

4. O felix evangelista,
Mihi jugiter in ista
Aerumna subvenias;
Sicut matrem Jesu Christi
Commendatam custodisti,
Precor me custodias.
Confer vitae sanctitatem,
Corporis da sanitatem
Et quieta tempora,
Aufer cordis pravitatem,
Purga linguae foeditatem,
Me languentem robora.

5. O lucerna, flos virtutum,
Ductor cernens iter tutum,
Stella lucens saeculo,
Jubar tuae claritatis
Me defendat a peccatis,
Tollat ab ergastulo.
Vitae meae rege cursum,
Post hanc vitam trahe sursum
Animam ad gaudia,
Ubi Deum contemplari,
Justis pie sociari
Merear in gloria.

Scala coeli saec. 14. ex. Cod. Pragen. XIII E 3. A. — Orat. ms. Tegurinum saec. 15. Clm. Monacen. 20002 B. — Orat. ms. Lehninense anni 1518. Cod. Berolinen. IV. 29. C. — Orat. ms. Campense anni 1462. Cod. Darmstadien. 521. D.

190. De sancto Joseph.

1. Gaude, Joseph, fili David,
Deus quod dignificavit
Te regali prosapia,
Orta qua fuit Maria.

2. Gaude, tibi non negatum,
Quod Johanni est collatum,
Intra matris suae ventrem
Sanctam esse suam mentem.

3. Gaude, virginali flore,
Quo nitebas ac decore
Omnium virtutum clare,
Fac, mi Joseph, te amare.

4. Gaude, Deus quod probavit
Dignum te et demonstravit,
Cui Mariam copularet,
Virginem qui et servaret.

5. Gaude, quod te reputasti
Ut indignum, recusasti
Cum regina angelorum
Copulae subire thorum.

6. Gaude, tibi quod illuxit
Angelus, qui et induxit
Te accipere conjugem,
Mariam semper virginem.

7. Gaude, cui famulatum
Et in Bethlehem ducatum
Praestitisti mente pia,
Ubi peperit Maria.

8. Gaude, cultu quod latriae
Primitus regem gloriae
Adorasti, solotenus
Pro nobis missum coelitus.

9. Gaude, Deum quod laudantes
   Gloria audis cantantes
   Angelorum exercitus,
   Quod nobis natus est Christus.

10. Gaude, totis quod medullis
    Amas Jesulum, quem ulnis
    Tuis quam saepius stringis
    Dans oscula et maxillis.

11. Gaude, quod tu pater Christi
    Dignus dici mcruisti,
    Eo quod cras nutritor
    Matris ejus atque tutor.

12. Gaude, annis quod ter denis
    Virtutibus cum his plenis
    Vixeras hic, cum patribus
    Dormis illis praesentibus.

13. De hac vita feliciter
    Coronandus sublimiter
    Pergis, Joseph, Deo care,
    Sis dux meus hoc per mare.

Orat. ms. Ambergense anni 1476. Clm. Monacen. 2990.

191. De sancto Joseph.

1. Gaude, Joseph, fili David,
   Quem cum magno decoravit
   Deus privilegio,
   Ut sis suae matris custos,
   Computatus inter justos,
   Credens Dei nuntio.

2. Non relinquens desponsatam,
   Sed in fine commendatam
   Observans puerperam,
   Ora tu Mariae natum,
   Ut se nobis det placatum
   Collocans in dexteram.

Orat. ms. saec. 15. Cod. Vatican. 3768.

192. De sancta Katharina.

1. Ave, o eximia
   Virgo Katharina,
   Exorta de Graecia,
   Martyr et regina,

2. De tua praesentia
   Mons exsultet Sina
   In omni augustia
   Mihi sis vicina.

3. Ave, quae Maxentium
   Caesarem sprevisti
   Et ad Christum gentium
   Rhetores duxisti,

4. Rotarum supplicium
   Prece confregisti,
   Jucunda post gladium
   Coelos introisti.

5. Ave, quae in gloria
   Locum tenes gratum,
   Vide me in varia
   Culpa, quaeso, natum,

6. Currentem per devia
   Adhuc per peccatum,
   Spernentem felicia,
   Fac fine beatum.

7. Ave, virgo, propera
   Mihi in solamen,
   Exurgens ad prospera
   Tuum per levamen,

8. Da, ut spernam scelera,
   Mihi respiramen,
   Scandam super sidera
   Tuum per ducamen.

9. Ave, mea gloria,
Ave, vas virtutum,
In mortis angustia.
Ferto mihi scutum,

10. Fac mea fallacia
Satanae solutum,
Praebe ad coelestia
Iter mihi tutum.

Cod. S. Petri Salisburgen b. VIII 1. saec. 15. A. — Cod. S. Petri Salisburgen. a VI 35. B. — Orat. ms. Tegurinum saec. 15. Clm. Monacen. 20001. C. — Melodie: Costi regis filia.

193. De sancta Katharina.

1. Ave, dulcis Katharina,
Virgo martyr et regina,
Florens rosa sine spina,
Vitiorum de sentina

2. Me dignare sublevare
Et a malis liberare,
Propter tuam passionem
Tutum meum fac agonem.

3. Virgo prudens et formosa,
Paradisi vernans rosa,
Gloriosa sponsa Christi,
Hostes omnes tu vicisti.

4. Apud Christum impetrato
Tuo interventu grato,
Ut et ego superare,
Tibi queam conregnare.

5. Pretiosa margarita,
In coelesti throno sita,
Thorum tenes praeparatum,
Sponsum mihi fac placatum.

6. Esto fida mediatrix
Felixque interpellatrix
Apud Christum, qui tuorum
In pressuris tormentorum

7. Te confortans visitavit
Et finaliter salvavit.
Oro, virgo, visitare
Ut digneris et juvare

8. Me in tribulatione
Mundi nec non in agone
Et ipsius salutare
Mihi velis impetrare.

9. Quando hinc sum transiturus
Et a mundo exiturus,
Precor, virgo praeamanda
Et a cunctis veneranda,

10. Ut tunc praesens esse velis,
Inimicus ne crudelis
Mihi queat insultare
Et terrendo fatigare.

11. Sed ad vitam perventurus
Possim ipsum conditorem
Contemplari cum beatis
In conspectu trinitatis.

Cod. S. Petri Salisburgen. b. VIII 1. saec. 15. A. — Cod. S. Petri Salisburgen. a VI 35. saec. 15. B. — Orat. ms. Tegurinum anni 1470. Clm. Monacen. 20021. C. — 4, 4 Tibi quoque conregnare ABC. — 5, 3 Tuorum tenes AB. — 7, 3 O virgo visitare AB. — 8, 1 Ne in tribulatione AB. — 10, 2 ut crudelis AB.

194. De sancta Katharina.

1. Ave, virgo speciosa,
Katharina pretiosa,
Costi regis filia,
Cujus vultum et decorem
Concupivit et amorem
Cubans inter lilia.

2. In aetate juvenili
Tui cordis in cubili
Deo fruens dulciter
Ejus cuncta pro amore
Amorosa cum fervore
Mundi spresti fortiter.

3. Quinquaginta superasti
Atque Deo pretiasti
Doctores malevolos
Constrinxistique reginam
Per divinam medicinam
Linquere vaniloquos.

4. Cujus causa, o puella,
Tibi multa sunt flagella
Data per Maxentium,
Sed sprevisti blandimenta
Cuncta prosus et tormenta
Ad salutem gentium.

5. Capitalem nimis dire
Jussa tandem es subire
Et pati sententiam;
En res mira, pro cruore
Lac manavit miro more
Plebis ad praesentiam.

6. Et accedens angelorum
Multitudo beatorum
Corpus tuum tumulant
Et in coelis multa dona
Super datum esse bona
Animae accumulant.

7. Ergo felix et beata
Katharina, sociata
Angelis in gloria,
Omnes tibi famulantes
Et juvamen postulantes
Habe in memoria.

8. In eorum mortis hora
Adsis cito sine mora
Turbam fugans hostium,
Tibi Deus nam promisit,
Quisque tibi se commisit,
Reddere solatium.

9. Eja, virgo praeelecta,
Duc me tecum in dilecta
Dei tabernacula,
Ubi sequar sine fine
Tecum regis et reginae
Agnum sine macula.

Orat. ms. saec. 15. Cod. bibl. Rossianae s. n.

195. De sancta Katharina.

1. Katharina regia,
Virgo, martyr egregia,
Speciosa amabilis,
Generosa laudabilis,

5. Virgo Christi castissima,
Sponsa ejus dignissima,
Esto mihi propitia,
Quem multa gravant vitia.
Passo, precor, compatere,

10. Ad te compellor fugere,
Quia non possum pergere
Pro me, tu manum porrige,
Vide meam miseriam
Et peccatorum veniam

15. Mihi confer per gratiam
A Deo tibi traditam

Qui tibi sapientiam
Donavit et potentiam,
Qua rhetores convincere

20. Potuisti celerrime
Et ad Deum convertere
In crucifixi nomine,
Hos ad coeli palatium
Praemittens per martyrium.

25. O beatae primitiae
Tuae sanctae militiae,
O virilis constantia,
Vincens blanda et aspera,
Quam non mulcent blanditia,

30. Nec deterrent supplicia.
Imperator Maxentius
Caedens te scorpionibus,

Hinc tenebrosi carceris
In profundo detruderis,
35. Fame, siti et frigore
Maceranda continue.
At te columba candida
Refovebat interea,
Dum dapes defert coelicas.
40. Cum te regina visitat,
Christus eam illuminat,
Quae cum duce Porphyrio
Coronatur martyrio.
Duces quoque mox milites
45. Ducenti fiunt martyres,
Quorum felix victoria
Tua laus est et gloria.
Post haec visus est Dominus
Cum coelorum agminibus,
50. Turba stipatus virginum,
Hoc tibi dans solatium:
Agnosce tuum, filia,
Actorem, pro quo gravia
Suscepisti certamina,
55. Constans esto per omnia,
Tecum sum in auxilio,
Nunquam ego te desero.
Quam magna consolatio
Fuit haec sponsi visio.
60. Vix enim fiunt machinae
Rotarum acutissimae,
Quas nimis horrens tacite,
Et mox solvuntur turbine.
Sed de plebe incredula,
65. Quae stabat ad spectacula,
Quatuor perdidit milia
Manus vindex angelica.
Post hoc factum miraculum
Turba gaudet fidelium,
70. Grex terretur incredulus,
Mente dolet Maxentius,
Cum se vinci a femina
Vidit immitis bellua,
Capitali sententia
75. Te plecti jubet, domina.
Et jam ante martyrium
Preces fundis ad Dominum
Pro cunctis, qui memoriam
Tui agunt mellifluam.

80. Exauditur oratio
In coelorum palatio,
Vox tibi mandat angelica,
Haec impetrasse per omnia.
Hinc grates agens Domino,
85. Cervicem subdens gladio,
In Jesu Christi nomine
Lac fudisti pro sanguine.
Corpus sumentes angeli
Condunt in monte Sinai,
90. Ex quo destillat oleum
Infirmis saluberrimum,
Ubi Deus innumera
Per te facit miracula,
Sed et per orbis climata
95. Tua laudantur merita.
O viva Christi hostia,
Katharina sanctissima,
Tua mihi sit passio
Peccatorum remissio,
100. Jugis commemoratio
Sit mentis reparatio.
O virgo sole pulchrior
Et omni melle dulcior,
Fac, ut tua memoria
105. Mihi sit perpes gloria,
Exaudi haec precamina
Mea delens peccamina
Virtute potentissima.
Katharina piissima,
110. Quae perpetravi scelera
Et mala innumera,
Ab eorum me sarcina
Tua prece exonera.
Cum mala cogitatio
115. Vel carnalis temptatio
Fit hostis expugnatio,
Tua commiseratio
Sit cordis reparatio.
Audi preces cum jubilo
120. Tuae laudis, quam recolo,
Katharina fortissima,
Post Mariam dulcissima.
O Maria, flos virginum,
Mitem fac mihi Dominum
125. Deum tuum [et filium]
Per Katharinae meritum.

Katharina, archangeli
Pro me orcnt et angeli,
Apostoli et martyres,
130. Confessores et virgines;
Cuncta coelorum agmina
Pro me ut orent, depreca
Tu, quae de sponsi gloria
Felix vivis per saecula.
135. O Christe, salus unica,
Qui de carne virginea

Pro me nasci dignatus es
Et mortem crucis passus es,
Sis Katharinae precibus
140. Mihi semper propitius,
Post hujus vitae terminum
Aeternae confer praemium.
Cum patre, sancto flamine
Regnas tu sine tempore,
145. Tibi laus sit et gloria
Per saeculorum saecula.

Clm. Monacen. (ol. Emmeramen.) 14343. anni 1351. — 37. Et te. —
82. Lies vox tibi dat? — 105. tua haec memoria. — 125. fehlt die Hälfte
des Verses. — 135. O fehlt.

196. De sancto Laurentio.

1. Ad te, Deus, clamo reus,
   Dona mihi veniam
Dans, ut quaeram opem veram,
   Adde, ut inveniam.

2. De profundo corde fundo
   Lacrimarum flumina,
Mortis metu largo fletu
   Mea madent lumina.

3. Meos planctus ad te sanctus
   Martyrum grex provehat
Et affectum in me rectum
   Generet ac foveat.

4. Te, Laurenti, mihi flenti
   Poscente solatia
Det post luctum luctus fructum
   Summi regis gratia.

5. Martyr Dei, cordis mei
   Maculas extermina,
Fac bonorum in me morum
   Pullulare germina.

6. Unde ductus crescat fructus
   Cremento multiplici,
Habens scutum non occultum
   Cultoris mirifici.

7. Martyr digne, tuam igne
   Tortor carnem torruit

Nec cremare, Deo care,
   Te vivum abhorruit.

8. Vere bonum te carbonum
   Probavit congeries
Et poenarum aliarum
   Multiformis series.

9. Vis tormenti tuae menti
   Nequaquam praevaluit,
Carne usta mens robusta
   Coeli fiamma caluit.

10. Reddens grates, cum te crates
    Cruciaret ferrea,
Da, ut aeque vincam quaeque,
    Moles quae vult terrea.

11. Tormentorum tu tuorum
    Vicisti incendia,
Vitiorum da meorum
    Mihi refrigeria.

12. O levita, cujus vita
    Vitam veram meruit,
Vitae finis te divinis
    Legibus inseruit.

13. Da, ut ita fruar vita,
    Ne mortem promerear,
Peccatori da sic mori,
    Ut ad vitam provehar.

Cod. Oxonien. Laud. Miscell. 508. saec. 13. in. — Das Lied steht unter
den Meditationes et Orationes sancti Anselmi, was die Vermutung nahelegt,
dafs es von Anselm verfafst sei. Die Metrik erinnert sehr an das sog.
Mariale. — 12, 4 Lies: Civibus inseruit?

197. De sancto Longino.

1. Ave, miles nobilis,
Longine translanciator,
Tu cordis et lateris
Jesu reserator.
5. Grates tibi plurimae,
Quia thalamum dulcoris
In latere fecisti
Jesu amatoris,
Foederis oraculum,
10. Cameram amoris,
Pacis tabernaculum,
Clibanum ardoris.
Cruorem purpureum
Extraxisti et aquarum
15. Viventium puteum

Atque gratiarum
Pelagus deigenum
Et deliciarum,
Immensum profluvium
20. Opulentiarum.
Tu cum lancea tua,
O sancte Longine,
Aurea et ignea
In extremo fine
25. Propugna et libera,
Januam pietatis
Divinae resera,
Intrare me sine
Procul fac sint minae.

Orat. ms. S. Caeciliae Colonien. saec. 15. Cod. Colonien. 1.

198. De sancto Mammete.

Magnus et insignis, psalmo venerandus et hymnis,
Ad calidas flammas deductus carcere Mammas,
Insiluit tutus, pueros puer igne sccutus.
Verberibus caesus, sed nec tunc nec modo laesus,
Quinque dies passus, sexto processit inassus.

Orat. ms. saec. 15. Cod. Musaei Czartoryski 1217.

199. De sancta Margareta.

1. Ave, virgo Margareta,
Sponsi summi quae secreta
Penetras cubicula,
Ibi per amoris nexus
Fideique per amplexus
Celebratur copula.

2. Eja corpore formosa,
Fide magis speciosa,
Tu praeclara genere,
Margareta Deo grata,
Gratiarum decorata
Et virtutum munere.

3. Salve, sancta Margareta,
Voluptate mundi spreta
Omnique ludibrio
Hostem superas antiquum,
Castitatis inimicum
Una cum Olybrio.

4. Cum tu Christum confiteris
Carcerari mox juberis,
Post hoc in equleo
Laniata vi tortoris,
Rubens manat fons cruoris
Corpore virgineo.

5. Gaude, felix Margareta,
Tu virtute Christi freta
Triumphatrix inclita,
Infernalem tu draconem
Et ingentem passionem
Vincis Christo dedita.

6. Quae dum cultum detestaris
Idolorum, cruciaris
Diris poenis ignium,
Aqua frigens dum succedit,
Sed non laedens, Christo credit
Turba quinque milium.

7. Vale, dulcis Margareta,
   Vere gratia repleta,
     Quae in vitae termino
   Pro his, quibus veneraris
   Et a quibus tormentaris,
     Preces fundis Domino.

8. Post haec capite truncata,
   Nunc a Christo coronata
     Passionis laurea,
   Ut praefulgens margarita
   Es in sponsi serto sita,
     Sponsa tu virginea.

9. O beata Margareta,
   Quae cum Christo regnas laeta
     In coelesti requie,
   Tu delictis et peccatis
   Meis malis perpetratis
     Posce dona veniae.

10. Da contemptum mundanorum
    Et amorem supernorum
      Cum augmento gratiae,
    Fac, evadam inferorum
    Portas, portum beatorum
      Adipiscar gloriae.

Orat. ms. Underdorfense saec. 15. Clm. Monacen. 7815.

200. De sancta Margareta.

1. Ave, virgo Margareta,
   Peccatorum via spreta
   Lege Dei vere laeta
   Meditari sine meta.

2. Ave, mundum quae sprevisti,
   Jugum Christi suscepisti,
   Ergo, quidquid expetisti,
   Margareta recepisti.

3. Ave, clamans exaudita
   Nec a malis impedita,
   Voces audi nostras ita,
   Clara Christi margarita.

4. Ave, virgo, signo Christi
   Consignata quae fuisti,
   Per quem fortis exstitisti,
   Margareta, dum vicisti.

5. Ave, virgo, curans mentes,
   Nomen tuum diligentes,
   Margareta, fac ferventes,
   In amore te sequentes.

6. Ave, sanans tu languorem
   Infirmorum et dolorem,
   Virgo, Dei per amorem
   ·Iram pellas et furorem.

7. Ave, rosa castitatis,
   Judex justus veritatis
   Tuae testis puritatis
   Te servavit a peccatis.

8. Ave, virgo spes moestorum,
   Margareta, lux mundorum,
   Viam spernis mundanorum,
   Vitam gerens angelorum.

9. Ave, virgo derelicta
   Ab amicis, sed relicta
   Jesu Christo benedicta,
   In tormentis non devicta.

10. Ave, virgo, Dei sedes,
    Nos supernas duc ad aedes,
    Fac nos Christi cohaeredes,
    Ubi cum dilecto sedes.

11. Ave, virgo gloriosa,
    Margareta generosa,
    Lingua fallax et mendosa
    Nos non tangat et dolosa.

12. Ave, virgo, ne in morte
    Obsint nobis mortis portae,
    Lumen nobis dona forte
    Et a mala duc cohorte.

13. Ave, virgo, salutare
    Christi nobis fac adstare,
    Ut cum sanctis exsultare
    Valeamus et cantare.

14. Ave, virgo, te rogemus,
    Mala mundi ne gustemus,
    Post te coelum ut intremus
    Et cum sanctis habitemus.

Cod. S. Petri Salisurgen. a III 10. saec. 15. — 9, 2 Ab inimicis sed relicta, gegen Versmaſs und Sinn.

201. De sancta Margareta.

1. Ave, coeli redimita
   Margareta laurea,
   Pretiosa margarita
   Coelibatu nivea,
   Tunsionibus polita,
   Vita, signis splendida,
   In corona Jesu sita,
   Nos in Christo solida.

2. O victrix eximia,
   Virgo Margareta,
   Tua desideria
   Bonis sunt impleta,
   Duplex sertum gloriae
   Fers inter beatos,
   Grata fonti gratiae,
   Fac nos ipsi gratos.

3. O rosa per saecula
   Vernans sempiterna,
   Tibi sine nebula
   Lucet lux superna,
   Summo bono frueris,
   Victrix coronata,
   Margareta, superis
   Junge nos beata.

Orat. ms. Campense anni 1462. Cod. Darmstadien. 521.

202. De sancta Margareta.

1. Salve, felix Margareta,
   Quae virtute Dei freta
   In agone Jesu Christi
   Non es victa sed vicisti.

2. Salve virgo Margareta,
   Quae corporis morte spreta
   Veritatem es confessa
   Mente semper indefessa.

3. Salve, fortis Margareta,
   Quae constanti mente laeta
   Mortem reddis salvatori,
   Qui voluit pro te mori.

4. Salve, virgo vere munda,
   Cujus sanguis velut unda
   Puri fontis emanavit,
   Cum te tortor flagellavit.

5. Salve, virgo, quae serpentem
   In carcere te sorbentem
   Nihil laesa dirupisti,
   Nec tu tamen sed crux Christi.

6. Salve, virgo, per quam stratus
   Et sub pede conculcatus
   Fuit daemon et coactus,
   Ut referret suos actus.

7. Salve, virgo, lux insignis,
   Cujus corpus faces ignis
   Et lampades exurebant,
   Sed te tamen non vincebant.

8. Salve, virgo, quam praefectus
   Legi Christi non subjectus
   Vinclis jussit alligari
   Et in aqua suffocari.

9. Salve, virgo, quam solutam
   Et ab aquis fecit tutam
   Christus, qui te per columbam
   Hortabatur ad coronam.

10. Salve, virgo, quam viderunt
    Et videntes crediderunt
    Virorum quinque milia,
    Perpessi sunt martyria.

11. Salve, virgo, quam insignem
    Et per aquam et per ignem
    Transeuntem Christus rexit
    Et ad thorum suum vexit.

12. Salve, virgo, quam orantem
    Et pro multis deprecantem
    Exaudivit auris Christi,
    Plus promittens, quam petisti.

13. Salve, virgo, quae devotos
Tuos habes bene notos,
His succurrens in necesse,
Quando cernis opus esse.

14. Salve, virgo, vere digna,
Vere dulcis et benigna,
Pretiosa sponsa Dei,
Miserere, quaeso, mei.

15. Salve, martyr Margareta,
Fac, ut mihi sint deleta
Et reatus et delicta
Per te,. virgo benedicta.

Cod. Bruxellen. II 1069 (ol.· Philipps 4649) saec. 13.

203. De sancta Margareta.

1. Margareta nobilis,
Gemma virtuosa,
Fide stans immobilis,
Facie formosa.

2. Virgo pia, tenera
Carne delicata,
Ad omnia genera
Poenarum parata.

3. Ob amorem Domini,
Sponsi tui Christi,
In mortem, in carcerem
Te ipsam dedisti,

4. Aureolam geminae
Portans sanctitatis,
Martyrium feminae
Et virginitatis.

5. Ergo cum sis meritis
Dives et praeclara,
Nobis tuis famulis
Locum pacis para.

6. Ut ex hac miseria
Laeti transeamus
Et secum in patria
Semper gaudeamus,

7. Audituri virginum
Dulce jubilamen
Et vestrum ad canticum
Responsuri: Amen.

Orat. ms. saec. 15. Cod. Colonien. 7.

204. De s. Maria Magdalena.

1. O piissima peccatrix,
Pedum Domini lavatrix,
Non de fontibus aquarum,
Sed de guttis lacrimarum,

5. Ut te multis a peccatis
Fons lavaret pietatis.
O praeclarum Dei templum,
Poenitentium exemplum,
Quae beatos pedes Christi

10. Sanctis crinibus tersisti,
Ut meretricalis usus
A te fieret exclusus,

Tergeretque tuas sordes
Manus per misericordes.

15. O solamen peccatorum,
Certa spes erraneorum,
Quae unguentum pretiosum
Super regem gloriosum
In tugurio leprosi

20. Sanctis manibus fudisti,
Ut foetori tuae mentis
Bonus odor recumbentis
Christi per hanc unctionem
Faceret abjectionem.

25. Audi me nunc exprobrantem,
Sed te magis exorantem,
Per eundem verum Deum
Fac mollescere cor meum,
Fac, ut saxum meae mentis

30. Fletus abluat fluentis,
Ut per lacrimationem
Habeam consolationem
Et ut bonum per odorem
Perdam criminum foetorem.

Cod. Oxonien. Laud. Miscell. 508 saec. 13. in. — Das Lied steht unter Gebeten Anselms von Canterbury, so dafs der Gedanke an eine Abfassung durch ihn sich nahelegt. — 1. O fehlt. — 23. hanc ergänzt.

205. De ss. Martino et Brictio.

1. Ave dulcis o Martine,
Ave et Bricti domine,
Laus sit vobis sine fine
Sed in Dei nomine.
5. Praesules o gloriosi,
Sitis mihi gratiosi,
Per vos mihi bonum nomen
Detur et beatum omen,
Salus et prosperitas,
10. Quod det summa trinitas.
Doxa tibi trinitas,
Indivisa unitas,
O beata deitas.

Cod. Palat. Vindobonen. (ol. Chimen.) 4724. saec. 14.

206. De sancto Matthaeo.

1. Gaude, spes salutis meae,
Alme pater mi, Matthaee,
De honore triplicato
Tibi soli simul dato,
5. Quem sanctorum simul vere
Nullus scitur possidere.
Nam apostolus es clarus
Et evangelista gnarus,
Es et martyr triumphalis,
10. Quis tibi in his aequalis?
Qui in coelis sic praeferris,
Opem reis fer in terris.
Lucra mundi reliquisti,
Lucra coeli recepisti,
15. O evangelista prime,
Leva corda in sublime,
Ne hic vanis maculentur
Sed divinis delectentur,
Et ut fiat hoc perfecte,

20. Modum, doctor, doce recte.
Tu praelatus puellarum
Primus Deo sacratarum,
Quas amasti, custodisti,
Tam fidenter protexisti,
25. Quod ob virginalem florem
Tuum fuderas cruorem.
O Matthaee, tibi tantus
Erga me sit fervor sanctus,
Quantus fuit erga illas;
30. Vires robora pusillas,
Tua sacra sub tutela
Sume me cum parentela.
O praeclare princeps mundi,
Fac nec laedi nec confundi
35. Me et mihi attinentes,
Ubicunque consistentes,
Ut in Deo semper laeti
Simus bona pace freti.

Fortis Dei agonista,
40. Nunquam ope mihi dista,
Velox mihi sis adjutor,
Ut sim Christi consecutor,
Tuum sit, pensare, nosse
Tam infirmum meum posse;
45. Quanto scis fragiliorem,
Tanto opem da majorem.
O Matthaee, judex orbis,

Sana me a cunctis morbis;
Oro, licet lingua balba,
50. Veste clara me dealba,
Sicut Mauros dealbasti,
Quos ad Christum convocasti,
Ut in morte laete, compte
Sic occurram sponso prompte
55. Ad convivii solamen
In coelis cum sanctis. Amen.

Orat. ms. Lehninense anni 1518. Cod. Berolinen. IV° 29.

207. De sancto Matthia.

1. Gaude, o Matthia, gaude,
Te laudare sine fraude
Servum tuum dignifica,
A me mala cuncta claude,
Ut semper de tua laude
Possim fare magnifica.

2. Gaude, quia es electus
Et tam summe es provectus
Ad thronum apostolicum,
A quo Judas est dejectus,
Juste et sic est profectus
Ad locum diabolicum.

3. Gaude, munus tam praeclarum
Te sortitum non est parum
In principum colegio,
Nam tam dignum, Deo carum,
Ut tu eras tunc terrarum,
Non tulit omnis regio.

4. Juste potes hinc gaudere,
Altum thronum possidere
Cum saeculi judicibus;
Hoc praedixit David vere,
Frui alterum debere
Donis Judae felicibus.

5. A Judaeis lapidaris,
Cum securi mox mactaris
Complendo sic martyrium,
Coelo digne coronaris
Et per orbem festivaris
Cum toto nisu virium.

6. O mi princeps duodene,
Me commendo tibi plene
Contra cuncta obstacula,
Me in castitate tene
Et in cunctis rege bene,
Ut fiam sine macula.

7. Parvus tu humilitate
Dictus es non quantitate,
Donatus Dei gratia,
Dulcis pater mi beate,
Precor te in veritate,
Me tuis donis satia.

8. Fac me bonis sic donari,
Ut digner adnumerari
Viventium consortio,
Ubi Deum contemplari
Atque tecum jucundari
Sit semper mea portio.

Orat. ms. Lehninense anni 1518. Cod. Berolinen. IV° 29. A. — Orat.
ms. Carthusian. saec. 15. Cod. Capit. Treviren. 116. B. — 1, 1 O Matthia
gaude, gaude B. — 3, 5 tu fehlt A. — 7, 6 socia A.

208. De sanctis Mauris.

1. Ave, martyr, cujus nomen
Ignoratur sed non omen,
Tu pro Christo pateris,

Legionis Thebaeorum
Nomen ornat te decorum,
Illi dum adscriberis.

2. Ortu, fide, sanctitate,
Sensu, actu, dignitate
Clarus et militia,
Spe mercedis et coronae
Pugnas, martyr, in agone
Tendens ad coelestia.

3. Caesar furit cum profanis,
Et tu, martyr, spretis vanis
Immolaris hostia;
Dum occidit te scienter,
Introducit nescienter
Ad superna gaudia.

4. Corpus tuum venerandum
Huc translatum ad pausandum
Dei providentia

Nobis exstat honorandum
Atque per te impetrandum
Bona permanentia.

5. Intendentes tuae laudi
Nos attende, nos exaudi,
Nos a malo libera,
Christo Jesu nos commenda,
Ut exutos omni menda
Collocet in patria.

6. Tuique commilitones
Nostras dent orationes
Coram Deo placitas,
A cunctis nostris domibus
Repellant et a mentibus
Daemonis fallacias.

7. Ipsorum patrocinio
Gubernemur a Domino
Nunc et in perpetuum.

Orat. ms. Campense anni 1462. Cod. Darmstadien. 521. Mit dem Vermerk: „Item oratio ad martyrem sine nomine de societate sancti Victoris, quem venerabilis Archiepiscopus Coloniensis Philippus transtulit de Xanctis ad monasterium Campense circa annum Domini millesimum centesimum octogesimum.“

209. Item alia oratio ad eundem martyrem sine nomine vel ad s. Victorem.

1. Salve, miles triumphalis,
Christi martyr specialis,
Nos a mundi serva malis,
Ne nos amor mundialis
Mergat in flagitia.

2. Palma fruens triumphali,
Poena plexus capitali,
Vitam claudis morte tali,
Ut post mortem immortali
Fruereris trabea.

3. Una voce, mente pari
Nos honore singulari
Te studemus venerari;
Dum versamur in hoc mari,
Exhibe suffragia.

4. Ut tua per magnalia
Crescant spiritualia,
Nec desint temporalia,
Post haec et aeternalia
Dentur Christi munera.

5. O miles, martyr Domini,
Tuo beato nomini
Nostra subscribe nomina
In libri vitae pagina
Christi dante gratia.

6. Ne permittas spe frustrari,
Quibus potes suffragari,
Fac nos Christo praesentari,
Ut hunc tecum contemplari
Possimus in gloria.

7. Ubi nec cras nec hesternum,
   Sed est idem hodiernum,
   Ubi salus, ubi vita,
   Ubi pax est infinita,
   Ubi Deus omnia.

Orat. ms. Campense anni 1462. Cod. Darmstadien. 521.

210. De sancto Michaele.

1. Christiane vir fidelis,
   Qui regnare vis in caelis,
   Saepe recordari velis
   Gloriosi Michaelis,
     Principis ecclesiae;
   Hic defensor animarum
   Crucifixo devotarum
   Et susceptor est earum
   Ad coeleste jubar clarum
     Paradisi gloriae.

2. Istum principem decorum
   Et primatem angelorum
   Laudet chorus electorum,
   Qui vult esse gaudiorum
     Particeps coelestium.
   Habeamus istum talem
   In patronum specialem,
   Ut nos ducat ad regalem
   Mansionem aeternalem
     Supernorum civium.

3. Michael, o princeps bone,
   Qui pugnasti eum dracone,
   Fac nos fortes in agone,
   Ut in Dei visione
     Laetemur in patria.
   Tu pro nobis omni hora,
   Sancte Michael, exora,
   Ut post mortem sine mora
   Nos perducas ad decora
     Sempiterna gaudia.

Cod. Palat. Vindobonen. (ol. Lunaelacen). 4089 anni 1460. A. — Clm. Monacen. (ol. Tegurin.) 19824 saec. 15. B. — Clm. Monacen. (ol. SS. Udalrici et Afrae) 4423 anni 1480. C. — Orat ms. Tegurinum saec. 15. Clm. Monacen. 20001. D. — Orat. ms. Tegurinum anni 1470. Clm. Monacen. 20 021. E. — 1, 5 Principem alle Hss. _·

211. De sancta Odilia.

1. Ave, virgo gloriosa,
   Sanctitate radiosa,
     Clarescens Odilia,
   Stirpe prodis generosa,
   Sed virtutum plus famosa
     Facta per humilia.

2. O praecelsae stirpis ramus,
   Ad te miseri clamamus
     Prece devotissima,

   Ne noxae nos stringat hamus,
   Sed soluti quam praestamus,
     Laus sit acceptissima.

3. Dulcis Adalrici nata,
   De illustri propagata
     Francorum familia,
   Verum cacca generata,
   De te mens patris turbata
     Tractat horribilia.

4. Infrunitus vi ruboris
   Vibrat arma mox furoris
     Te jubens interfici,
   Sed decretum hoc horroris
   Mutat mater sanioris
     Cordis et deifici.

5. Domo patris occultaris
   Et per annum educaris
     Abrae ministerio,
   Post te rumor popularis
   Prodit causa singularis
     Late in mysterio.

6. Nam tum nutrix praeparatur,
   Quae itura proscribatur
     Tecum in exilium,
   Sed de fuga dum tractatur,
   Palma claustrum inspiratur
     Dei per consilium.

7. Illic annis sex ignota
   Tamquam pauper et aegrota,
     Orba dulci lumine,
   Patris aedibus remota,
   Lates baptismali lota
     Nec lustrali flumine.

8. Jubet Christus hinc benignus,
   Pergens ad te praesul dignus
     Erhardus Bavariae,
   Det sacrantis undae pignus,
   Quo depulsus it malignus
     Artis multifariae.

9. Baptizata dum chrismaris,
   Vigor venit ocularis
     Cum fulgoris acie;
   Mira res et salutaris,
   Intus, extra collustraris
     Simul luce gratiae.

10. Crescit virtus cum aetate,
    Grata morum probitate,
      Noxae necans scoriam,
    Mens repleta caritate
    Carnem domat castitate
      Mundi calcans gloriam.

11. Unguentorum hoc odore
    Avulsisti mundi flore
      Tres germani filias,
    Trinitatis in honore
    Permansuras cum virore
      Tres plantasti tilias.

12. Palma claustro dum donaris,
    Cui mater delegaris
      A Christo Odilia,
    Quo sagena voti paris
    De procella magni maris
      Trahis ad te milia.

13. Dicens: omnes huc venite,
    Ferte jugum sponsi mite,
      Ipsum vos alleviet
    Ad currendam viam rite,
    Quae ad portas ducit vitae,
      Vestrum nulla deviet.

14. Has exemplo castitatis
    Et mirandae sanctitatis
      Constanter aedificas,
    Ad contemptum vanitatis
    Amoremque paupertatis
      Hortatu aedificas.

15. Patrem sciens in tormentis
    Pia prece et lamentis
      Exsolvis supplicio,
    Vini vas deficientis
    Replet mero purae mentis
      Sacrata petitio.

16. Post adesse finem pandis,
    Tibi detur honor grandis
      Quo coeli palatio,
    Sed priusquam illuc scandis,
    Filiabus verbis blandis
      Dulcis fit collatio.

17. In qua fortes adhortando,
    Tristes pie sonsolando
      Tui das memoriam,
    Templum petunt hae orando,
    Sponsus adest evocando
      Te ad coeli gloriam.

18. Veni, ait, sponsa cara,
De fallaci et amara
Vita, coronaberis.
Martyr voto, virgo clara,
Ad Luciam ire para,
Cum qua praemiaberis.

19. Tandem solvit carnis nexus
Mors, suaves in amplexus .
Sponsi volas coelitus;
In nos, quaeso, duc reflexus
Precum, hostis ne perplexus
Nos evertat penitus.

20. Fac nos digne conversari,
Plene mundum aspernari
Suis cum deliciis,
Intus, extra decorari
In palaestra regulari
Sacris exercitiis.

21. Ora sponsum, virgo pia,
Ne privemur in hac via
Visus dono luminis,
Nos in coeli politia
Vera frui det sophia
Luce celsi numinis.

Orat. ms. Lehninense anni 1518. Cod. Berolinen. IV° 29. — Nach dem
Liede folgt vor der Oration zur Heiligen noch folgender Versikel:

V. Carnis linquens edulium [l.: exsilium?]
Ad sponsi triclinium
Laetanter ingressa,
R. Sana, serva lumina,
Virgo placa numina
Prece indefessa.

212. De sancto Petro.

1. Salve, pastor gregis Christi,
Quem pascendo docuisti
Fidem salutiferam,
Ejus cultum dilatasti,
Idolorum exstirpasti
Sequelam mortiferam.

2. Prius Simon vocabaris,
Dehinc Petrus nominaris
A petra firmissima,
Quae est Christus noster rector,
Nostra salus et protector
Et spes solidissima.

3. O piscator animarum,
Qui et prius belluarum
Marinarum fueras,
In hoc mari fluctuantes
Salva nos periclitantes
Ob culpas pestiferas.

4. Tibi Christus militantis
Claves nec non triumphantis
Contulit ecclesiae,
Ut quod solveres, solutum
Quod ligares, insolutum
Ejus esset requie.

5. Te rogamus mente pura,
Solve nos a ligatura
Nostrorum peccaminum,
Ut possimus in futura
Vita fine caritura
Contemplari Dominum.

6. Tu cephas apostolorum
Atque princeps singulorum
Constitutus coelitus,
Ut plus flagrans in amore,
Dignum erat, quod honore
Magis esses praeditus.

7. Ob amorem tam extensum
Non relinquis indefensum
Gregem tibi subditum,
Para sed nobis ascensum
Gaudium ad hoc immensum
Coeli tibi praestitum.

8. Salve, jubar singulare,
Opacum illuminare
Meruisti saeculum,
Dogma tuum salutare
Vere constat effugare
Haeresis umbraculum.

9. Nos volutos in peccatis
Duc ad viam veritatis
Tuis piis precibus,
Aeternae felicitatis
Congaudere cum beatis
Fac supernis civibus.

10. Claviger o paradisi,
Exitus nos improvisi
Serves a periculo,
Ut securi et gavisi
Transcendamus, cum divisi
Simus ab hoc saeculo.

11. Et in fine exsultantes
Nos precamur te rogantes
Ob tuam clementiam,
Ut devote visitantes
A coelo peregrinantes
Hanc tuam ecclesiam,

12. Non decedant in mortali
Crimine vel veniali
Maculare spiritum,
Gaudio sed aeternali
Frui bonoque finali
Possint post hunc exitum.

Scala coeli saec. 14. ex. Cod. Pragen. XIII E 3. A. — Orat. ms. Pollingense saec. 15. Clm. Monacen. 11917 B. — 1, 2 Qui vitare docuisti B. — 1, 3 Cultum idolorum B. — 1, 4 Vitia tunc exstirpasti B. — 1, 5 Jesu nomen dilatasti B. — 1, 6 Qui es via morum B. — 2, 2 Petrus inde B. — 2, 3 serenissima B. — 2, 4 Qui est Christus verus rector B. — 2, 5 Saulus nostra B. — 2, 6 Sis spes B. — 3, 1 O fehlt A; O pastor B. — 4, 1 Tibi claves triumphantis B. — 4, 2 Christus nec non militantis B. — 4, 6 Ejus pia requie B; hierauf folgen in B 7, 1 bis 3. — 5, 1 precamur B. — 5, 3 Meorum A. — 6, 4 Magis flagrans B. — 6, 6 esset B. — 7, 1 und 2 umgestellt B. — 7, 4 Para nobisque B. — 7, 5 hoc in immensum B. — 8, 2 Spatium illuminare B. — 8, 3 Docuisti saeculum. — 8, 4 Tuum dogma B. — 8, 5 Vere praestat B. — 8, 6 Criminis umbraculum B. — 10, 4 Sed ut tecum et gavisi B. — 10, 5 dum divisi B. — 10, 6 Sumus. B. — 11, 1 Ut in A. — 11, 5 Attende periclitantes B. — 12, 2 nec veniali B. — 12, 3 Maculare lesen AB; zu korrigieren scheint entweder Maculave oder Maculati. — 12, 6 Possim A; hoc exsilium B. — Nach 11, 6 ist das Lied für eine Petruskirche geschrieben worden.

213. De sancto Procopio.

1. Bonae lucis fulgor mundo jam illuxit,
Quam mystice stirps deicola produxit
In patrem adjutoremque inopum,
Quem nunc omnes collaudemus sanctum.

5. Cujus vita, sanctitate plena,
Clare claruit, et miserationis vena
Per ipsum misericorditer est aperta,
Ut apparet per ejus signa certa.
Nam per ipsum peccatoribus venia impetratur,

10. Ad ipsumque venientibus caecis visus datur,
Surdi, leprosi, contracti inibi sanantur,
Muti, caduci, paralytici sua prece curantur.
Vinctis misericorditer vincula relaxat,
Depressos suaviter erigit, correxit

15. Infirmis debilibus ossa dissipata
Ad se venientibus sua prece grata.
Pauperum penurium potens scit ditare,
Quorum cordis se typum vere indet amare,
Moestis et flebilibus confert consolamen,

20. Servientes spiritu sibi salvat tamen.
Pius horum scelera precibus abstergit,
A fluctuanti mundo hos in coelum vergit,
Qui dignis sibi precibus et meritis se praebent.
Suis servientibus devotis non bebent,
25. Sed devoto spiritu corde dicunt vere:
Consolator pauperum, Procopi, miserere,
Et nostrorum nunc relaxa peccatorum onus,
Nostri cordis caecitatem illustra, summe bonus.
Quod in nobis est confractum, dissipatum, sana,
30. Ab hostium malitiis eripe et pugna
Mundi, carnis miserae delectatione vana.
Pauperiem animae a nobis procul pelle,
In Dei servitiis conforta nostrum velle,
Ut justa, Deo placita agamus te docente
35. Et mundati sordibus te interveniente
Sacramentum corporis Christi hora mortis
Digneque suscipiamus, ut cum leo fortis
Nobis insurrexerit, ejusdem virtute
Viam ad coeli atria perambulemus tute,
40. Ubi tecum Domino gratias agamus
Et cum sanctis perpetim hymnum et dicamus.

Scala coeli saec. 14. ex. Cod. Pragen. XIII E 3.

214. De sancto Rudberto.

1. Salve, sancte mi Rudberte,
Praesul in Wormatia,
Almae vitae sic repertae
Plenus sanctimonia.

2. Nobili ex regum stirpe
Francorum et accola,
Castus, mansuetus, quippe
Devotorum formula.

3. Tu virtutum armamentum
Per divinam gratiam,
Eras gregis fulcimentum
Per doctrinae copiam.

4. Rebus plene actitasti,
Quae doctrina sonuit,
Vere bene praedicasti,
Ut scriptura tonuit.

5. Deus homo Jesus coepit
Facere et docuit,
Beatus Rudbertus egit,
Dicendo quae monuit.

6. Ejus verbum sic ornabat
Dis misericordia,
Rectum actum dispensabat
Pietas, justitia.

7. Tute corpus affligebas
Vigiliis, jejuniis,
Omne opus exercebas
Egenis et viduis.

8. Omne tuum aestimabas,
Quod inops acceperat,
Reliquum parvipendebas,
Quod lucrum non aggerat.

9. Alta fama longe, late
Sanctum virum sparserat,
Prorsus multos indilate
Ad ipsum attraxerat.

10. Religionis veritatem
Puram eo audiunt
Omnesque anxietatem
Moesti cito deserunt.

11. Numerosi tam benigno
    Liberati famine
    Ope ejus a maligno
    Juncti coeli agmine.

12. Boni credunt, mali ruunt
    Divinis judiciis,
    Justum caedunt squali, trudunt,
    Afligunt supliciis,

13. Sanctitatem non ferentes
    Grandi cum injuria
    Obaudire renuentes
    Sua pro duritia.

14. Mentis foedae hunc repellunt
    Ab urbe Wormatia,
    Nullae morae intercedunt
    Nec annorum spatia.

15. Incunctanter famam audit
    Sancti prudens Theodo,
    Bavarorum dux, applaudit
    Mittens pro episcopo:

16. Visitare dignaretur
    Sedentes in tenebris,
    Suscitari mererentur
    Foetentes illecebris.

17. Tunc praemittis cum legatis
    Sacerdotes fidei,
    Verum jubar post hos vadis,
    Fundamentum populi.

18. Audiens princeps praefatus
    Grandi ovat gaudio,
    Militum auceps stipatus
    Suscipit cum populo.

19. Sanctus ducem Ratisponae
    Instruxit jejuniis
    Ac luce salutis bonae
    Indidit mysteriis.

20. Nobiles et populares
    Salvatorem omnium,
    Cuncti simul generales
    Agnoverunt Dominum.

21. Theodone obsecratus
    Alveum Danubii
    Intrans spargis Deo gratus
    Verbum evangelii.

22. Tendens usque Lauriacum
    Et Noringos visitas
    Ac Germanis coelibatum
    Praedicando intimas.

23. Tali opere commendans
    Jesum natum Dominum
    Ex aeterno patre signans
    Ante ortum temporum.

24. Matris virginisque partum,
    Deum veri luminis,
    Crucifixum, passum, captum
    Pro salute hominis.

25. Omnes salvans resurrexit,
    Ascendit ad patriam,
    Nobis spiritum direxit
    Pandens suam gloriam.

26. Facto Christiano duce
    Ac fideli populo
    Incunctanter locum tute
    Censes episcopio.

27. Tumulum urbis collapsae,
    Quae Juvavo nomine
    Erat dicta, indilate
    Renovasti prospere.

28. Nomen in Salzburgam vertunt
    Sicque et nunc dicitur,
    Tot illi bona impertunt,
    Quod summe perficitur.

29. Ibi structam dedicasti,
    Fundasti ecclesiam,
    Beate, quam decorasti
    Ad divinam gloriam.

30. Vernas Christi sacerdotes,
    Clericos ac populum
    Sexus utriusque doces
    Sacramentum ordinum.

31. Ad quos tuas sanctas laudes
    Non possum exprimere,
    Cunctasque malorum fraudes
    Dignare ignoscere.

32. In labore praedicandi
    Magna tua proelia,
    Nunc ecclesias fundandi
    Multa sancta merita.

33. Vocas viros, mulieres
    Moniales, monachos,
    Optas tibi coaequales
    Simul omnes populos.

34. Cunctis impendis virtutem,
    Caritatem singulis,
    Amas omnes, ad salutem
    Quare plures attrahis,

35. Nunc docendo, praedicando,
    Orando assidue,
    Temet ipsum macerando,
    Castigando undique.

36. Inde prophetiae gradum
    Meruisti pleniter,
    Beatum quo finem tuum
    Praedixisti circiter.

37. Vere multum consternati
    Juvavenses filii
    Sancta morte patris tanti
    Lacrimantes singuli.

38. At commendans spe erectum
    Noricorum populum,
    Multum Salzburgensem clerum
    Creatori omnium,

39. Eligendumque Vitalem
    Successorem censuis,
    Non frustra commendans talem,
    Deo fiatum exeris.

40. Plane voces angelorum
    Animam ferentium
    In coelestem beatorum
    Sacrosanctum numerum:

41. Ecce sic transivit justus
    Ad aeternam gloriam,
    Pravis qui non est adustus
    Nec contraxit maculam.

42. Ad sepeliendum viri
    Sanctum adsunt splendidi,
    Tunc post neque ante visi
    Et creduntur angeli.

43. Eja nunc felix Juvavo,
    Civitas laetitiae,
    Redolens tali patrono,
    Tanto clarens lumine.

44. Felix turba Bavarorum
    Tui patris oramine
    Et populus Noricorum
    Ejus adjuvamine.

45. Laurea nunc coronatus
    In aeterna gloria,
    Illic nostri incolatus
    Memor abde vitia.

46. Christum salvatorum nostrum
    Fac nobis propitium,
    A mundanis cor erectum
    Contemnamus saeculum.

47. Malis nostris ne depressi
    Praeda simus hostibus,
    Ex hac carne sed egressi
    Jungas sanctis omnibus.

48. Exuturos carnem certe
    [Hujus] vitae post examen,
    Nos tecum, sancte Rudberte,
    Duc, amoene pater. Amen.

Clm. Monacen. (ol. Andecen). 3012. saec. 15. A. — Clm. Monacen. (ol.
Tegurin.) 19354. B. — Orat. ms. Unterdorfense saec. 15. Clm. Monacen.
7815. C. — Cod. Londinen. (ol. Buxhemen.) Add. 33438 anni 1499. D. —
1, 1 Mi sancte D. — Str. 5 bis 34 fehlen C. — 6, 2 Dis misericordia,
vermutlich statt Dei misericordia, mifsverstandene Bildung nach Analogie
von mei = mis, Dei = Dis. — 7, 3 Almae opus A. — 9, 1 Ita fama D. —
9, 2 spargerat A. — 12, 1 Mali cedunt D. — 15, 3 Barbarorum A. —
15, 4 Mittit D. — 17, 1 praemittens D. — 17, 3 post hoc A. — 21, 3 In-
tras D. — 23, 3 aeterno patre D. — 28, 2 et fehlt A. — 48, 3 amen tecum
sancte ABC; Nos tecum Rudberte D. — 48, 4 Duc amen pater amen ABC.

215. De sancta Sitha.

1. Salve, sancta famula,
    Sitha, Jesu Christi,
    Quae cum tota anima
    Deo placuisti.

2. Egenos et flebiles
    De cibo pavisti,
    Semper elemosynam
    Dare consuevisti.

3. Caecos, mutos, debiles
   Et claudos juvisti,
   Deum et ecclesiam,
   Virgo, dilexisti.

4. Fraudem et nequitiam
   Tu nimis odisti,
   Para nobis gloriam,
   Quam tu meruisti.

Orat. ms. Praedicat. saec. 15. Cod. Londinen. Harl. 2445.

216. De sancto Sixto. .

1. Ave, pater et domine,
   Sixte, te Dei nomine
   Imploro, ne me deseras,
   Sed pro me preces offeras.
   Altissimo, ne percam,
   Sed hostibus praevaleam
   Cunctis et in virtutibus
   Per te perorner omnibus.

2. Ave, pater omnis orbis,
   Pie Sixte, adsis, morbis
   Nostris pie miserere,
   Fac utroque nos gaudere
   In anima et corpore
   Nunc et in omni tempore,
   Sed praecipue peccatis
   A nobis procul fugatis.

3. Ave, decus Graeciae,
   Flos exortus ab Athenis,
   Prius philosophiae
   Scriptis, mundi pompis plenis,
   Sixte, qui floruisti,
   Sed ipsas reliquisti
   Teque subdidisti
   Suavi jugo Christi.

4. Ave, dulcis domine,
   Tibi cupio placere,
   Hinc in Jesu nomine

Te exoro, miserere
Nunc mihi peccatori,
Qui tibi preces fundo,
Non me permittas mori
Peccatorum profundo.

5. Ave, Sixte peroptime,
   Post Petrum papa septime,
   Per quem septenum numerum
   In te virtutum cumulum
   Completum esse novimus,
   Unde potes, quod petimus,
   Nobis et cunctis subditis
   Prodesse sanctis meritis.

6. Ave, martyr et pontifex,
   Virtutum potens artifex,
   Sixte, praesul Romanorum,
   Hinc fidelium cunctorum,
   Sed nobis specialis
   Qui degimus sub alis
   Tuis, quis confovemur,
   Adesto, ne damnemur.

7. Ave, Sixte beate,
   Praedulcis et amate,
   Qui tibi supplicamus,
   Fac tecum gaudeamus
   In summis coelorum
   Per saecula saeculorum.

Cod. Palat. Vindobonen. (ol. Chimen.) 4724. saec. 14.

217. De Sororibus BMV.

1. O nobile collegium
   Sanctarum sororum trium,
      Quibus nomen est Maria,
   Vestrum sanctum suffragium
   Imploro ad praesidium
      In ista angustia.

2. Quae erit Christo gratior
   Aut quae sibi acceptior,
      Quam sit vestra oratio,

Nulla sibi conjunctior,
Nulla sibi proximior,
   Quam sit vestra cognatio.

3. Tu sibi, virgo, mater es,
   Inde sibi quod imperes,
      Et naturae dat ratio;
   Vos vero duae ceterae
   Estis ejus materterae,
      O quam ingens affectio.

4. Vobis me dedicaveram
   In servum et decreveram,
   Memetipsum expendere
   In devotis officiis
   Et debitis obsequiis
   Vestri Deique munere.

5. Sed in morbo jam imbibor,
   Deficiens et delibor,
   Si nunc desit remedium;
   Ergo dulce consortium,
   Vestrarum precum dulcium
   Sentiam nunc auxilium.

Cod. Parisien. 1147. saec. 15. — Der Handschrift zufolge ist der Verfasser des Liedes „Reverendus Petrus, Sancti Pauli Leonensis episcopus, morum elegantia clarissimus virque magnae caritatis et literaturae“; er habe das Lied in schwerer Krankheit gedichtet und nach seiner Genesung auf einer Ex-voto-Tafel anbringen lassen. Pierre Bernard (nicht zu verwechseln mit dem Karmeliten Pierre de Saint-Pol-de-Leon) hatte den Stuhl von Saint-Pol inne um 1328.

218. De sancta Ursula.

1. Ave, virgo Ursula,
   Genere regalis,
   Non te carnis macula
   Fuscat aliqualis,
   In te tabernacula
   Princeps illocalis
   Fixit praebens oscula
   Sponsi spiritalis.

2. Ave, primiceria,
   Victoriosarum
   Te undena milia
   Ornant puellarum,
   Tibi per martyria
   Totidem sanctarum
   Frequentatur gloria
   Per orbem terrarum.

3. Ave, mundi dulcia
   Quae aspernabaris,
   Juste tympanistria
   Agni nuncuparis,
   Christo multa milia
   Martyrum lucraris,
   Cum quibus in curia
   Coeli gloriaris.

4. Ave, ecce sceleris
   Me ligat ligamen,
   Cujus quoque ponderis
   Opprimit gravamen,

Per hoc curre prae caeteris
Meum ad juvamen,
Ut mihi non noceat
Hostis, sis levamen.

5. Ave, vitae speculum,
   Virginum regina,
   Quam illustrat undique
   Gratia divina,
   Aurem tuam pauperum
   Precibus inclina,
   Quos involvit misere
   sordium sentina.

6. Ave, his temporibus
   quae surgis ut stella,
   In occidentis partibus
   Patria novella,
   A me piis precibus
   Mortis fuga bella,
   Me junge coelestibus,
   O dulcis puella.

7. Ave, virgo regia,
   Regem contemplando
   Preces nostras suscipe
   Sibi praesentando,
   Ut pro tuo nomine
   Nobis miseretur
   Nosque tibi famulos
   Tecum coronetur.

Orat. ms. Unterdorfense saec. 15. Clm. Monacen. 7815. — Der Reim der ungeraden Zeilen ist nicht durchgeführt.

IV.

DIVERSA.

1. Lingua rudis, hehes ingenio
Viri docti sermonem facio,
Sed quid loquar, qui loqui nescio?
Necessitas et non praesumptio.

2. Nulli vestrum reor ambiguum,
Viris bonis hoc esse congruum,
Ut supportet magnus exiguum,
Aegrum sanus et prudens fatuum.

3. Ne sim dignus et reus odio,
Si lucernam ponam sub modio,
Quid de rebus humanis sentio,
Pia loqui jubet intentio.

4. Ne vos gravet longa narratio,
Nec dormitet lector prae taedio,
Nec *Tu autem* dicat in medio,
Verbis brevem sermonem facio.

5. Ad aeternam beatitudinem
Ipsum Deus revocans hominem,
Verbum suum, suam imaginem
Misit ad nos per mitem virginem.

6. Est unita deitas homini,
Servo suo persona Domini,
Morti vita, splendor caligini,
Miseria beatitudini.

7. Scimus ista potentialiter
Magis facta certe quam aliter,
Scrutantibus spiritualiter
Scire datur, nescio qualiter.

8. Arte mira, miro consilio
Quaerit ovem bonus opilio,
Vagantibus in hoc exsilio
Locutus est nobis in filio.

9. Sed cum suae mentis consilium
Patefecit mundo per filium,
Ut neglecto cultu gentilium,
Deum noscat sic error hominum,

10. Poetarum seductos fabulis
Veritatis instruxit regulis,
Signis multis atque miraculis
Fidem veram dedit incredulis.

11. Obmutescant humana labia,
Nil occultum, jam patent omnia,
Revelavit sacra latentia
Non sapiens sed sapientia.

12. Conticescas fari, temeritas,
Ubi palam loquitur veritas,
Quod divina probat auctoritas,
Non improbet obscura falsitas.

13. Hujus mundi praeterit orbita,
Stricta ducit ad vitam semita,
Qui scrutatur rerum abscondita,
Trutinabit omnium merita.

14. Justus judex, inspector cor-
dium,
Nos ad suum trahit judicium,
Redditurus ad pondus proprium
Bonis bona, malis contrarium,

15. In hac vita misere vivitur,
Vanitas est omne, quod cernitur,
Heri natus, hodie moritur,
Finem habet omne, quod oritur.

16. Sed qui dedit ad tempus vivere,
Vitam brevem potest producere,
Vitam potest de morte facere,
Qui mortuus potest resurgere.

17. Nos ad regna vocat coelestia,
Ubi prorsus nulla miseria,
Sed voluptas adsunt et gaudia,
Cum sit Deus omnibus omnia.

18. Puniamus virtute vitium,
Terreat nos ignis incendium,
Foetor, fletus et stridor dentium,
Cujus caret fine supplicium.

19. Sciens Deus nos esse teneros
Et gehennae dolores asperos,
Pia voce revocat miseros,
Ovem suam ponens in humeros.

20. O pietas inenarrabilis,
Omnipotens, incorruptibilis
Creaturae misertus nobilis
Est pro nobis factus passibilis.

21. Est alapas passus et verbera,
Ludicrorum diversa genera,
Sputa, spinas et praeter cetera
Crucis morte damnatus aspera.

22. Cum creator in cruce patitur,
Ferreus est, qui non compatitur,
Cum salvator lancea pungitur,
Saxeus est, qui non compungitur.

23. Compungamur intus in anima,
Iram Dei placantes lacrima,
Dies irae, dies novissima
Cito venit nimis celerrima.

24. Ecce redit districtus arbiter,
Qui passus est misericorditer,
Redit quidem, sed jam mina-
citer,
Coactus est, non potest aliter.

25. Judex justus commotus acriter
Judicabit iniquos graviter
Et torquebit eos perenniter,
Quamvis juste, tamen crudeliter.

26. Vos judicis estis discipuli
Et scriptura divina seduli,
Christiani lucerna populi,
Contemptores praesentis sae-
culi.

27. Vos non estis virgines fatuae,·
Vertrae non sunt lampades
vacuae,

Vasa vestra madent assidue,
Caritatis oleo mutuae.

28. Vos pascitis gregem dominicum
Erogantes divinum triticum,
Quibusdam plus, quibusdam
modicum,
Prout quemque scitis fameli-
cum.

29. Decus estis ecclesiasticum,
Cum venerit judex in publicum,
Ut puniat omnem maleficum,
Sedebitis in throno judicum.

30. Verumtamen in mundi fluctibus,
Ubi nemo mundus a sordibus,
Quod dicitis in vestris cor-
dibus,
Compungendum est in cubili-
bus.

31. Insistite bonis operibus,
Bene vestris utentes opibus,
Nam Deo dat, qui dat inopibus,
Ipse Deus est in pauperibus.

32. Ut divina testatur pagina,
Opes multae sunt viro sarcina,
Summa virtus est elemosyna,
Dici potest virtutum domina.

33. Hanc commendo vobis prae
ceteris,
Abscondatur in sinu pauperis,
Crede mihi, si quid deliqueris,
Per hanc Deum placare poteris.

34. Hanc commendo vobis prae-
cipue,
Haec est via vitae perpetuae,
Quod salvator ostendens con-
grue
Dixit: Omni petenti tribue.

Clm. Monacen. (ol. Emmeramen.) 14343 anni 1351. — 3, 1 Sed ne sim. —
4, 3 Jede Lesung des Officiums schliefst mit der Formel: Tu autem Domine
miserere nobis. Das „tu autem" ist also soviel als „Schlufs" rufen. — 7, 3
adsunt ergänzt. — 30, 4 est in vestris cubilibus. — 34, 2 est ergänzt.

220. Visio sancti Morandi Abbatis.

1. Mira loquor, sed digna fide. — Bernarde? quid hoc est?
Vivis adhuc? — Vivo. — Non es, rogo, mortuus? — Immo.
Et quid agis? — Requiesco. — Taces an faris? — Utrumque.
Cur retices? — Quia dormio. — Cur loqueris? — Quia vivo.
5. Quid loqueris? — Sacra mystica. — Cui? — Mea scripta legenti.
Num cunctis? — Non. — Ergo quibus? — Qui dulcia quaerunt.
Nomen habes? — Ita. — Quod? — Bernardus. — Num sine
causa?
Non. — Dic ergo, quid est Bernardus? — Id est bona nardus.
Cur nadus? — Quoniam fragro. — Quo flamine? — Dulci.
10. Cui fragras et ubi? — Lectori codice sacro.
Quod cognomen habes? — De Clara Valle. — Manes hic?
Mansi, sed modo non. — Ubi nunc? — In vertice montis.
Qualis eras in valle manens? — Humilis. — Modo quantus?
Major nunc sursum, quanto minor ante deorsum.
15. Nilne tui vallis habet? — Immo? — Quid? — Ossa. — Quousque?
Donec coeleste fiat terrestre cadaver.
Hoc quando fiet? — Omnis caro quando resurget.

Cod. Altovaden. 60. saec. 15. A. — Cod. Palat. Vindobonen. 1946 anni
1482. B. — Die Aufschrift gicht B. — 3. Ey quid agis B; taces confaris
A. — 4. Cur taces B. — 9. flagro A. — 10. ubi? Studioso codice B. —
11. Quod tibi cognomen? B. — 14. minor antea fui B. — 15. Immo fehlt
A. — 16. Donec terrestre fiat coeleste A. — 17 fehlt A.

221. Oratio Regis Anglorum.

1. Rex cunctorum saeculorum,
Rex arcis aethereae,
Rector poli, rector soli,
Regum rex altissime.

2. Qui et maris dominaris,
Conturbas et exitas,
Et, cam placet, stratum jacet,
Motum ejus mitigas.

3. Tu creasti, tu formasti
Coelos, terras, maria,
Quae fecisti, condidisti,
Tu gubernas omnia.

4. Omne bonum tuum donum,
Omnipotentissime,
Cuncta grata tua data,
Dominorum domine.

5. Hos coronas atque donas
Gloria multiplici,
Qui in mundo corde mundo
Vita vivunt simplici.

6. Hi beantur, coronantur
In superlunaribus,
Quorum mentes sunt ferventes
Igne sancti spiritus.

7. Peccatorem, adjutorem
Qui non ponit Dominum,
Exaltatum, elevatum
Super cedros, Libanum,
Infernalem, gehennalem
Demergis in clibanum.

8. In Averni, in inferni
Tenebroso carcere

Habes clausos reos, ausos
Te Deum contemnere.

9. Ibi rei jussu Dei
   Pro forma sententiae,
   Lugent, rigent, ardent, frigent
   Et torquentur undique.

10. Ibi metus, ibi fletus,
    Ibi stridor dentium
    Ibi poenae, omnes plenae
    Vocibus gementium.

11. Hic dolores acriores
    Aliis doloribus,
    Hic tortores nequiores
    Aliis tortoribus.

12. Deus meus, ego reus
    Tibi me humilio,
    Deus vere, miserere
    Adoptivo filio.

13. Supplex tuus, servus tuus,
    Deus clementissime,
    Te adoro, te imploro,
    Tuae donum gratiae.

14. Rex coelorum, me, Anglorum
    Dictum regem, suscipe,
    Regem rege, sua lege
    Qui se nequit regere.

15. Est regnare, ministrare
    Toto tibi animo,
    Obedire et servire
    Tuo sub imperio.

16. Tuus miles actus viles
    Declinem peccaminum,
    Incentiva rediviva
    Exstinguam libidinum,
    Falsa laeta consueta
    Devitem excessuum.

17. Non procuro corde puro,
    Quod te Deum diligam,
    Parvipendo, vix attendo,
    Quomodo me habeam.

18. Hujus lucis in caducis
    Rebus nimis glorior,
    Inpeccatis supra satis
    Immorans immorior.

19. Aberravi et peccavi,
    Fateor me, Domine,
    Temera vi violavi
    Jura castimoniae.

20. Patuerunt, putruerunt
    Cicatrices criminum,
    Aestimati, similati
    In lacum descendentium.

21. Honestatis, castitatis
    Legem fregi tutius,
    Est sopita mea vita
    In malis diutius.

22. Me immundum non secundum
    Peccata corripias,
    Qui elatos vulneratos
    Hos et hos humilias,

23. Sed correcto et respecto
    Tua, Deus, gratia
    Te laudare et amare
    Da mihi coelestia.

24. Emundare, emendare,
    Quae commisi omnia,
    Spem salutis, rem virtutis,
    Vitae innocentiam,
    Castitatis, puritatis
    Dona mihi gratiam.

25. Cum in ira mente dira
    Interdum efferveo,
    Deus care, moderare
    In me, quod non valeo.

26. Nec sit cura mihi, jura
    Cuicumque tollere
    Vel suorum vicinorum
    Terminos revellere,
    Licet censu, armis, sensu
    Queam hos devincere.

27. In Bragmani, in pagani
    Regis est apicibus
    Quod habemus, possidemus,
    Quaecunque non cupimus.

28. Urbes illas, castra, villas,
    Nisi prius cupiam,
    Non abesse vel deesse
    Eas mihi sentiam.

29. Regum turres, pauperum res
    Simili interitu,
    Opum plenus et egenus
    Aequo cadunt obitu.

30. Regni sedes da haeredes
    Meos pro me scandere
    Et pacatum regni statum
    Te tutante regere.

31. Meum clerum da sincerum
    Fas et jus eligere
    Et devota mente tota
    Te Deum diligere.

32. Vivant ita bona vita,
    Ut tibi complaceant,
    Nobis normam atque formam
    Vivendi se praebeant.

33. Populique mei quique
    Commissi regimini
    Dirigantur et subdantur
    Tuo moderamini.

34. His intende, hos defende,
    His te praebe clipeum,
    Sceptrum tuum, regnum tuum,
    Dominaris gentium.

35. Aufer bella et flagella
    Tuae iracundiae,
    Nobis parce, hostes arce,
    Pacem nobis tribue.

36. Est humana virtus vana,
    Scis, quod est in homine,
    Nam in parvis nostris armis
    Non salvamur, Domine.

37. Saepe nisa et confisa
    Sequelis auxilii
    Retro vadit, in se cadit
    Vis expers consilii.

38. Sed de throno tuo dono
    Virtus adest coelica,
    Per quam datur, procuratur
    De hoste victoria.

39. Nostra sata duplicata
    Nos fruge laetificent,
    Nostra culta messe multa
    Copiam multiplicent.

40. Sic utamur, sic fruamur
    Bonis temporalibus,
    Ut laetemur, jucundemur
    Tecum in coelestibus.

41. Et meorum propinquorum
    Miseratus animas
    Has absolve et revolve
    Delictorum maculas.

42. Vivis cunctis et defunctis,
    Domine, fidelibus
    Da paccatam et beatam
    Vitam in coelestibus.

Cod. Oxonien. Douce 287 saec. 13. — Das Gedicht ist von William Fitz Stephen, dem bekannten Anhänger und Biographen des hl. Thomas Becket. Die Hs. der Vita führt es mit der Bemerkung ein: „Wilhelmus, filius Stephani, per orationem unam, quam fecerat et regi in capella de Bruhulla dederat, pacem habuit. Haec autem est illa oratio propria Domini regis Anglorum." — 6, 2 superliminaribus. — 26, 2 Cuiquam tollere. — 26, 6 Queant devincere.

222. Lessus Poenitentiae.

1. O mi custos, o mi heros,
   mi pater misericors,
   Flecte, precor, ad me tuos
   miseranter oculos,
   Lucem super omnem pulchros,
   super solem splendidos.

2. Tuque, mi redemptor, Christe,
   fili patris optime,
   Dignare tuo cum patre
   me, quaeso, respicere,
   Ut respectus possim fiere
   miser amarissime.

3. Tuque, spiritus o sancte,
   pie mi paraclite,
Qui ex patre filioque
   procedis assidue,
Me tuo misellum more
   conturbandum commove.

4. Novi namque, me pecasse
   coram te gravissime,
Sicut die, ita nocte,
   corde, ore, opere,
Laboravi semper valde
   te, Deus, offendere.

5. Laboravi, inquam, valde
   plura mala facere,
Quam sint homines in orbe,
   quam astra in aethere
Vel quot pisces intra mare,
   Arena in litore.

6. Volo unde nunc lugere,
   sed non possum, Domine,
Sine te quivi peccare,
   sed non possum plangere,
Sine te sum lapsus male,
   sed non possum surgere.

7. Non enim possum plorare
   nec lamenta fundere,
Potui multa patrare
   qui mala quotidie,
Quorum soli patet tuae
   numerus sententiae.

8. Caro ita quidem mea
   sine te est arida,
Sicut terra sine aqua,
   sicut petra rigida,
Oculorum est pupilla
   ceu crystallum frigida.

9. Sicque sicut silex dura
   cuncta sunt praecordia,
Ideo non valet ulla
   emanare guttula
Exque me nec saltem una
   ire potest lacrima.

10. Proinde meorum multa
   criminum cum milia
Sunt et plura quam arena
   marina per litora
Atque multa graviora
   massa exstant plumbea,

11. Clamat, ecce, supplex mea
   nunc ad te miseria,
Petens, ut digneris tua
   me misericordia
Hac respicere in hora
   torpentem socordia.

12. Age, jam mei mollita
   cordis [hac] duritia
Educ, quaeso, modo multa
   lacrimarum flumina
Ad facinora deflenda
   simul et flagitia.

13. Graviter peccavit mea
   nam tibi dementia,
Fortiter succurrat tua
   sed mihi clementia,
Quoniam est tibi tanta
   ceu nulli potentia.

14. Tu es trinus unus Deus,
   tu es potentissimus,
Tu es pius, tu benignus,
   tu es clementissimus,
Ob hoc meis da dignatus
   fiumina luminibus.

15. Tu petram in stagna aquarum
   convertisti laticum
Atque rupem in aquarum
   fontes multiplicium,
Tu quoque potes cor meum
   emollire ferreum;

16. Tu pectus adamantinum
   reddere ut carneum,
Tu mutare hunc belluinum
   in humanum animum,
Veterem sive antiquum
   in jam novum spiritum.

17. Ad cadendum sola mea
sufficit miseria,
Ad surgendum tua sola
sed misericordia,
Quia inest mihi multa,
proh dolor, vecordia.

18. Porrige jam lapso manum,
da luctum, da gemitum,
Dona fletum, dona planctum
ploratumque plurimum
Facque cor humiliatum,
conturbatum spiritum.

19. Plorem, pater, vehementer
te donante jugiter,
Plorem, fili patris, semper,
flagito suppliciter,
Plorem, spiritus o sacer,
te favente fortiter.

20. Lacrimer indesinenter
et incessabiliter,
Lacrimer nec non instanter,
infatigabiliter,
Ut post perpetim consoler
tecum et exhilarer.

21. Summe pater, miserere
fons misericordiae,
Miseranter tuae clemens
plasmae reminiscere
Et ad meum me adtrahe
forti Jesum robore.

22. Tuque, Domine o Christe,
o caput ecclesiae,
Attractum deposco a te
me dignanter recipe
Et receptum solidare,
in te noli spernere.

23. Tuque, spiritus o sancte
ac dulcis paraclite,
Mei semper meminisse
noli, rex, contemnere,
Sed da patrem filiumque
atque te diligere.

24. Deus trine, Deus une,
Deus clementissime,
Trinitas colenda corde,
mente atque pectore,
Unitas amanda valde
omni nobis tempore.

25. Qui es quadri diligendus .
orbis in climatibus,
Sed mei plus irritatus
corporis heu sensibus,
Quam sis mundi a totius,
credo, peccatoribus.

26. Miserere, quaeso, Deus,
miserere citius,
Succurre, deposco, prius,
quam inferni abyssus
Me absorbeat, quo nullus
utilis est gemitus.

27. Respice quapropter prius,
pater, fili, spiritus,
Trine atque unus Deus,
pereat quam famulus,
Quem plasmasti tuis pius
miserando manibus.

28. Manuum tuarum opus
respice clementissimus,
Si respexeris, ploratus
sequetur uberrimus,
Immo simul ululatus
erit amarissimus.

29. Ego, pater, ille tuus
prodigus sum filius,
A [te] procul exsul factus
qui fui diu[tius]
Meretricibus conjunctus
et consumptis omnibus,

30. Quae tu bonus es largitus,
panis miser indigus
Effectus fui subulcus,
saturari cupidus
Siliquis, sed dedit nullus,
quae dabantur suibus.

16 *

31. In me autem cum reversus
      nunc sum mendicissimus,
    Cumque tute sciam prorsus
      multis penetralibus
    Mercenarios in domus
      abundare panibus;

32. Reminiscens, quod benignus
      es atque piissimus,
    Pietate tua fisus,
      quamvis indignissimus
    Nomine servi misellus
      filiique penitus,

33. Advolatus clamo tuis
      ejulans vestigiis:
    Pater mi, peccavi nimis
      in coelum miseriis
    Atque coram te deliqui
      gravibus et nimiis.

34. Non sum dignus dici tuus
      servus nedum filius,
    Sed me jam dignetur meus
      pater clementissimus
    Tractare sua benignus
      pietate citius.

35. Eripe de portis mortis
      me, pater amabilis,
    Pereat ne tui juris
      suis plasma meritis,
    Abest panis, adest famis,
      pestis miserabilis.

36. Nemo panem habet vitae
      praeter te, altissime,
    Quem nunc cernor esurire,
      indignus percipere,
    Sed gratuitus largire
      tu pius hunc munere.

37. Saginatus est occisus
      fratri meo vitulus,
    Qui fuit peregrinatus
      a patre diutius,
    Cum multis luxuriatus
      miser meretricibus.

38. Qui ad te ubi reversus
      fuit mendicissimus,
    Consumptis paternis rebus
      atque bonis omnibus,
    Indigens suillo victu
      sed carens hoc funditus,

39. Inops panis, dives famis,
      ut est piis oculis
    A longe respectus patris,
      est donatus osculis,
    Amplexatus et benignis
      vehementer brachiis.

40. Aliud nil fuit fassus,
      ni quod esset filius
    Ejus ultra jam indignus,
      servis a fidelibus
    Prima stola est indutus,
      inque manu annulus

41. Est confestim sibi datus,
      tegumenta pedibus
    Pariterque saginatus
      est occisus vitulus,
    Sicque fuit epulatus
      tecum, pater, filius.

42. Ergo quia est inventus,
      fuerat qui perditus,
    Rediit[que] suscitatus
      et revixit mortuus,
    Gaudio magno gavisus
      est cum servis dominus.

43. Igitur ego ipsius
      nunc ad te fraterculus
    Clamo tuis advolutus,
      pie pater, pedibus,
    Tuus, fateor, indignus
      nihil minus filius.

44. Ecce, jam petit misellus
      veniam sceleribus,
    Pro suis offensis, quibus
      te tristavit pluribus,
    Quam polus ipse depictus
      splendeat sideribus.

45. Ergo sicuti tunc pius
    nihil cras amplius,
    Clementer ejus misertus
    cito currens obvius,
    Miserere sic dignare
    atque mei ocius.

46. Et quidem nil eo minus,
    verum multo amplius
    Peccavi tibi protervus
    diebus ac noctibus,
    Ad bonum, proh nefas, tardus,
    ad malum promptissimus.

47. Justificavi misellus
    meis facinoribus
    Peccatores omnes, mundus
    quos tenet quadrifidus,
    Proinde peto prostratus
    veniam sceleribus.

48. Jesu, jam quatriduanus,
    bone pastor, Lazarus
    Mortis in sepulcro situs
    jamque nimis foetidus,
    Monumento quamvis pressus,
    jamjam scatens vermibus,

49. Ecce jacet interemptus
    multis pro criminibus,
    Quae gessit e contra stultus
    signis hebetissimus,
    Privatus velut ambobus
    cum sensu lnminibus.

50. Freme, freme bone Jesu
    ac turbare spiritu,
    Lacrimare pio fletu
    servi pro interitu,
    Propria qui semet manu
    interemit jamdiu.

51. Clama, clama, Jesu Christe,
    voce magna, Domine:
    Prodi foris, tumulate,
    veni foras, Lazare,
    Exi, exi et procede
    jam de mortis carcere.

52. Si clamaveris me, Christe,
    redemptor piissime,
    Exibo lactus repente
    ac procedam propere,
    Que vita servum vocante
    fugiet mors rapidus.

53. Ligatus manus et pedes
    faciemque Lazarus
    Prodiit ille antiquus
    voce Dei excitus,
    Sic ego, plus licet vinctus,
    non prodibo tardius.

54. Fili Dei, Christe, vivi,
    jube tui Lazari
    Pedes, manus, ora solvi
    et ahire desini
    Et vestigiis advolvi
    sui sacris Domini.

55. Quin tibi tuoque patri,
    quin sancto spiritui,
    Trino Deo atque uni
    corde, ore supplici
    Grates agat voce tali
    honore sub triplici:

56. Benedictus sit excelsus
    genitor et genitus
    Spiritus nec non et sanctus,
    perdulcis paraclitus,
    Per quem suus est [jam] servus
    suscitatus Lazarus.

57. Manicis qui magnis vinctus,
    constrictus compedibus
    Flammis eram destinatus
    poenarum ultricibus,
    Quae tormentis extant prorsus
    plena multiplicibus.

58. Gloriam cantabo sane
    omni tibi tempore,
    Si digneris evocare
    mortis me de limine,
    Cui est vita cum patre
    et regnum cum flamine.

59. Tange, tange, Jesu Christe,
  meos clementissime
Oculos et squamas inde
  serpentinas ablue
Fluminaque multa valde
  lamentorum elice.

60. Actus terge et reterge,
  quo plus fluant lacrimae,
Fluant nocte, fluant die,
  ut possim restinguere
Flammas, quae sunt mihi jure
  poenis meis debitae.

61. Spiritus o sancte, pia
  respice me gratia
Et mersum mortis in urna
  me, precor, vivifica
Ac vivificatum tua
  luce jam illumina.

62. Gratis nam fecisti tua
  me misericordia,
Gratis, flagito, reforma
  demum et resuscita,
Gratis tua dantur dona,
  hinc donorum gratia.

63. Memento, Domine Deus,
  quod gignens et genitus,
Ut es potens atque pius,
  sic tu nihilominus
Ante saecla es benignus,
  mitis, potens, validus.

64. In quemcunque enim spiras,
  hunc statim vivificas,
Cum patre, filio tonas,
  regis et illuminas,
Gratiam cujus [tu] donas,
  solidas ac vegetas.

65. Quos placet, benigne vocas,
  vocatos sanctificas,
Humiles pius exaltas
  et altos humilias,
Immundosque quosvis mundas,
  impuros purificas.

66. Quid plura, leprosos sanas,
  impios justificas,
Cum patre proleque cunctas,
  quas vis, mentes recreas,
Insuper et recreatas
  tu, pater, glorificas.

67. Quamobrem te, Deus pie,
  postulo humillime,
Cito mihimet succurre
  cum patre, cum sobole,
Et ovi nimis infirmae
  gratiam jam tribue.

68. Da, precor, in te clamare
  Abba, pater, Domine,
Nec non atque Jesu Christe
  simul, quaeso, dicere,
Quin et te, o flatus alme,
  vocare humillime.

69. Da amare, da timere,
  da frequenter colere
Patrem, prolem, sanctum atque
  da flatum diligere
Toto corde, tota mente,
  toto nec non pectore.

70. Esto mihi timor ingens
  atque amor vehemens,
Diligam te nimis timens
  timeamque diligens,
Serviamque contremiscens,
  contreniscam serviens.

71. Non permittas me perire
  nec digneris perdere,
Quem plasmasti manu pia,
  Deus, ne despicias,
Sed dignanter miserere
  et clementer respice.

72. Noli, noli me delere
  sed parce, piissime,
Parce, parce et defende,
  clemens rex, et protege,
Protege, nec non defende
  nimis pressum pondere.

73. Tuam, Deus potens, pie,
    mihi manum porrige
Et dignare sublevare,
    peccata dimittere
Nec non atque collocare
    in coelesti requie.

74. Erue me, peto, meis,
    Domine, flagitiis,
Quibus te offendi grave
    retroactis saeculis
Et nunc quoque plura priscis
    addo nova maculis.

75. Deduc me in viam pacis,
    cum obire jusseris,
Portioque mihi lucis
    tunc patescat perpetis
Merearque cum beatis
    te laudare angelis.

76. Gloria, laus, honor patri,
    proli ac spiritui,
Ex ambobus procedenti
    ante orsus saeculi,
Trinitati lux perennis
    unitate perpeti.

Cod. Gratianopolitan. (ol. Majoris Carthusiae) 265 saec. 12. — 1, 3
precor alme. — 21, 4 plasmae statt plasmatis. — 36, 4 praecipere. — 38, 5
suilliviam. — 45, 1 nunc prius. — 45, 3 Tam clementer. — 45, 5 sq. sic
dignatus nec mei ocius. — 52, 5 Que in vita. — 56, 4 produlcis. — 59, 6
lamentorum ablue. — 61, 3 mortis in una. — 64, 3 cum filio. — 7, 4 orsa
sacculi.

223. De Praelatis et Subditis.

1. Rex, de coelo respice,
    visita clementer,
Quam plantasti, vincam,
    quae perit frequenter;
Cultores, quae sua sunt,
    quaerunt diligenter
Vineamque Domini
    colunt negligenter.

2. Heu, pastores ovium
    sub umbra quiescunt,
Se in voluptatibus
    pascere assuescunt
Et Christi oviculas
    pascere pigrescunt,
De quibus victum tollere
    minime pavescunt.

3. Pastores ecclesiae
    dicuntur praelati,
Injuste hoc nomine
    sic sunt nuncupati,
Pro grege dominico
    non jam sunt parati
Laborare strenue,
    ut quondam beati.

4. Nemo turbat gregem plus
    quam quidam pastores,
Vitiose negligunt
    jam inferiores,
Innocentes opprimunt
    et turbant meliores
Et amicos praeferunt
    multum viliores.

5. Deus, quam mirabilis
    Hujus mundi status,
Nam si simplicissimus
    Fuerit praelatus,
Hic in brevi tempore
    Totus fit mutatus,
Qui fuit humillimus,
    Valde fit elatus.

6. Dehonorat subditos,
    perit spes salutis,
Superbire incipit
    immemor virtutis,
Elevatur supra se
    laqueis salutis,
Gradiens per devia
    gressibus non tutis.

7. Dignitatis gloria
   et novi honores
   Convertunt humillimum
   et pervertunt mores,
   Quod sui obliviscitur
   spernens digniores
   Et ignorat socios
   stantes ante fores.

8. Vivere vult splendide
   raro stans in choro,
   Ob sua solatia
   saepe est in foro,
   Vel languorem simulans
   se locans in thoro:
   Heu me, dicit, pauperem,
   quantum nunc laboro.

9. Monachus si coeperit
   pauper aegrotare,
   Docetur prae omnibus
   olus manducare,
   Ad chorum in triduo
   non differt remeare,
   Qui fleret libentius,
   cogitur cantare.

10. De Christi pauperibus
    pauci habent curam,
    Qui gerunt frequentius
    paupertatem puram,
    Sed qui potest capere,
    fugit vitam duram
    Et vivit ad libitum
    regens praelaturam.

11. Nil de praelatis refero,
    qui nunc onerantur
    Et pro suis subditis
    hic sollicitantur,
    Amant, regunt, corrigunt
    neque indurantur,
    Deus det, [ut] gaudium
    isti consequantur.

12. Sed sunt dii gentium,
    daemonia praelati,
    Qui hic suis subditis
    non sunt inclinati,
    Ad quorum custodiam
    sunt hic deputati,
    Nec regunt nec diligunt,
    socii Pilati.

13. Praelatorum viscera
    dum gaudent repleta,
    Tunc clamatur altius,
    cantant mente laeta,
    Jubent, ut similiter
    clament tali meta,
    Quorum in jejunio
    frequens est dieta.

14. Ultra modum debitum
    cogunt laborare
    Subjectum sibi populum,
    student fatigare,
    Cogitantes intra se,
    hi solent murmurare,
    Obruantur onere,
    ne possint vacare.

15. Et si fratres inter se
    volunt discordare
    Pro causa tam minima,
    nolunt revocare
    Eos ad concordiam
    rogitantes quare,
    Isto modo possumus
    non in pace stare.

16. Sic vadunt ad interitum
    cum suo grex pastore,
    Plebs plebanum sequitur
    bestiarum more,
    Seducit pater filios
    misero errore,
    Et sic premuntur animae
    perpetuo dolore.

Cod. Zwethalen. 6 saec. 12. add. saec. 14.

224. Prosa de Evangelio.

1. Parabolam vitae
   Omnes hanc audite,
   Sine dolo et sine lite

Unanimus ite,
5. Ne de vera vite
   Cadatis excisi

Agricolae invisi.
Qui vineam plantavit
Et in hanc vocavit
10. Multos operarios
Per singulos denarios,
Qui summo mane mundi
Pro mercede nummi
Adam introduxit,
15. Quem serpens seduxit.
Hora vero sexta
Fide subintexta
Abraham intravit,
Qui natum immolavit.
20. Hora vero nona
Per scriptae legis dona
Moyses intravit,
Qui decalogum portavit.
Undecima David
25. Rex subintravit,
Qui fortiter pugnavit
Et Christum figuravit.
Tandem Christus venit,
Qui mercedem dedit,
30. Qui crucis in angaria
Calcavit torcularia;
Qui per confessionem
De cruce latronem
In paradisum duxit,
35. Quem sero conduxit.
Post hunc patriarchae,
Reges et prophetae
Mercedem acceperunt,
Qui pondus portaverunt
40. Aestus et diei.
Sic gratia Dei
Quos praedestinavit,
Hos et remuneravit.
Post hos duodeni
45. Atque Nazareni
Et evangelistae
Te sequuntur, Christe.
Post hoc crucis victores,
Deinde confessores,
50. Cum oleo prudentes
Fuerant sequentes
Regis sponsam magni,
Novam nuptam agni.

Tunc epithalamica
55. Sponsae cantabant cantica.
Hanc intrate vineam,
Ut malorum veniam
Inveniatis.
Cur otiosi statis?
60. Cur non laboratis,
Ut fructum afferatis?
Cur non festinatis,
Ut omnes occurratis
Ecclesiae sponso,
65. Qui videt in absconso,
Qui mercedem tribuet,
Cum Samaritanus rediet?
Sex gradus aetatis,
Ut intelligatis,
70. Hic praefigurantur.
Qui bene operantur,
Regnant in aeternum;
Descendunt in infernum,
Qui stabunt otiosi,
75. Semper criminosi,
Quos nemo conduxit,
Cujus flos exaruit,
Cum verus sol incaluit.
Per quos ab infantia
80. Per ora lactantia,
Mox a pueritia
Cum animi prudentia,
In adolescentia
Cum animi peritia,
85. Mox in juventute,
Dehinc in senectute
Ad vineam vocamur,
In qua coronamur.
In ultima aetate
90. Sero laborate.
Cum sero factum esset,
Ut labor mundi cesset,
Vocantur operarii
Et dantur denarii
95. His, qui sero venerunt.
Tunc primi putaverunt
Se plus accepturos,
Cum patre regnaturos
Et ipsi acceperunt,
100. Sed murmuraverunt,

Singulos denarios,
Ut decet operarios.
Tunc patri dixerunt,
Qui mane venerunt,
105. Cur pares fecisti,
Quos sero conduxisti
Nobis, qui portavimus
Pondus diei et aestus.
Respondit uni pater:
110. Nonne ego, frater,
Cum omni operario
Conveni de denario.
Quod promisi, tolle
Nec ultra te extolle;
115. Noli murmurare,
Novissimo dare
Sicut primo volo,
Te audire nolo.
Tu nequam, ego bonus,

120. Mecum qui portat onus,
Trabem tollat de oculo,
Pecuniam de loculo,
Ne racca dicat fratri,
Sic carus erit patri.
125. Tollat omne vitium,
Ne subeat supplicium,
Cum mundi fit destructio
Nec ultra fit corruptio.
Tunc erunt electi,
130. Qui fuerunt perfecti,
Et erunt abjecti,
Qui non sunt perfecti.
Multi sunt vocati,
Pauci coronati.
135. Magna dies illa,
Quam pace tranquilla
Dignetur praestare,
Qui venit nos salvare.

Clm. Monacen. (ol. Altahen.) 7950 saec. 12.

225. Planctus Ecclesiae.

I.

1. Ad te, Domine, levavi
    animae praecordia,
  In te, Domine, speravi
    Tota cum fiducia,
  Ad te, Domine, clamavi
  Ego, flens ecclesia.

2. Bone Deus, te actore
    Concepi et genui,
  Sacro scripturarum rore
    Natam prolem ablui,
  Sed nunc me replent moerore
  Nati semimortui.

3. Cum enim unicus Deus,
    Sic est fides unica,
  Unicusque sponsus meus,
    Spes ecclesiastica,
  Crescit tamen pharisaeus
  Et pestis schismatica.

4. Divisa flet hierarchia,
    Quam formarat gratia,
  Nam, plena olim sophia
    Salutari, Graecia
  Romana relicta via
  Secedit per devia.

5. Erant enim Philippenses
    Pauli quondam filii,
  Erant Thessalonicenses,
    Galati, Corinthii,
  Absunt Graeci, Colossenses,
  Vatum olim socii.

6. Fletibus genae funduntur
    Et corda suspiriis,
  Dum epistolae leguntur
    Pauli factae studiis,
  Quae praefatis diriguntur
  Lapsis nunc ecclesiis.

7. Gratae quidem sunt scripturae,
   Sed amari tituli,
   Dum ex his tantae jacturae
   Memorantur populi,
   Quod cadunt tot creaturae,
   Tot Christi vernaculi.

8. Heu me, sccti sunt Alani,
   Jasones, Iberii,
   Jacobitae, Nubiani
   Et qui restant Tyrii,
   Armeni, Georgiani
   Vicinique Ziquii.

9. Indi quidem baptizantur,
   Qui, quamvis innumeri,
   Non accedunt nec vocantur
   Ad sedem clavigeri,
   Sed sub causa conversantur
   Johannis presbyteri.

10. Kalendas ritus Graecorum,
    Fidem et consilia
    Sequitur gens Bulgarorum
    Et gentes de Jascia
    Populique Ruthenorum
    Cunctique de Servia.

11. Lapsi sunt Nestoriani
    Decepti fallacia,
    Nulla quaerunt Africani
    Romana judicia
    Ignotique sunt Farfani
    Mixti cum perfidia.

12. Misere patriarchales
    Quatuor ecclesiae,
    Quae ut bases cathedrales
    Substabant primariae,
    Ut arbores autumnales
    Substant ignominiae.

13. Nam Jerosolymitana
    Et urbs Antiochiae,
    Constantinopolitana
    Et urbs Alexandriae,
    Calcantur gente profana,
    Nequam, plena rabie.

14. O Deus, cur Christiana
    Plebs ita diffinditur?
    Cur deserta via plana
    Per asperas graditur,
    Cur gens angelis germana
    Tot malis subjicitur?

15. Porro talem dissuturam
    Graviorem sentio,
    Quia curatorum curam
    Modicam adspicio,
    Vix est, qui contra jacturam
    Penset de remedio.

16. Quare vivunt tot perversi
    Latentes haeretici,
    Inter fideles dispersi
    Ut lupi malefici?
    Et qui videntur conversi,
    Raro sunt catholici.

17. Rei secant Ariani
    Divinam essentiam,
    Confundunt Sabelliani
    Personarum gloriam,
    Negantque Pelagiani
    Operantem gratiam.

18. Stoici mundi naturam,
    Formam et substantiam
    Deum dicunt et figuram
    Ejus circumstantiam,
    Facturae praestant culturam,
    Factori blasphemiam.

19. Tabefacti Manichaei
    Duos Deos praedicant,
    Corporea quidem rei
    Fore Dei judicant,
    Ceteraque boni Dei,
    Quae magis magnificant.

20. Valdenses vociferantes
    Diversis erroribus
    Meos praelatos causantur
    De perversis moribus,
    Suos tantum arbitrantur
    Fungi posse clavibus.

21. Xristo sicut Christiani
    Hic omnes se offerunt,
    Tamen ad errores vanos
    Damnandi se conferunt,
    Quos culpae tamquam insanos
    Ad inferna deferunt.

22. Zeli quidem tui telis
    Sauciata crucior,
    Multis in membris fidelis
    In multis concrucior,
    Fioque sine medelis
    Jugiter amarior.

II.

23. Animales Saraceni
    Mittunt in me gladios,
    Multa pravitate pleni
    Meos necant filios,
    Et ut domini terreni
    Faciunt exitios.

24. Bethlem sanctam rapuere,
    Peremerunt incolas,
    Jerusalem foedavere,
    Violarunt violas,
    Moschetas ibi fecere,
    Fugarunt Christicolas.

25. Cleri festa non honorant,
    Campana non tinniunt,
    Viae sanctae Sion plorant,
    Nam plebes non veniunt,
    Salvatorem non adorant,
    Qui loca custodiunt.

26. Dolorem Turci auxerunt
    In arcu et ascia,
    Qui me moestam expulserunt
    De minori Asia,
    Ubi paucos reliquerunt
    De Christi familia.

27. Ephesina et Smyrnensis
    Migrarunt ecclesiae,
    Pergami, Thyathirensis,
    Sardis, Laodiciae,
    Sola Philadelphiensis
    Perseverat hodie.

28. Fractae sunt ecclesiarum
    Aedes et altaria,
    Pulsa sunt inde missarum
    Quaeque sacrificia,
    Et pastoris animarum
    Fugata memoria.

29. Gutta ligat membra mea
    Et spasmus vecordiae,
    Nam nec spata Maccabaea
    Nec verbo scientiae
    Arma vinco Cananaea
    Minorum potentiae.

30. Hebet mens, fides miratur,
    Quod hae sint ecclesiae,
    Quibus salus destinatur,
    Pax et fructus gratiae
    Apocalipsisque datur,
    Privatae sint specie.

31. Istis magistri scripsere
    Petrus, Paulus, aquila,
    Istis dogmata dedere
    Praeceptaque rutila,
    Ista nunc evanuere
    Ut figmenta nubila.

32. Karitas refrigerata
    Venit prope nihilum,
    Iniquitas augmentata
    Sanctis aufert jubilum,
    Candelabra sunt sublata
    Propter culpam vigilum.

33. Longe Deus me fecisti
    Meis a benevolis,
    Solamenque subtraxisti
    Concessum apostolis,
    Hinc inde circumdedisti
    Me multis malevolis.

34. Mei praelati pomposi
    Tument ut hydropici,
    Quidam volunt spiritosi
    Videri magnifici,
    Quidamque deliciosi
    Sunt ut paralytici.

35. Nequam sunt religiosi
    Multi sine foedere,
Multi literis ventosi
    Sine legis opere
Et multi, qui sunt exosi,
    Volunt pie vivere.

36. Omnes, quae sua sunt, quaerunt,
    Non ea, quae Domini,
Omnes vota contulerunt
    Tam carni quam sanguini,
Omnes in his exarserunt
    Clericorum animi.

37. Principes nimis elati
    Minus sunt pacifici,
Dediti cupiditati,
    In dando parvifici,
Non intendunt aequitati
    Principes tyrannici.

38. Quo iverunt margaritae
    De locis Aegypticis,
Viri sanctissimae vitae
    De mille coenobiis,
Cessarunt anachoritae
    . Non relictis filiis.

39. Religio viduata
    Talium solatio,
Nimis est refrigerata
    Ab orandi studio,
Ad mundi mores laxata
    Multis est fastidio.

40. Sanctus, sanctus, sanctus Deus,
    Meas vide lacrimas,
Deficit spiritus meus,
    Mori cernens animas,
Infelix gaudet Judaeus
    Videns tot res pessimas.

41. Tutor pie pupillorum,
    Segregatos congrega,
Ovile orthodoxorum
    Truncatum redintegra,
Seminatores errorum
    Ab electis segrega.

42. Unum da cor in credendo
    Christum invocantibus,
Unum os in confitendo
    Exclusis erroribus,
Animam in diligendo
    Una cum operibus.

43. Xristianis pacem praesta,
    Cuncta tolle schismata,
Sana vulnera funesta,
    Deauge charismata,
Jucunda largire festa
    Et jucunda sabbata.

44. Zyma purga vitiorum,
    Da virtutum azyma,
Statum meum fac decorum
    Data praebens optima,
Fontem ostende bonorum,
    Quo fruatur anima.

Cod. Carnoten. 341. saec. 14. — 14, 2 dissinitur. — 24, 1 Bethel. —
30, 2 haec sic.

226. De vero amore.

1. Amor sponte cor afficit
Et spontaneum efficit,
    Nulla cupit praemia,
Amori non est angulus,
Amori simplex oculus,
    Nulla habet propria.

2. Amor non est in timore,
Timor non est in amore,
    Sunt enim contraria,
Amor lex est filiorum,
Timor vero lex servorum,
    Magna est distantia.

3. O quanta est vis amoris,
Quae exclusa vi timoris
    Servum facit liberum,
De nocente innocentem,
De mortuo dat viventem
    Et de sene puerum.

4. Amor metu non frangitur,
Nullo pudore flectitur
    Nec curat dominium;
Amor amat concordiam,
Veritatem, justitiam,
    Spiritale gaudium.

5. Amor nescit judicium
   Nec recipit consilium
     Nec se modo temperat;
   Amor gratis obsequitur,
   Nullo lucro conteritur,
     Libenter obtemperat.

6. Amor verus non est duplex,
   Se contentus, se locuplex,
     Scit omnibus sufficere;
   Per se satis est subjectus,
   Non contractus sed affectus
     Reveretur libere.

7. Amor prudens non effluit
   Sed abundanter affluit
     Nescitque marcescere,
   Amor accensus fortiter,
   Semper conatur dulciter
     Et pure diligere.

8. Amor ille, qui spe crescit
   Et subtracta spe decrescit,
     Adhuc est impurior;
   Amor non est hic sine spe,
   Sed non sumit vires de spe
     Nec ea fit fortior.

9. Amor non est hiemalis,
   Amor novus et paschalis,
     Per quem virent omnia;
   Amor nunquam otiosus,
   Amor semper fructuosus
     Sicut aestas florida.

10. Quantum homo desiderat,
    Quantum credit, tantum sperat,
      Tantum est in opere;
    Qui amoris succo caret,
    Fides ejus et spes aret,
      Nescit fructum facere.

11. Amor dulcis, non amarus,
    Amor largus, non avarus
      Et sine tristitia;
    Amor caret senectute,
    Amor floret juventute
      Semper in laetitia.

12. Amor purus pure amat,
    In spe non propter spem amat
      Sicut docet ratio;
    Amor sperat hoc, quod amat,
    Et quod sperat, illud amat
      Appetitu anxio.

13. Amor, quia amat, sperat,
    Sed non amat, quia sperat,
      Ordine legitimo;
    Amor praeit, spes sequitur
    Amor praeest, spes subditur
      In amantis animo.

14. Amor laudem non appetit,
    Nec, quae sua sunt, repetit,
      Nec despectum metuit;
    Amor pie socialis
    Nec pro malis mala malis
      Sed bona retribuit.

15. Amor nescit irritari,
    Invidere nec inflari,
      Sed amat humilia;
    Amor malum non cogitat,
    Injurias non recitat,
      Nulla fovet odia.

16. Amor mollit duritiam,
    Amor tollit acidiam,
      Gelu mentis adimit;
    Amor sicut mors est fortis,
    Amor mors est nostrae mortis,
      Omne malum perimit.

17. Amor nihil vult praeter se,
    Per se placet et propter se,
      Sui tantum conscius;
    Nullo pacto adquiritur,
    Nulli spei innititur,
      Non est mercenarius.

18. Amor semper vult amare,
    Sibi soli scit vacare,
      Se solum complectitur;
    Non quaerit fructum alium,
    Quam usum sui proprium
      Et seipso fruitur.

19. Amor est res suae spei,
Spes etiam suae rei,
    Ipse sibi gratia;
Ipse causa, ipse fructus,
Neque foris a se ductus
    Sibi quaerit alia.

20. Amor solus vult regnare,
Totam mentem occupare,
    Solus menti praesidet;
Non est, quo intret vitium,
Ubi tenet imperium,
    Ubi totum possidet.

21. Amor sanctus, amor mundus,
Amor festus et jucundus
    Cuncta fugat vitia;
Amor plenus plene gaudet,
Osculari Deum audet
    Cum omni fiducia.

22. Amor semper triumphalis,
Amor semper nuptialis,
    Amor semper ebrius;
Amor summus et regalis,
Amor plus quam filialis,
    Amor sponsus proprius.

23. Ubi amor, nihil deest,
Qui non amat, quicunque est,
    Is nihil est penitus;
Per amorem fit anima
Christi sponsa carissima
    Et nubet divinitus.

24. Patrem honoret filius,
Sed sponsa, quod est dulcius,
    Sponsum suum diligat;
Sicque rejectis omnibus
Mundi dilectionibus
    Ipsum solum eligat.

25. Servus timore serviat
Et mercedem accipiat,
    Qui est mercenarius;
Sed sponsa sponsum cernere
Et osculum vult habere,
    Quod est longe dulcius.

26. Amor legis plenitudo,
Amor cordis latitudo,
    Amor mentis specula,
Amor dulces dat lacrimas,
Lex est convertens animas
    Omni carens macula.

27. Amor gemit, amor orat,
Amor plangit, amor plorat,
    Pascitur suspirio;
Amor, qui caret lacrimis,
Nec suspirat ab intimis,
    Caret desiderio.

28. Amor mundo vult conteri,
Mundus est ei oneri,
    Lux ipsa fastidio;
Cum differtur, amor crescit,
Minuere eum nescit
    Sed auget dilatio.

29. Amor nescit meditari,
Vel audire vel effari,
    Nisi quod amaverit;
Amor expers et erroris,
Qui socius est amoris,
    Errare non poterit.

30. Amor currit diligendo,
Perseverat in currendo
    Et cursum accelerat;
Tarde enim pervenire,
Tarde credit invenire,
    Quod nimis desiderat.

31. Sponsus, qui sponsam diligit,
Sponsae amorem exigit
    Nec requirit amplius;
Sponsa novit diligere,
Nec scit nec valet reddere
    Sponso quidquam gratius.

32. Sponsa non habet aliud,
Nec sponso placet aliud
    Quam sponsae dilectio;
Nil aliud sponso debet,
Nec aliud sponso praebet
    Sponsa in conjugio.

33. Sponsa amat, quia amat,
Et ut amet, semper amat
    Voluntate libera;
Praeter sponsum nihil amat,
Propter sponsum sponsum amat,
    Spe nequaquam altera.

34. Amor vivendo patiens
Sed amando impatiens,
    Donec Deum videat;
Nunquam cessat esurire,
Quem diligit, et sitire,
    Donec votum compleat.

35. Poenam habet pro satie
Et laborem pro requie,
    Dolorem pro gaudio;
Amor, qui non perseverat
Nec in finem desiderat,
    Non est dignus bravio.

36. Amor caduca negligit
Nec spem suam in his figit,
    Quae sunt transitoria;
Amor supernis inhiat,
Amor amantem cruciat,
    Sed sine molestia.

37. Amor exsul amarescit,
Post amarum spe dulcescit,
    Spe consolatoria;
Amor luget exsilium,
Nec ibi quaerit gaudium,
    Ubi non sunt gaudia.

38. Amor vult difficilia,
Immo impossibilia
    Et sine solatio;
Amor semper vult languere,
Anhelando deficere
    Et sine remedio.

39. Amor nullum vult temporem,
Immo aestum et ardorem,
    Nulla ei gravia;
Amor suave jugum Christi,
Qui se jugo subdit isto,
    Cuncta ei levia.

40. Multi gradus in amore,
Summum gradum suo more
    Sponsa sibi vendicat;
Sponsa amat cum fervore,
Sponsa abundat amore,
    Cui nemo communicat.

41. Major sponsae affectio •
Circa sponsum quam filio
    Cum parentum gratia;
Magis amat, magis sapit,
Magis ardet et vix capit
    Sua desideria

42. Non mercedem, non honorem,
Non doctrinam sed amorem
    Sponsa sibi eligit;
Et amare et amari,
In hoc solo vult laetari,
    Si perfecte diligit.

43. Amor legi non subditur,
Neque justis lex ponitur,
    Qui amori serviunt;
Amor enim est beatis
Lex perfectae bonitatis,
    Quam injusti nesciunt.

44. Amor amat silentium,
Placet ei suspendium,
    Id est contemplatio;
Amori multiloquium
Est omnino contrarium
    Et ejus turbatio.

45. Amor summe delicatus,
Esse debet eliquatus
    Ab omni contagio;
Nihil admixtum habeat,
Nulla in eo maneat
    Obliqua intentio.

46. Amor idem in se manet
Et semper in se permanet
    Locus amicitiae;
Amor nutrit unitatem,
Simul et stabilitatem
    Fortis patientiae.

47. Inimicis est amicus
Et nulli est inimicus,
    Sed cultor justitiae,
Culpam odit, non naturam,
Omnem cernit creaturam
    Columbina facie.

48. Tanta fiamma est amoris,
Tanti amor est ardoris,
    Ut exstingui nequeat;
Nullis aquis exstinguitur,
Nec flumine obruitur,
    Quin amplius ardeat.

49. O quam amplum palatium
Caritatis est gremium,
    In quo omnis recipit;
Et invidis et ingratis
Sinum pandit pietatis,
    Nullum a se excipit.

50. Amor est vita omnium,
Unum est necessarium;
    Omnis virtus alia
Sine eo non proficit,
Et delinquit et deficit,
    Et nihil sunt omnia.

Cod. Carlopolitan. (ol. Carthusiae Montis Dei) saec. 14. A. — Orat. ms.
Campense anni 1462. Cod. Darmstadien. 521. B. — Letzteres mit der Über-
schrift: Sanctus Bernardus de amore. — Str. 1—26 fehlen B. — 29, 2 affari
A. — 30, 5 Tarde quoque invenire B. — Nach Str. 30 folgen in B Str.
35, 4 bis 40, 1. — 31, 6 Quidquam ei gratius B. — 32, 1 Nec sponsa habet
B. — 32, 4 sqq. fehlen B. — Von Str. 34 springt B auf Str. 40 über. —
35, 1 bis 4 fehlen B. — 40, 5 Et abundat in B. — Nach 44, 3 schiebt
B ein:

> Amor non agit perperam,
> Non sinistram, non dexteram
> Ejus habet actio.

45, 1 Amor esse defaecatus B. — 45, 4 Et nihil mixtum habeat B. — 46, 1
idem semper manet B. — 46, 2 Semper locum suum tenet B. — 46, 3
Locum B. — 46, 4 sqq. lauten in B:

> Stat firmiter et non nutat,
> Statum suum nunquam mutat,
> Statum patientiae.

47, 3 Nisi inimicitiae B. — 48, 2 ardor est A. — 50, 2 Sine quo necessarium
A. — 50, 3 Est omnis A. — 50, 5 Et delirat et B. — Am Schlusse fügt B
noch bei

> Amor, amor dulcis labor,
> Amor vincit omnia.

227. De Ordine s. Benedicti.

1. Sacer ordo Benedicti
Utitur amictu miti
    Pro suo velamine,

2. Albo, nigro, camelino,
Lana texta sine lino,
    Prout est religio.

3. Hic monarcha monachorum,
Patriarcha est cunctorum,
    Qui ad se confugiunt;

4. Coenobitis praebet normam
Et anachoritis formam
    Vias rectas ingredi.

5. Cujus regularis usus
Nunc ubique est diffusus
    Inter orbis climata,

6. Nam Specus cultus divini
Locusque montis Cassini
    Redolent virtutibus.

7. Hinc Fuldenses cum fervore
Claustra multa cum decore
    Regunt in Almannia,

8. Adsunt et Cluniacenses
Simulque Camaldulenses
    Cum Cisterciensibus.

9. Valumberni, Silvestrini
   Supersunt et Coelestini
   Sub diverso habitu,

10. Montis Oliveti patres
    Humiliatisque fratres
    Sub eadem regula.

11. Vigent quoqne Justinienses,
    Cum candore Bursfeldenses
    His diebus ultimis.

Clm. Monacen. (ol. Tegurin) 20015. anni 1500/1508. — 4, 1 praebent. —
9, 1 Lies Vollumbrosi? — 11, 2 Zursfeldenses.

228. De Conductu in itinere Hierosolymitano.

1. Christiani nominis
   Corruit insigne,
   Spurci pompa germinis
   Et gentis indignae
   Regnat in Jerusalem,
   Quis ferro vel igne
   Deleat propaginem
   Sobolis malignae?

2. Capta est haereditas
   Pendentis in ligno,
   Si quos regit veritas
   Munere benigno,
   Horum crucis pectora
   Consignentur signo,
   Publicentur robora
   Populo maligno.

3. O florens militia
   Christianae gentis,
   Quis ferat opprobria
   Saecula regentis,
   Ordinetur acies
   Populi credentis,
   Fabricetur aries,
   Dentur vela ventis.

4. Nostrae, fratres, vigeat
   Disciplinae cultus,
   Pax inter nos maneat,
   Sit rancor indultus,
   Sentiant Jerusalem
   Gentiles tumultus
   Christiani roboris
   Viriles assultus.

5. Cur gens non opprimitur
   Vitae bestialis,
   Qua sic Christi premitur
   Sedes principalis?
   Factum in prostibulum
   Civitas regalis,
   Versa est in stabulum
   Domus specialis.

6. A summo pontifice
   Exiit edictum,
   Neminem detineat
   Scelus vel delictum,
   Indulgetur penitus
   Culpae maledictum,
   Si quis occubuerit
   Per iter indictum.

7. Vestris qui sceleribus
   Estis involuti,
   Piscina comparuit
   Congrua saluti,
   In qua quotquot sanguine
   Fuerint abluti,
   Laetabuntur illico
   Coelum consecuti.

8. Ergo si vos moveat
   Zelus domus Dei,
   Rogo vos, admoneat
   Illud Maccabaei,
   Sub quo pauci totiens
   Vicerunt Judaei,
   Valde mentes acuit
   Tanta form a rei.

9. Constipetur classibus
    Maris latitudo,
 Plebs, Quirites, proceres,
    Regum celsitudo,
 Ire si quem hostium
    Terret multitudo,
 Noverit, quod desuper
    Datur fortitudo.

10. Surgat invincibilis
    Pastor Romanorum,
 Accingatur nobilis
    Probitas Francorum,
 Producatur agilis
    Populus Anglorum
 Nec non et horribilis
    Turba Bohemorum.

11. Sedens adhuc modicum
    Cinere conspersa
 Tuum lauda medicum,
    Civitas dispersa,
 Ad te nostra convolat
    Gens bene conversa,
 Ut jam te non incolat
    Medus neque Persa.

12. Ad hoc sulcant aequora
    Plus quam rates mille,
 Plenae gente libera
    Mentis non pusillae,
 Ni gurges impediat
    Charybdis et Scillac,
 Tutum est, ut fugiat
    Filius ancillae.

13. Ergo nunc accelerent
    Fortes regionum,
 Cedat amor sanguinis
    Et cognationum,
 Aderit in proelio
    Deus ultionum,
 Cujus cadet brachio
    Robur nationum.

Cod. Palat. Vindobonen. (ol. Campen.) 883 saec. 14/15.

229. De Chori Officio.

1. Dum in nocte video
    in choro conventum
 Et ad laudem Domini
    quemlibet intentum,
 Esse me considero
    ut ad tornamentum,
 Ubi non est licitum
    ire somnolentum.

2. Tornamentum ludus est
    fortium virorum,
 Strenue pugnantium
    et non pavidorum,
 Quibus bene convenit
    ordo griseorum,
 Quorum nullus tepidus
    intret jure chorum.

3. Tornamentum longius
    quaerit bonus miles,
 Ut probare valeat
    vires juveniles,
 Matutinas monachi
    sic petunt viriles,
 Quas frequenter nesciunt
    frequentare viles.

4. Reges, duces, comites
    Solent exercere
 Tornamenta, ut queant
    saeculo placere,
 Sic in choro monachi
    non debent silerc,
 Ut laudem a Domino
    valeant habcre.

17*

5. Simplex miles arripit
   regem aliquando,
   Ludum, quem praediximus,
   saepe frequentando,
   Sic et pauper monachus
   bene vigilando
   Coeli capit Dominum
   devote cantando.

6. Talis enim captio
   dulcis est et bona,
   Jesum capientibus
   dat rex larga bona,
   Quia non discernitur
   ab ipso persona,
   Quando vigilantibus
   dabitur corona.

7. Dum mane consurgimus
   de dormitione,
   Christum regem capimus
   brevi cum sermone,
   Vulnerum, quae passus est,
   recordatione
   Disciplinae, lanceae,
   spineae coronae.

8. Ex his solet fiuere
   nectaris resina,
   Quae est peccatoribus
   summa medicina,
   Quando Deo psallimus
   mente columbina,
   Datur procul dubio
   gratia divina.

9. Corona promittitur
   mane vigilanti,
   Ubi Deus praemia
   dabit militanti,
   Cum sponsus advenerit,
   et cum dormitanti
   Non patebit janua,
   quam intrabunt sancti.

10. Somnus est dulcissimus
    semper in aurora,
    Tunc cibus digestus est
    ad inferiora,

Et laetatur anima
sanguinis in bora,
Tunc natura solvere
solet graviora.

11. Non debet hoc tempore
    monachus dormire,
    Castitatem qui suam
    volet custodire,
    Tunc solet fragilitas
    carnis ebullire,
    Quam sacrae vigiliae
    faciunt perire.

12. Asperae vigiliae
    sunt pigris ut spinae,
    Sed vere sciendum est,
    quia matutinae
    Corporis et animae
    fiunt medicinae,
    Nam caput a phlegmate
    purgant sine fine.

13. Ergo diu vivere
    monachi probantur,
    Quia nec cibariis
    nec somno gravantur,
    Probatur, quod plurimi
    inde moriantur,
    Quod carnis in crapula
    nimis gloriantur.

14. Ad choream leviter
    stetimus in foro,
    Placentes hominibus
    vestitu decoro,
    In veste nunc humili
    psallimus in choro
    Canentes, ne similes
    simus sycomoro.

15. Sycomorus foliis
    optime vestitur,
    Sed nullus sub foliis
    fructus reperitur,
    Ad quid corpus vestibus
    sanctis operitur,
    Si sub illis tepidus
    monachus nutritur.

16. Solet potus tepidus
    nauseam parare,
Nec Deus vult tepidum
    sibi sociare,
Nam justus ut lilium
    debet germinare,
Non ut ficus fatua
    terram occupare.

17. Sicut noctis tempora
    terrae dant humorem,
Sic sanctae vigiliae
    auferunt teporem
Bene vigilantibus
    et reddunt amorem
Cordibus psallentium
    coeli dando rorem.

18. Jesus personaliter
    est in psalmodia,
Angeli, apostoli
    et virgo Maria
Cum suis virginibus
    et laetantur, quia
Ire nos conspiciunt
    in coelesti via.

19. Fuit quidam monachus
    physica peritus,
A terrarum dominis
    multum requisitus,
Laute procuratus est,
    mollibus vestitus,
Ivit ad vigilias
    saepius invitus.

20. Hic in choro tepide
    stetit nec cantavit
Et in psalmis maxime
    chorus laboravit,
Licet dignus non fuit,
    hic consideravit,
Quod virgo pulcherrima
    cunctis propinavit

21. Pigmentum de pixide
    valde pretiosa
Et ad ipsum veniens
    quasi taediosa
Pertransivit tepidum
    facie rugosa,
Quae fuit prae omnibus
    rebus speciosa.

22. Tunc cognovit physicus,
    quod erat illusus,
Abbatis consilio
    mane fuit usus,
Mollia deposuit,
    quae non habet usus,
Et valde poenituit
    animo confusus.

23. Matutinis laudibus
    fortiter intentus,
Vestibus, cibariis
    vivens ut conventus,
Et ab illo tempore
    nunquam fuit lentus
Nec est in collegio
    melior inventus.

24. Non diu post tempus hoc
    meruit videre
Visionem pristinam,
    qualiter fovere
Virgo solet monachos,
    qui nolunt torpere,
Et partem cum ceteris
    meruit habere.

Cod. Palat. Vindobonen. (ol. Campen.) 883 saec. 14/15. A. — Cod. Palat. Vindobonen. (ol. Lunaelacen.) 3848 saec. 15, B. — Cod. Graecen. 1294 saec. 15. C. — Clm. Monacen. 3594 saec. 15. D. — Cod. Palat. Vindobonen. 1420 anni 1548. E. — Str. 7 fehlt A. — 11, 1 Non debent BC. — 11, 2 monachi BC. — 11, 4 volunt BC. — 14, 1 sq. stetimus leviter B. — 15, 3 Nullus tamen in eo BC. — 15, 5 Ut quid B. — 20, 1 tepidus BC. — 21, 1 Pigmenta B. — 24, 1 Non post multum temporis B. — Nach 2, 6 ist das Lied von einem Cistercienser.

230. Hymnus confundens Gregorium, alias Errorium, olim papam.

1. Alte cantando porrige nunc aures,
   Fallax Errori, traditor tu noster,
   Calles in omnes fama pro nunc fundit
   Se tua turpis.

2. Qui temptas aedem pulsibus, quam Petrus
   Doctus et Paulus manibus firmarunt,
   Ruat ut cinis alma Dei fides, .
   Astu laborans.

3. Octies decem annis obumbratus,
   Angelus lucis creditus per orbem,
   Pestifer daemon esse qui probaris
   Noctis opacae.

4. Usu maligno teneris ab annis
   Sectas sinistro ordine captasti,
   Quarum nunc semen senio digestum
   Pro fide spargis.

5. Hinc fraticellos, comites errorum,
   Varie comis roseis galeris,
   Eis nocendi maribus et terrae
   Posse donando.

6. Clare dum produnt, quale tuum genus,
   Corii labor, artis banausiae,
   Ausus es sanctum mango phaleratus
   Sumere nomen.

7. Claves, quas gestas, aetheris ad portas
   Credis deceptus apte pertinere,
   Mulciber Aetnae, faber infernorum,
   Has tibi dedit.

8. Christum quae credit, natio fidelis
   Omnis gaudebat vota tua videns,
   Odio dignus Graeco et Latino
   Cuncta fraudasti.

9. Voce promissa unica dum possis
   Haec stipulata solvere cedendo,
   Ortus tu foves simul et occasus
   Schismata duo.

10. Si simplex aetas senii tam grandis
    Infantum canat fictionum dolos
    Eaque mundum visere non putas,
    Pueri cernant.

11. Omine malo novimus quam tristis
    Genitus orbi nuntius fuisti,
    Nam Antichristum signas adfuturum,
    Cui praecurris.

12. Non reus usquam legitur fuisse,
    Quem sic damnandum clamitarent una
    Caupo et cerdo, virgines et nuptae
    Clerus et omnis.

13. O nimis miser, quamvis adhuc vivus
    Jam destinatus mortibus gehennae,
    Fractor votorum, perfidiae pater,
    Pseudopropheta.

14. Nunc te magistro nemo coclos rapit,
    Iter sed sursum undique rarescit,
    Augent pressuras, nomine qui tuo
    Tartara petunt.

15. Si vota ponis, languida non sanant,
    Sed sonant Christo sibila Medeae,
    Necis aut vitae nullae tibi partes,
    O bone praesul.

16. Ne vita functos suscitare velis,
    Pacto naturam bene securasti,
    Tutus est Orcus, ne prece Trajanum
    Addes electis.

17. A nobis procul sint tua nociva
    Linguae, dum orat, murmura mendacis
    Et quae donantur periturae cruces
    Dextra perosa.

18. In celsa sede nullus honor patri,
    Nec Gabrieli, primae geniturae,
    Sed Ragusino spiritui sancto
    Poena perennis.

Cod. Londinen. (ol. Vratislavien.) Add. 18922. saec. 15. — Das Lied, aus der Zeit des abendländischen Schismas stammend, richtet sich gegen Gregor XII.

231. Cursus Mundi.

1. Heu, quam vana vanitas,
   Quam fallax inanitas,
     Quidquid est in mundo;
   Si quid habet placidum,
   Totum reddit acidum,
     Quidquid est in fundo.

2. Lacrimando nascimur,
   Laborando pascimur,
     Respiramus raro;
   Trituratur variis,
   Proh dolor, injuriis
     Moritura caro.

3. Mundus est sophisticus,
   Non amicus, pisticus,
     Ridet nunc, nunc frendet;
   Quod clementer respicit
   Hodie, cras despicit,
     Tribulat et premit.

4. Fallax ejus gratia,
   Modo dat solatia,
     Modo dat lamentum;
   Probis dat angarias
   Multas atque varias,
     Impiis argentum.

5. Modo dat, cras recipit
   Et sic ludens decipit
     Hic non advertentes;
   Tollens, quod jam dederat,
   Sibi non confoederat
     Animos prudentes.

6. Rara consolatio,
   Multiplex turbatio,
     Hic dolores mille;
   Vita nostra labilis,
   Status variabilis,
     Ridet hic, flet ille.

7. Iste flet penuriam,
   Ille flet injuriam
     Vel suorum mortem;
   Alter cum inedia
   Mille suffert taedia
     Ob stupendam sortem.

8. Iste rursum quaeritur,
   Qui morbis conteritur,
     Alio valente;
   Modo fluxum patitur,
   Modo febre quatitur,
     Dolet hic in dente.

9. Iste dolet humerum,
   Multis super numerum
     Morbis anxiatur;
   Alter in lascivia
   Instruit convivia,
     Nunquam infirmatur.

10. Alius irascitur
    Et intus depascitur,
      Quod non exaltatur;
    Ambiens divitias,
    Honorum delicias,
      Nunquam tamen satur.

11. Quidam e contrario
    Semper usu vario
      Se humiliantes,
    Spernunt transitoria,
    De coelesti gloria
      Semper meditantes.

12. Torpet hic acidia,
    Ille prae invidia
      Semet ipsum rodit,
    Illum ira stimulat,
    Hic amare simulat
      Proximum, quem odit.

13. Iste vero patiens,
    Spem in Deo jaciens,
      Sustinens perversos,
    Exsecrat dissidia,
    Procul ab invidia
      Amat universos.

14. Hic conventus loculis
    Cibis atque poculis
      Nimis se distendit,
    Ille vivens parcius
    Se constringit artius,
      Carnem vilipendet.

15. Hic ut emissarius
    Continendo rarius
      Lumbos non compescit,
    Ille immunditias
    Carnisque spurcitias
      Multum abhorrescit.

16. Sed, heu, fraus erigitur,
    Virtus crucifigitur
      Contra normam juris,
    Tantus error devius
    Puniendus saevius
      Est in creaturis.

17. Virtuosus spernitur,
Dum egere cernitur,
　Nequam honoratur,
Si sit opulentior,
Creditur prudentior,
　Pluris aestimatur.

18. Quaeritur prosperitas,
Jacent lux et veritas,
　Virtus relegatur;
Qui nummis caruerit,
Licet bonus fuerit,
　Nullus reputatur.

19. Ideo denariis
Student modis variis
　Homines ubique;
Pauci quaerunt qualiter,
Utrum curialiter,
　Juste vel inique.

20. Hic spilucit stramina,
Ille vendit gramina,
　Ille barbas radit;
Iste vendit olera,
Ille plenus colera
　Tribulosque tradit.

21. Hic exstirpat lolium,
Ille parat dolium
　Ad condendum vinum,
Iste pottos aereos,
Iste vendit cereos,
　Lanam atque linum.

22. Rusticus agricola,
Bonus vix Christicola,
　Agrum suum arat;
Iste vestes reficit,
Addens, si quid deficit,
　Ille pannos parat.

23. Ille rude aratrum
Exsecrans ut barathrum
　Se committit mari;
Sulcat vane maria
Secum ducens varia,
　Ut possit lucrari.

24. Iste domos reparat,
Ille grana separat,
　Ut coquantur panes;
Sic per astus varios
Sequuntur denarios
　Sicut carnem canes.

25. Faber per fabrilia,
Sculptor per sculptilia
　Nummum consequuntur,
Quem cum apprehenderint,
Antequam expenderint,
　Forte moriuntur.

26. Quidam plus divitias,
Heu, quam amicitias
　Dei ambientes
Villas, monasteria
Tenent in miseria,
　Foenore praementes.

27. Illud genus hominum
Nullum timet dominum
　Neque timet mori,
Sed, heu, modo oritur
Homo, modo moritur,
　Comparandus fiori.

28. Clarus nunc dominio
Cras in sterquilinio
　Forte reponetur,
Quidquid nunc habuerit,
Postquam mors adfuerit,
　Totum auferetur.

29. Heu, quid sunt divitiae
Horum et deliciae,
　Quae praeterierunt,
Quas in his miseriis
Totis desideriis
　Male ambierunt.

30. Certe, qui suavius
Hic vixerunt, gravius
　Sentient infernum,
Ubi stridor dentium,
Ululatus flentium
　Erit in aeternum.

31. Heu, cur miser glorior,
    Vivo nunc, cras morior
      Cuncta relicturus;
    Nihil hic melodiae,
    Nam, qui rex est hodie,
      Cras est moriturus.

32. Vere nil hic stabile,
    Immo totum labile,
      Totum fugitivum,
    Cuncta sunt horaria,
    Non aeternis paria,
      Nihil est mansurum.

33. Iste nunc est dominus,
    Illi nihilominus
      Vix est unus nummus,
    Sed cum rota volvitur,
    Prior status solvitur
      Et fit imus summus.

34. Igitur cum omnia
    Transeant ut somnia,
      Quae sunt in hoc mundo,
    Qui haec mente respicit
    Et mundum non despicit
      Par est furibundo.

35. Exsulat jam caritas
    Nec familiaritas
      Parvis est ad magnos;
    Magni parvos cruciant,
    Ut eos deglutiant
      Sicut lupi agnos.

36. Jam vix ulli homini
    Inest timor Domini,
      Pudet dici sanctum;
    Omnes sunt nummicolae,
    Pauci sunt deicolae
      Nisi voce tantum.

37. Fidei sinceritas
    Et verborum veritas
      Mundum reliquerunt,
    Simulata gratia
    Fallax et fallacia
      Locum intraverunt.

38. Haec revolve tacita,
    Virgo Deo placita,
      Et mandatis Dei
    Totam te subjicias,
    Saeculum despicias,
      Esto memor mei.

Cod. Palat. Vindobonen. (ol. Campen.) 883 saec. $^{14}/_{15}$.

232. De octo principalibus vitiis.

1. Gastrimargia est primum
     principale vitium,
   Quodque corpori si satum
     haeserit intrinsecus,
   Plura prodeunt nefanda
     de ramorum fructibus.

2. Nostris placuit vocare
     hanc ventris ingluviem
   Commessationes fiuxas
     atque detestabiles,
   Quae cum fuerint in nobis
     excitant libidines.

3. Fornicatio de gula
     et de ventris crapula
   Propagata mala, blanda,
     impudens, turpissima,
   Membra nostra, nae, quod absit,
     meretricis faciat.

4. Radix omnium malorum
     exstat philargyria,
   Amor est pecuniarum,
     quae est avaritia,
   Salvatorem ipsa nostrum
     vendidit cupiditas.

5. Irae vitium tollendum,
     quod est menti noxium,
   Sol justitiae per iram
     quia si occiditur,
   Hosti nostro ad nos datur
     facilis introitus.

6. Cui fuerit innixus
     spiritus tristitiae,
   Obfuscata mente passim
     per incursus varios,
   Corde caeco sic discurrit
     velut sensu ebrius.

7. Sicut enim vestimentum
   tinea demolitur,
   Et a vermibus conrosum
   saepe lignum teritur,
   Sicque morsibus vastata,
   tristis mens perimitur.

8. De injuriis illatis
   deque lucro perdito
   Aequo animo estote,
   quia pius Dominus,
   Poenitentum salus ipse
   et redemptor omnium.

9. De acidia procedit
   mentis instabilitas,
   Otiositatis telo
   sauciatur anima,
   Cordis taedio et somno
   semper manet anxia.

10. Cenodoxiae vitemus
    letale contagium,
    Si quid boni operamur,
    ut a Deo praemium
    Mereamur et fruamur
    bonis in perpetuum.

11. Ista quoque Ezechiam
    post tanta praeconia
    Regem adit, superavit,
    fregit vana gloria,
    Quemque hostis non prostravit,
    superavit vanitas.

12. De superbia contemptus,
    murmur et invidia,
    Haereses, contentiones,
    inobedientia,
    Oriuntur mala cuncta
    paene cum jactantia.

13. In occulto mens elata
    prius cum tumuerit,
    Velut vipera, maternis
    disruptis lateribus,
    De barathro sui cordis
    verba spargit vocibus.

14. Maxime humanum genus
    per mentis superbiam
    Hosti subditur antiquo
    et carnis luxuriam,
    Cujus nos de fauce trahat
    infinita pietas.

15. Quisquis istis vacuatus
    fuerit a vitiis,
    Mansionem Deo parat
    in suis praecordiis,
    Regnaturus in aeternum
    cum electis angelis.

Cod. Casinens. CCXXX saec. [10/11]. — „Rhythmus cujusdam Scholastici
de octo principalibus vitiis secundum ordinem quem posuit Cassianus." —
5, 4 quem si occiditur. — 8, 4 quae pius.

233. De regula s. Benedicti.

1. De Sion exivit lex
   atque de Casino,
   Utrobique data est
   numine divino,
   Prima in volumine
   sculpitur petrino,
   Altera in codice
   pingitur ovino.

2. Prima corda denotat
   dura Judaeorum,
   Sequens signat simplices
   mentes monachorum,
   Quae depastae jugiter
   legem praeceptorum,
   Fructibus exuberant
   operum honorum.

3. Mons Casinus et Sina
   sunt aequipollentes,
   Proportionaliter
   sibi respondentes,
   Leges inde prodeunt
   mala prohibentes,
   Varia stipendia
   meritis reddentes.

4. Dat Sina decalogum,
   regulam Casinus,
   Non est mons a gratia
   iste peregrinus,
   Caret omni carie
   coelo mons vicinus,
   Mons Casinus gloriae,
   mons est et divinus.

5. Sina in Arabia,
   ubi jejunavit
   Moyses decalogum
   atque impetravit,
   Verus sol in faciem
   ejus radiavit,
   Et mox ejus species
   ut sol rutilavit.

6. In Casino legifer
   alter habitavit,
   Mirum abstinentiae
   fama quem notavit,
   Cujus res a nomine
   nunquam obliquavit,
   Benedictum patria
   lingua nominavit.

7. Moysi tunc similis
   fuit in splendore,
   Regem regum omnium
   videns in decore,
   Hoc emenso stadio
   simul et labore
   Cum solutis gaudia
   sumpsit pro dolore.

8. Mons Casinus jubilet
   tanto sub patrono,
   Duodeno meruit
   qui sedere throno,
   Cujus diadematis
   rutilat in cono
   Lapis praestantissimus
   nullo carens bono.

9. Legem Sina edidit
   Israelitarum,
   De Casino prodiit
   lex coenobitarum,
   Ad perfectum neminem
   prima duxit quarum,
   Aurea posterior
   regna dat earum.

Cod. Casinen. 295 (448) saec. 10. add. saec. ¹²/₁₃. — 3, 6 coelo fehlt.

234. Oratio Poenitentis.

1. Deus magnus et immensus,
   Quem nullius capit sensus,
   Deus judex aequitatis
   Cum unguento pietatis,

5. Verbum cujus fuit oris:
   Nolo mortem peccatoris,
   Sed ut ante convertatur,
   Quam in culpa pereatur;
   Ad te, pie consolator,

10. Clamo reus et peccator,

   Ut avertas iram tuam
   Ne tam cito culpas luam,
   Sed cum dignus sim puniri,
   A te possim exaudiri,

15. Et me diu infirmantem,
    Aquae motum exspectantem,
    Provolutum in piscina
    Tua cures medicina,
    Et ut sequens te pastorem

20. Nec revertens ad errorem,

Mundi luxu derelicto
Mundus fiam a delicto.
Ego enim tam immensis
Inquinatus sum offensis,
25. Tot commisi pravitates
Carnis sequens voluptates,
Quod de prece praesumendo
Te fortasse nunc offendo.
Ad quem ergo recurremus,
30. Si offensum te habemus?
Sed tu, pater, tu memento,
Quales sumus ex figmento.
Hanc secundum qualitatem
Tuam confer pietatem,

35. Quae multiplices meorum
Tergat sordes delictorum.
Audi, precor, precem meam,
Qui salvasti Chananeam;
Sauciatum redde sanum,
40. Qui salvasti publicanum;
Qui Mariae pepercisti,
Peccatori parcas isti;
Qui latroni jam fideli
Promisisti regna caeli,
45. Regna mihi dones illa,
Ubi cuncta sunt tranquilla,
Ut post istam fugitivam
In aeterna vita vivam.

Cod. Londinen. Reg. 2 A IX saec. ¹³/₁₄. A. — Cod. Lambacen. 452.
saec. 15. B. — Cod. Lambacen. 463. saec. 15. C. — Clm. Monacen. (ol.
Tegurin.) 19636 saec. 15. D. — 2. Et quem nullus capit D. — 12. poenas
luam D. — 13. Et cum dignus B. — 14. possum B. — 16. motus D. —
18. mundes medicina B, mundet D. — 20. Non revertar B; Ne revertar
D. — 21 sq. fehlen B; statt dessen:
Tot commisi pravitates
Carnis sequens voluptates.
23. Ego quidem B; Esto quidem D. — 25 sq. fehlen hier B. — 27. Ut de
B. — 29. Ad quem semper D. — 29 und 30 umgestellt B. — 30. Sed
offensum B. — 31 mi pater B; nunc memento D. — 32. simus B. — 33. Sed
secundum tuam qualitatem B. — 34. Confer mihi pietatem B. — 35. Quo
D; Qua meas multiplices BC. — 36. Vitiorum tergas sordes BC. — 37. Audi
Christe B. — 38. sanasti B. — 40. sanasti D. — 42. Parcas obsecro et
mihi B. — 43. tam fideli BD. — 45. confer illa. — 47. Et post istam D.

235. De Morte.

1. Cum sim modo moriturus,
Mihi, Christe, ne sis durus
Mortis in articulo,
Me conturbat timor mortis,
Nam ignoro, quam sit fortis
Et plenus periculo.

2. Hic exstinctum corpus jacet,
Decor perit, lingua tacet,
Caro datur vermibus;
Vermes nostri sunt haeredes,
Scorpiones et serpentes
Nos corrodunt dentibus.

3. Hinc ignotam regionem
Vadit homo post·laborem
Praesentis miseriae;
Adest daemon attrectator,
Adest ille seminator
Totius malitiae.

4. Jacet homo in sepulchro
Et nil habet jam de pulchro,
Privatus honoribus,
Putret caro, patent ossa,
Cuncta videns in hac fossa
Repleta foetoribus.

5. Foetor ipse, qui exhalat,
Quis sim ego, nunc declarat
Patenti judicio,
Visus tuus, qui me videt,
Nisi fallor, multum timet,
Nares claudit padio.

6. Mea tibi sepultura
Semper adsit pro scriptura
Et clausura lapidis,
Si, quod dico, bene penses,
Nulli dies, nulli menses
Erunt sine lacrimis.

7. In sepulchro sum inclusus,
Vita mea tamquam fumus
Transiit velociter;
Quis sum ego, et tu eris,
Scito, quia morieris,
Forsitan atrociter.

8. Ubi pater, ubi mater,
Ubi soror, ubi frater,
Ubi sunt confilii,
Dum obissem, doluerunt,
Ad sepulchrum me duxerunt
Voce quondam flebili.

9. Ploraverunt, redierunt,
Ibi me dereliquerunt
Certe multum viliter;
Esca vermis sum effectus,
Cibus eis et electus,
O quam rodunt dulciter.

10. Multi dolent gavisuri
Nummos meos divisuri
Et domos atque praedia;
Nihil curant de me ipso,
Quando laute stant in disco
Committunt eusenia.

11. Si affinis sum ipsius,
Parum dolet, dum totius
Partem solus accipit,
Et si nunc sum praebendatus,
Multis quidem ero gratus,
Quando me mors arripit.

12. Statim currunt ad praebendam
Quasi semper possidendam,
Non pensant pericula,
Clericalem formam sumunt,
Vitam malam semper ducunt
In Petri navicula.

13. Paupertatem detestantur,
Dignitates amplexantur
Et honoris gloriam,
Aurum quaerunt et argentum,
Nullum curant detrimentum
Propter horum copiam.

Clm. Monacen. 641. saec. 15.

14. Post hoc autem moriuntur,
Ad ignotos devolvuntur,
Cuncta quae possederant;
Maledicunt eis inulti,
Horum bonis errant multi
Et mendicos fecerant.

15. Tamquam nihil sunt projecti,
In sepulchro stant abjecti
Neci dati acriter;
Fluunt crines, cutis scatet,
Frons marcescit, visus latet,
Dentes cadunt pariter.

16. Intestina computrescunt,
Ibi vermes requiescunt
Corrodentes omnia;
Ubi honor hujus mundi,
Ubi opes, ubi fundi,
Ubi mundi gloria?

17. Transierunt velut umbra,
Adhuc restat mors secunda
Resurgente corpore;
Ibi cuncta patent cunctis,
Dum resurgit omnis cutis
Ad mercedem propere,

18. Coeli regnum acceptura,
Vel inferni claustra dura
Attestante Domino:
Veni turba beatorum,
Regnum accipe coelorum
Absque ullo termino.

19. Sed damnatis dicit: ite,
Maledicti, nunc abite
Ad inferni barathrum;
Prima vox quam lacta erit,
Sed secunda dure ferit,
Dum mittit in tartara.

20. Primam vocem nos audire
Christus donet, ne in fine
Damnemur cum impiis,
Sed in coelis collocemur
Angelisque sociemur
In aeternis gaudiis.

Inhalts-Übersicht.